权威·前沿·原创

皮书系列为
“十二五”“十三五”国家重点图书出版规划项目

深圳经济发展报告（2021）

ANNUAL REPORT ON THE DEVELOPMENT OF SHENZHEN ECONOMY (2021)

主　编 / 吴定海
副主编 / 董晓远

社会科学文献出版社
SOCIAL SCIENCES ACADEMIC PRESS (CHINA)

图书在版编目（CIP）数据

深圳经济发展报告．2021／吴定海主编．－－北京：社会科学文献出版社，2021.9

（深圳蓝皮书）

ISBN 978－7－5201－8739－8

Ⅰ．①深…　Ⅱ．①吴…　Ⅲ．①区域经济发展－研究报告－深圳－2021 ②区域经济－经济预测－研究报告－深圳－2021　Ⅳ．①F127.653

中国版本图书馆 CIP 数据核字（2021）第 152187 号

深圳蓝皮书

深圳经济发展报告（2021）

主　　编／吴定海
副 主 编／董晓远

出 版 人／王利民
责任编辑／张丽丽
文稿编辑／李惠惠　刘　燕　李小琪　王　娇
责任印制／王京美

出　　版／社会科学文献出版社·城市和绿色发展分社（010）59367143
　　　　　地址：北京市北三环中路甲 29 号院华龙大厦　邮编：100029
　　　　　网址：www.ssap.com.cn
发　　行／市场营销中心（010）59367081　59367083
印　　装／天津千鹤文化传播有限公司

规　　格／开　本：787mm × 1092mm　1/16
　　　　　印　张：20.75　字　数：308 千字
版　　次／2021 年 9 月第 1 版　2021 年 9 月第 1 次印刷
书　　号／ISBN 978－7－5201－8739－8
定　　价／128.00 元

本书如有印装质量问题，请与读者服务中心（010－59367028）联系

《深圳经济发展报告（2021）》
编　委　会

主要编撰者简介

吴定海　博士，毕业于武汉大学新闻与传播学院。现任深圳市社会科学院（社科联）党组书记、院长（主席），深圳市政协常委，《深圳社会科学》编委会主任，深圳市社会科学研究高级职称评审委员会主任，《深圳改革创新丛书》《深圳学派建设丛书》编委会主任。长期从事新闻宣传文化管理工作，主要研究方向为大众传播理论与实践、经济特区发展、现代城市文明等。近年来，先后主编了《深圳经济发展报告》《深圳改革创新之路》《深圳经济特区建立四十周年改革创新研究特辑》等系列丛书，以及《深圳密码：迈向社会主义现代化强国的城市范例》《新时代深圳精神》等。

董晓远　经济学博士，深圳市社会科学院经济研究所所长、研究员，深圳市政府决策咨询委员会专家。多年来致力于经济增长理论、计量经济学、可计算一般均衡模型等研究，主持或参与了多项深圳市委、市政府重大调研课题。出版专著《反倾销与产业损害预警模型》。代表性论文有《经济增长大道模型在宏观经济分析中的作用》《欧美建立“自贸区”对深圳经济的影响研究》。近年来致力于政策效果的定量评估研究。

摘 要

本书由总报告、宏观经济篇、行业发展篇、双区建设篇、城区发展篇共五部分组成。2020 年，深圳统筹疫情防控和经济社会发展，经济增长呈现逐步向好的良好势头。2021 年，深圳要继续抓好粤港澳大湾区、先行示范区建设和综合改革试点工作，坚持促投资稳增长，促进经济社会平稳发展。

2020 年是深圳经济特区建立 40 周年。面对严峻复杂的国内外环境，特别是新冠肺炎疫情的严重冲击，深圳坚持以习近平新时代中国特色社会主义思想为指导，深入贯彻落实习近平总书记出席深圳经济特区建立 40 周年庆祝大会和视察广东、深圳重要讲话、重要指示精神，坚持稳中求进工作总基调，统筹疫情防控和经济社会发展工作，扎实做好“六稳”工作、全面落实“六保”任务，经济运行回升向好，发展韧性明显增强，发展质量稳步提升。

2021 年，深圳经济发展仍将面临严峻复杂的外部环境，必须坚定信心、积极进取、攻坚克难，坚持促投资稳增长，强化创新作为经济发展的第一推动力，在推动经济高质量发展上继续走在前列。

关键词： 区域经济　经济预测　高质量发展　双区建设　深圳

目 录

Ⅰ 总报告

Ⅱ 宏观经济篇

Ⅲ 行业发展篇

Ⅳ 双区建设篇

Ⅴ 城区发展篇

皮书数据库阅读使用指南

总报告

General Report

B.1
深圳经济持续恢复　发展韧性明显增强

胡雪涛　廖明中*

摘　要：　2020年，深圳坚持统筹疫情防控和经济社会发展，经济增长逐季向好，展现出较强的韧性，发展质量稳步提升，主要经济指标排名在重要城市中位居前列。2021年，深圳经济发展仍将面临严峻复杂的外部环境，必须坚定信心、积极进取、攻坚克难，坚持促投资稳增长，强化创新作为经济发展的第一推动力，在推动经济高质量发展上继续走在前列。

关键词：　经济指标　经济结构　高质量发展　深圳市

2020年是深圳经济特区建立40周年。面对严峻复杂的国内外环境，特

* 胡雪涛，深圳市统计局副处长，主要研究方向为经济学；廖明中，深圳市社会科学院经济研究所研究员，主要研究方向为区域经济、国际经济。

别是新冠肺炎疫情的严重冲击，深圳坚持以习近平新时代中国特色社会主义思想为指导，深入贯彻落实习近平总书记出席深圳经济特区建立40周年庆祝大会和视察广东、深圳重要讲话、重要指示精神，坚持稳中求进工作总基调，统筹疫情防控和经济社会发展工作，扎实做好“六稳”工作、全面落实“六保”任务，经济运行回升向好，发展韧性明显增强，发展质量稳步提升。

一　经济持续稳步回升

根据广东省地区生产总值统一核算结果，2020年深圳地区生产总值（GDP）为27670.24亿元，按可比价计算[①]，比上年（下同）增长3.1%（见图1），增速比全国和全省均高0.8个百分点，在四个一线城市（北京、上海、广州、深圳）中居首位。

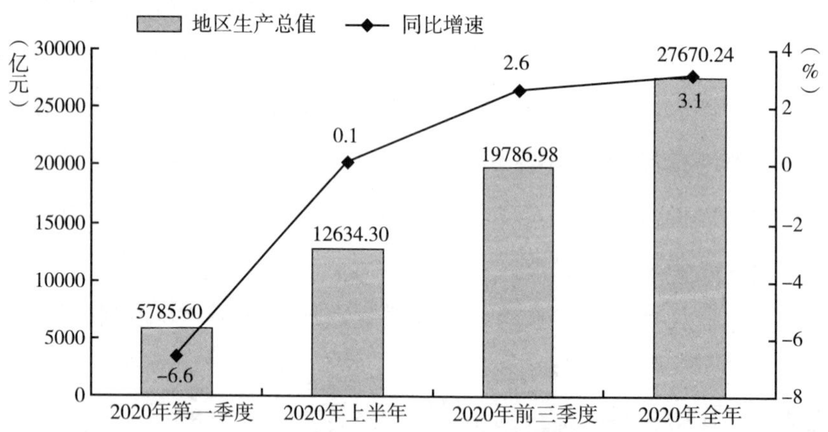

图1　2020年深圳地区生产总值及其同比增速

资料来源：深圳市统计局。

① 地区生产总值及其分类项目、规模以上工业增加值及其分类项目、七大战略性新兴产业增长速度按可比价计算，为实际增长速度；其他指标除特殊说明外，按现价计算，为名义增长速度。

第二、三产业实现正增长。分产业看，第一产业增加值为25.79亿元，同比下降3.1%；第二产业增加值为10454.01亿元，同比增长1.9%；第三产业增加值为17190.44亿元，同比增长3.9%。

五大行业实现正增长。分行业看，农林牧渔业增加值为26.71亿元，下降2.6%；工业增加值为9528.12亿元，增长1.5%；建筑业增加值为946.61亿元，增长6.4%；批发和零售业增加值为2311.71亿元，下降3.3%；交通运输、仓储和邮政业增加值为713.84亿元，下降0.9%；住宿和餐饮业增加值为378.52亿元，下降20.4%；金融业增加值为4189.63亿元，增长9.1%；房地产业增加值为2573.95亿元，增长4.3%；其他服务业①增加值为7001.14亿元，增长5.9%。

各区均实现正增长。分区域看，福田区地区生产总值为4754.16亿元，增长3.6%；罗湖区为2375.28亿元，增长1.5%；盐田区为658.15亿元，增长5.8%；南山区为6502.22亿元，增长5.1%；宝安区为3846.87亿元，增长2.0%；龙岗区为4744.49亿元，增长1.1%；龙华区为2492.86亿元，增长3.0%；坪山区为801.05亿元，增长4.5%；光明区为1100.77亿元，增长5.7%；大鹏新区为340.35亿元，增长0.2%；深汕特别合作区为54.04亿元，增长5.0%。各区GDP占全市比重见图2。

（一）工业生产逐季回升，先进制造业较快增长

2020年，深圳规模以上工业增加值增长2.0%，增速高于全省0.5个百分点，低于全国0.8个百分点。分季度看，第一季度下降13.7%，上半年下降1.6%，前三季度增长1.6%，全年增长2.0%，工业生产逐季稳步回升（见图3）。先进制造业增长3.9%，高于规模以上工业增加值增速1.9个百分点。

① 其他服务业是第三产业中除了交通运输、仓储和邮政业，批发和零售业，住宿和餐饮业，金融业，房地产业之外的其他服务业，是现代服务业的重要组成部分，包括营利性服务业和非营利性服务业。营利性服务业包括信息传输、软件和信息技术服务业，租赁和商务服务业，居民服务、修理和其他服务业，文化、体育和娱乐业；非营利性服务业包括科学研究和技术服务业，水利、环境和公共设施管理业，教育，卫生和社会工作，公共管理、社会保障和社会组织，国际组织。

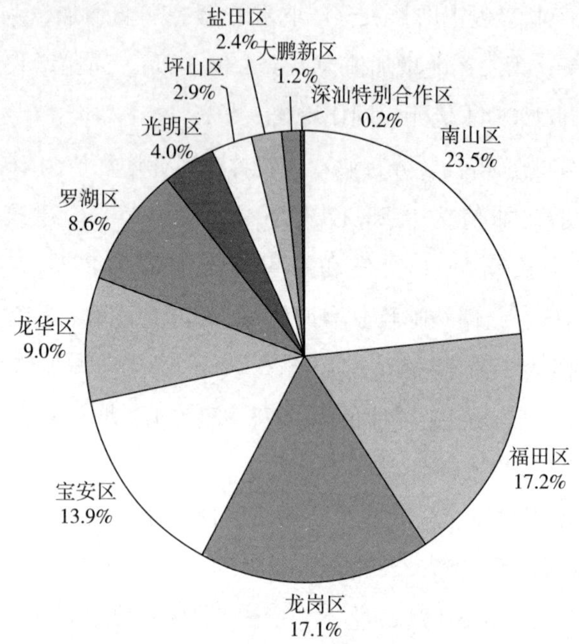

图 2 2020 年深圳各区 GDP 占全市比重

资料来源：深圳市统计局。

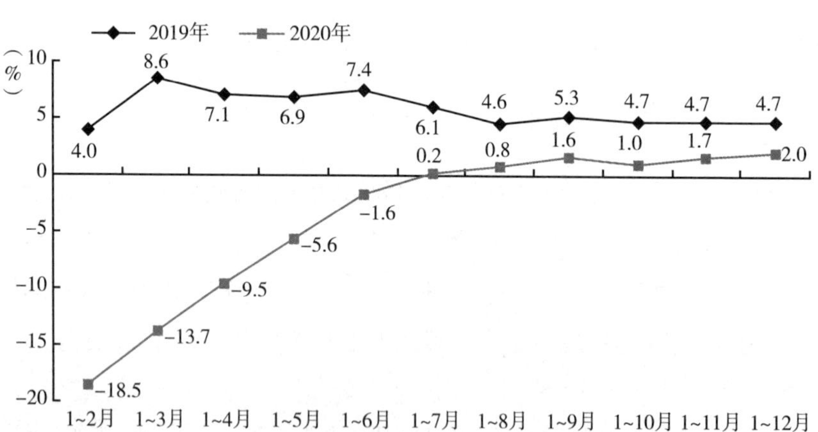

图 3 2019 年与 2020 年各月深圳规模以上工业增加值累计同比增速

资料来源：深圳市统计局。

制造业回升较为明显。分门类看，规模以上制造业增加值增长2.3%；采矿业增长1.3%；电力、热力、燃气及水生产和供应业下降3.9%。三大门类中有两大门类实现正增长，其中制造业生产较快增长，有力带动工业生产稳步恢复。

前十大行业中有八大行业实现正增长。前十大行业占规模以上工业增加值比重达到86.8%，有八大行业实现正增长，其中计算机、通信和其他电子设备制造业增加值增长1.7%；电气机械和器材制造业增长3.2%；专用设备制造业增长5.7%；通用设备制造业增长5.1%；石油和天然气开采业增长0.9%；橡胶和塑料制品业增长5.0%；金属制品业增长0.6%；汽车制造业增长6.4%。

中小企业是稳增长的重要力量。规模以上非百强工业企业增加值增长4.1%，高于规模以上工业增加值增速2.1个百分点，高于百强工业企业增加值增速3.5个百分点。

（二）固定资产投资较快增长，民间投资逆势增长

2020年，深圳固定资产投资增长8.2%，增速高于全国5.3个百分点，高于全省1.0个百分点。深圳固定资产投资在年初大幅下降的情况下，快速回升，1~5月与上年同期基本持平，上半年同比增速转正，全年保持较快增长（见图4）。

三次产业投资均实现正增长。从三次产业投资看，第一产业投资增长3.5%，占固定资产投资比重不足0.1%；第二产业投资增长0.9%，占比13.5%；第三产业投资增长9.4%，占比86.5%。

三大领域投资均实现正增长。从三大投资领域看，基础设施投资增长7.2%，占固定资产投资比重25.5%；房地产开发项目投资增长16.2%，占比44.8%；工业投资增长0.5%，占比13.6%。

民间投资实现两位数增长。从主要投资类型看，国有经济投资增长13.0%，占固定资产投资比重36.3%；民间投资增长14.5%，占比46.3%。

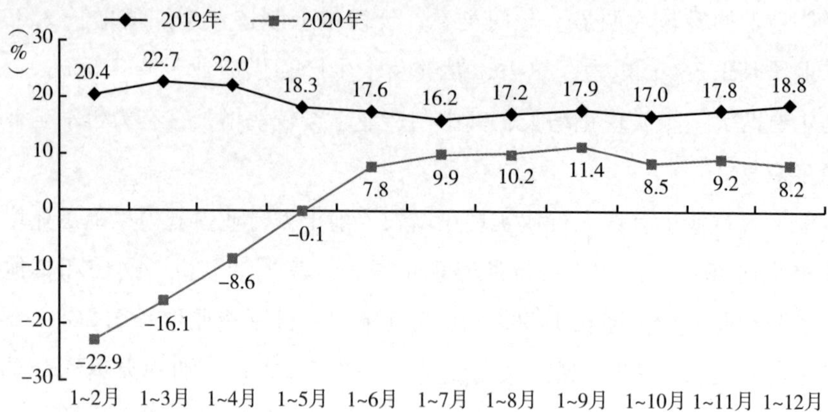

图 4　2019 年与 2020 年各月深圳固定资产投资累计同比增速

资料来源：深圳市统计局。

（三）市场销售持续回升，升级类商品零售较快增长

2020 年，深圳社会消费品零售总额 8664.83 亿元，下降 5.2%（见图 5），降幅大于全国 1.3 个百分点，但小于全省 1.2 个百分点。分月度看，随着疫情防控形势不断好转以及多项消费政策措施持续显效，市场主体加快复商复产，居民消费需求稳步释放，深圳社会消费品零售总额降幅持续收窄，消费复苏态势逐步巩固。

基本生活类商品零售较快增长。基本生活类商品如食品类和医药类等零售额较快增长。2020 年，深圳粮油、食品类零售额 353.67 亿元，增长 8.6%；饮料类零售额 42.49 亿元，增长 7.7%；中西药品类零售额 80.29 亿元，增长 14.6%。

升级类商品零售保持较快增长。随着疫情得到有效控制，升级类商品零售额持续增加，其中金银珠宝类零售额 94.00 亿元，增长 5.4%；文化办公用品类零售额 72.95 亿元，增长 16.7%。

网上商品零售实现两位数增长。受疫情影响，居家消费需求明显增长，“宅经济”带动网上零售较快增长。2020 年，深圳通过互联网实现的商品零

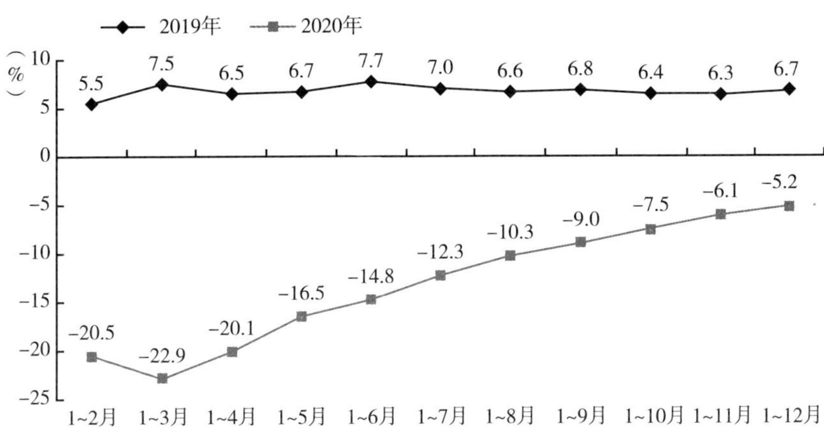

图 5　2019 年与 2020 年各月深圳社会消费品零售总额累计同比增速

资料来源：深圳市统计局。

售额为 645.77 亿元，增长 10.8%，明显高于同期社会消费品零售总额，占限额以上单位比重为 21.0%，拉动社会消费品零售总额增长 0.7 个百分点。

汽车销售市场明显回暖。在汽车消费政策促进下，居民汽车消费需求明显释放，特别是 2020 年下半年以来，汽车类商品零售额连续六个月保持较快增长。2020 年深圳汽车类零售额 1117.82 亿元，下降 1.6%，降幅小于全国 0.2 个百分点。汽车销售市场的明显回暖对消费市场稳定复苏发挥了重要支撑作用。

（四）进出口总额突破3万亿元，出口规模连续28年居内地城市首位

据海关统计，2020 年深圳进出口总额 30502.53 亿元，增长 2.4%，增速比上年高 3.0 个百分点（见图 6），比全国、全省分别高 0.5 个和 3.3 个百分点。在国内外形势严峻复杂的情况下，深圳进出口总额不降反升，这表明深圳外贸的韧性较强。

出口总额实现正增长，对美国出口实现两位数增长。2020 年，深圳出口总额 16972.66 亿元，增长 1.5%（见图 7），高于全省 1.3 个百分点。从出口企业性质来看，国有、“三资”、民营集体及其他企业出口增速分别为 1.0%、

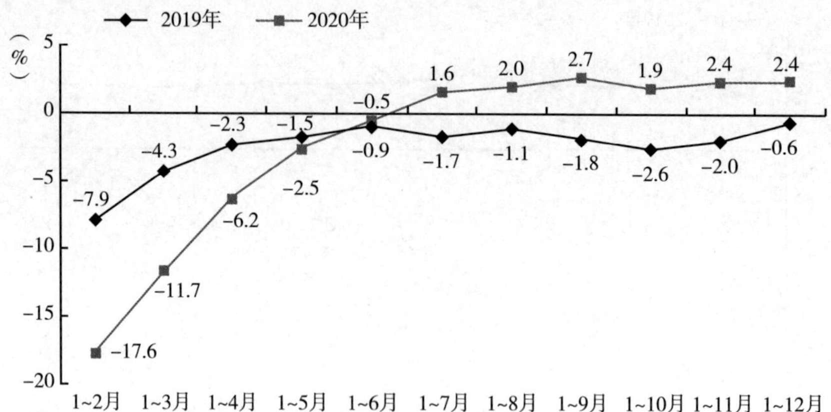

图6　2019 年与 2020 年各月深圳进出口总额累计同比增速

资料来源：深圳市统计局。

-0.7%和3.1%；从贸易方式来看，一般贸易、进料加工贸易、其他贸易出口增速分别为7.2%、-11.1%和10.2%；从出口地区来看，对中国香港、美国、日本、欧盟、东盟出口增速分别为-5.8%、18.4%、8.4%、6.4%和2.6%。机电产品出口增长1.7%，高新技术产品出口增长4.3%。

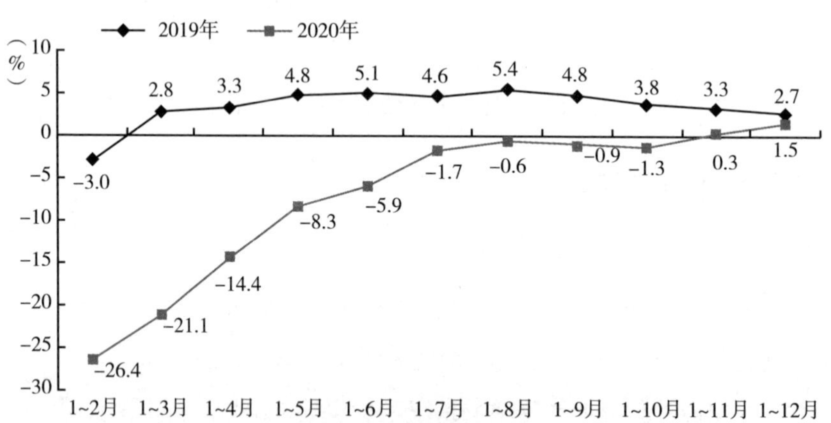

图7　2019 年与 2020 年各月深圳出口总额累计同比增速

资料来源：深圳市统计局。

进口总额实现正增长，一般贸易进口较快增长。2020 年，深圳进口总额13529.86亿元，增长3.6%，比上年高8.3个百分点（见图8），比全国、全省分别高4.3个和6.2个百分点。从进口企业性质来看，国有、“三资”、民营集体及其他企业进口增速分别为9.9%、-5.2%和8.0%；从贸易方式来看，一般贸易、进料加工贸易、其他贸易进口增速分别为4.2%、-6.4%和14.4%；从进口地区来看，从日本、韩国、欧盟、东盟、中国台湾进口增速分别为3.5%、6.6%、3.1%、6.5%和9.6%。

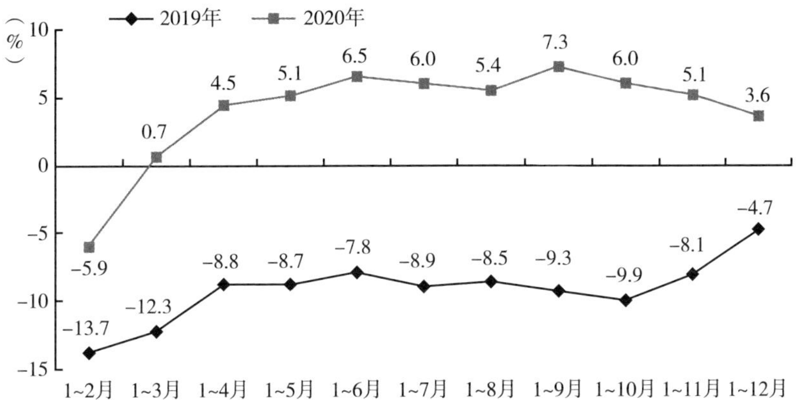

图8 2019年与2020年各月深圳进口总额累计同比增速

资料来源：深圳市统计局。

二 经济结构不断调整

（一）第三产业占GDP比重提升

深圳三次产业结构由2019年的0.1∶38.5∶61.4调整为2020年的0.1∶37.8∶62.1（见图9）。分行业看，农林牧渔业占GDP比重为0.1%，与上年持平；建筑业、金融业、房地产业占GDP比重分别为3.4%、15.1%和9.3%，比上年分别提高0.1个、1.7个和0.6个百分点；工业，批发和零售业，交通运输、仓储和邮政业，住宿和餐饮业，其他服务业占GDP比重分别为34.5%、8.4%、2.6%、1.4%和25.2%，比上年分别下降0.8个、0.9个、0.3个、0.3个和0.1个百分点（见图10）。

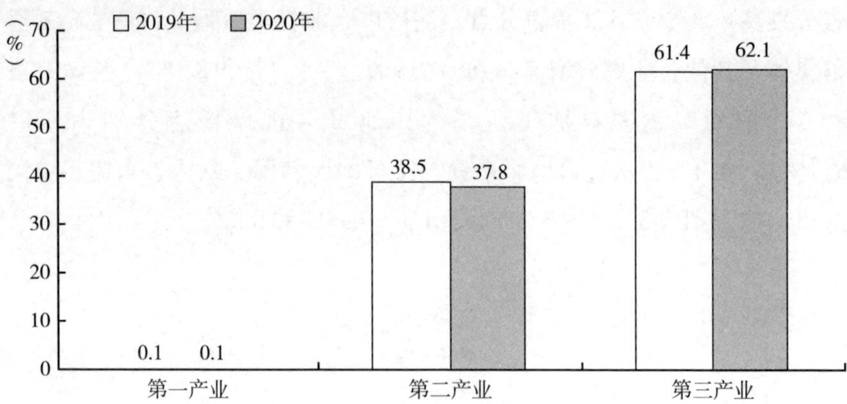

图 9　2019～2020 年深圳三次产业结构

资料来源：深圳市统计局。

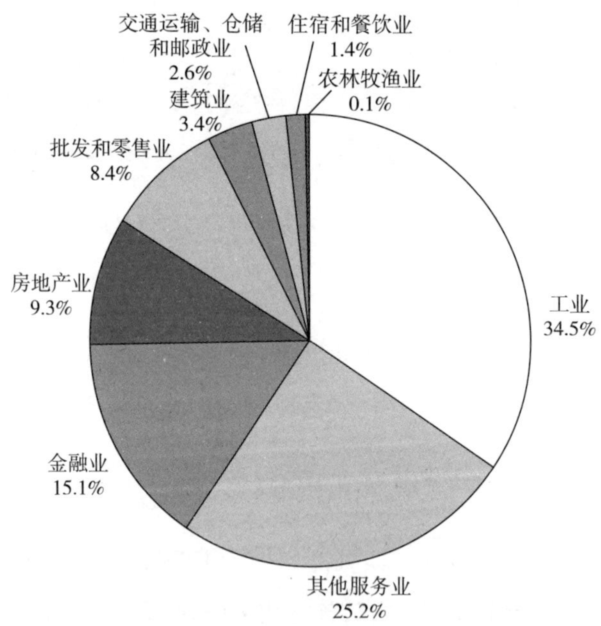

图 10　2020 年深圳各行业增加值占 GDP 比重

资料来源：深圳市统计局。

（二）工业和服务业内部结构优化

从工业内部来看，先进制造业占规模以上工业增加值比重为 72.5%，

比上年提高 0. 6 个百分点。从服务业内部来看，现代服务业占服务业增加值比重为 76. 1% ，比上年提高 2. 3 个百分点。

（三）战略性新兴产业较快增长

2020 年，深圳战略性新兴产业①增加值为 10272. 72 亿元，按可比价计算，增长 3. 1% ，与深圳 GDP 增速持平，占全市 GDP 比重达到 37. 1% 。其中，新一代信息技术增加值为 4893. 45 亿元，增长 2. 6% ；数字经济为 1601. 03 亿元，下降 0. 2% ；高端装备制造为 1380. 69 亿元，增长 1. 8% ；绿色低碳为 1227. 04 亿元，增长 6. 2% ；海洋经济为 427. 76 亿元，增长 2. 4% ；新材料为 334. 5 亿元，下降 0. 2% ；生物医药为 408. 25 亿元，增长 24. 4% 。七大战略性新兴产业增加值占比见图 11。

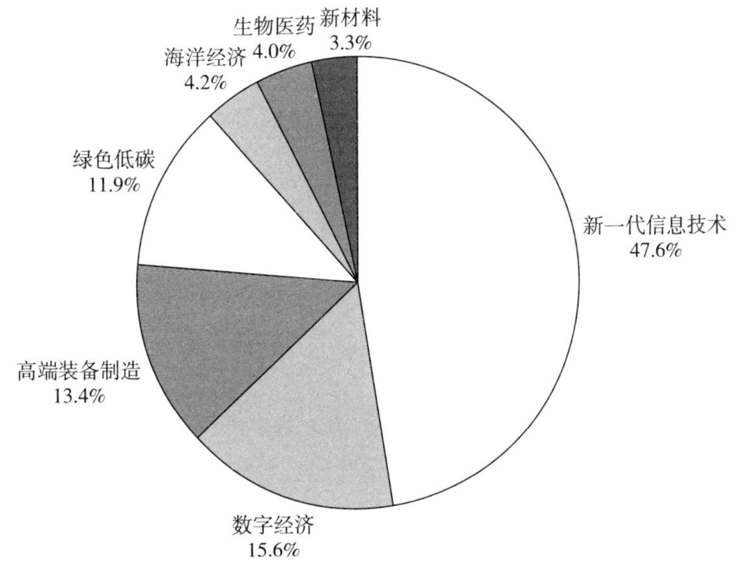

图 11　2020 年深圳七大战略性新兴产业增加值占比

资料来源：深圳市统计局。

① 自 2018 年第一季度起，战略性新兴产业统计实行新口径，具体包括新一代信息技术、高端装备制造、绿色低碳、生物医药、数字经济、新材料、海洋经济等七大产业。

三　质量效益持续提升

（一）一般公共预算收入实现较快增长

2020 年，深圳一般公共预算收入 3857.39 亿元，增长 2.2%（见图 12），其中税收收入 3087.39 亿元，增长 0.6%。

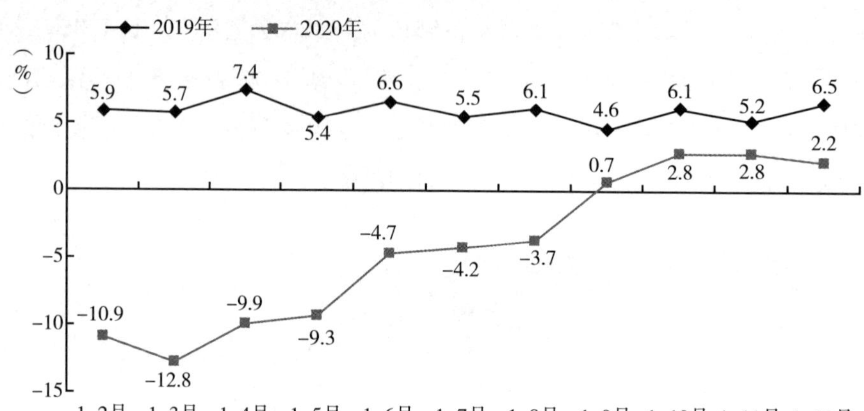

图 12　2019 年与 2020 年各月深圳一般公共预算收入累计同比增速

资料来源：深圳市统计局。

（二）规模以上工业企业利润实现两位数增长

2020 年，深圳规模以上工业企业利润总额增长 10.6%（见图 13），分别高于全国、全省 7.4 个和 6.5 个百分点。

（三）规模以上服务业营业收入实现两位数增长

2020 年 1 ~ 11 月，深圳规模以上服务业①营业收入增长 5.3%。其中，

① 规模以上服务业统计范围包括年营业收入 2000 万元及以上的交通运输、仓储和邮政业，信息传输、软件和信息技术服务业，水利、环境和公共设施管理业行业门类和卫生行业大类；年营业收入 500 万元及以上的居民服务、修理和其他服务业，文化、体育和娱乐业行业门类和社会工作行业大类；年营业收入 1000 万元及以上的其他服务业法人单位。

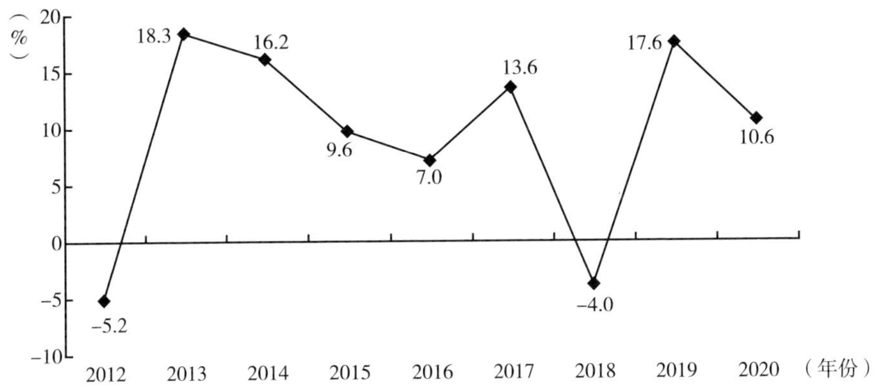

图 13　2012～2020 年深圳规模以上工业企业利润增速

资料来源：深圳市统计局。

互联网和相关服务、软件和信息技术服务业增长 12.1%；租赁和商务服务业增长 0.8%；科学研究和技术服务业增长 6.9%。

（四）人均可支配收入再上新台阶

2020 年，深圳居民人均可支配收入为 64878 元（见图 14），比上年名义增长 3.8%，扣除价格因素，实际增长 1.5%。

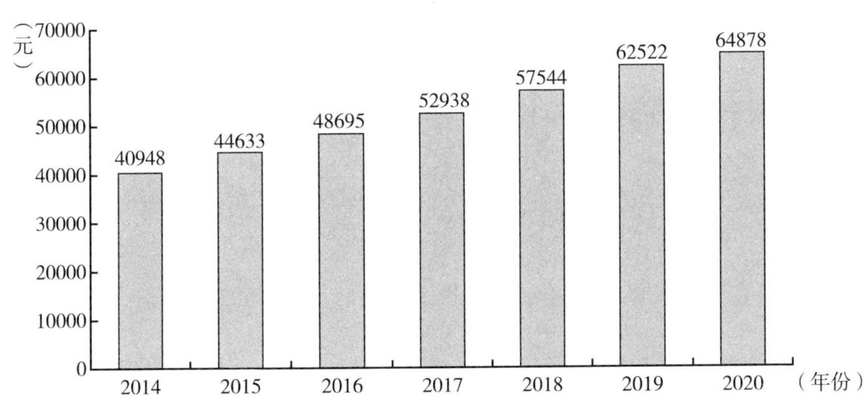

图 14　2014～2020 年深圳居民人均可支配收入

资料来源：国家统计局深圳调查队。

四　主要经济指标与京沪穗渝对比

（一）GDP 继续位居第三，增速位居第二

上海 GDP 为 38700.58 亿元，增长 1.7%；北京为 36102.60 亿元，增长 1.2%；深圳为 27670.24 亿元，增长 3.1%；广州为 25019.11 亿元，增长 2.7%；重庆为 25002.79 亿元，增长 3.9%（见图 15）。

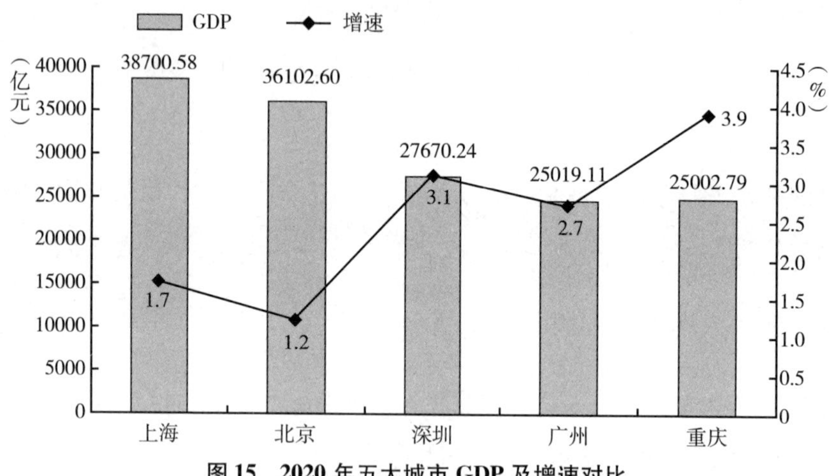

图 15　2020 年五大城市 GDP 及增速对比

资料来源：相关城市统计局网站。

（二）工业增加值位居第二，增速位居第三

上海工业增加值为 9656.51 亿元，增长 1.4%；北京为 4216.50 亿元，增长 1.4%；深圳为 9528.12 亿元，增长 1.5%；广州为 5722.52 亿元，增长 2.6%；重庆为 6990.77 亿元，增长 5.3%（见图 16）。

（三）固定资产投资增速位居第三

上海固定资产投资增长 10.3%，北京增长 2.2%，深圳增长 8.2%，广州增长 10.0%，重庆增长 3.9%（见图 17）。

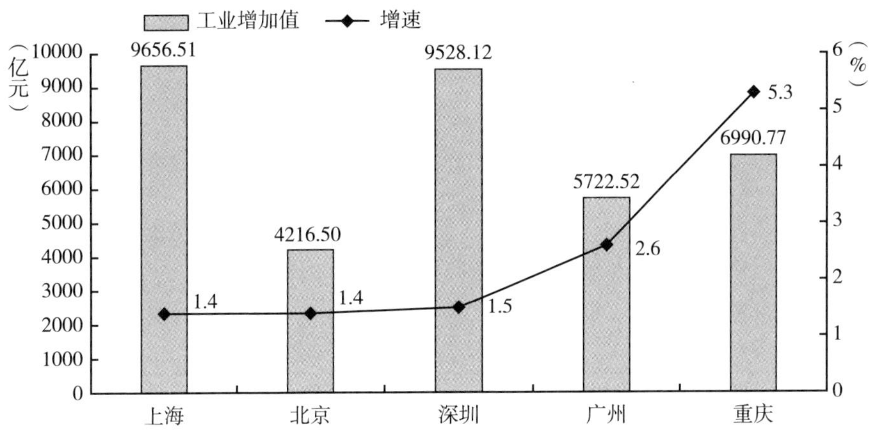

图 16　2020 年五大城市工业增加值及增速对比

资料来源：相关城市统计局网站。

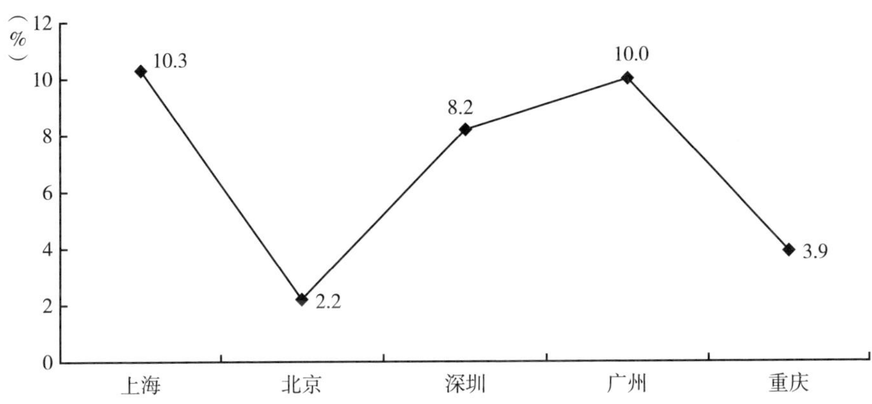

图 17　2020 年五大城市固定资产投资增速对比

资料来源：相关城市统计局网站。

（四）社会消费品零售总额位居第五，增速位居第四

上海社会消费品零售总额为 15932.50 亿元，增长 0.5%；北京为 13716.40 亿元，下降 8.9%；深圳为 8664.83 亿元，下降 5.2%；广州为 9218.66 亿元，下降 3.5%；重庆为 11787.20 亿元，增长 1.3%（见图 18）。

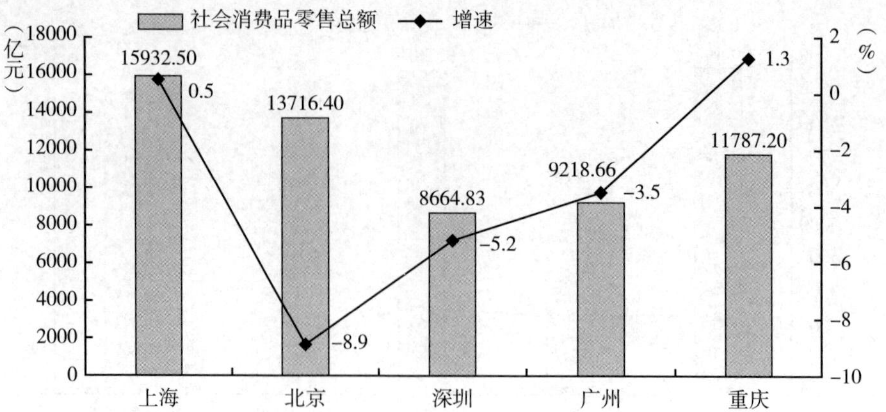

图 18　2020 年五大城市社会消费品零售总额及增速对比

资料来源：相关城市统计局网站。

（五）一般公共预算收入位居第三，增速位居第一

上海一般公共预算收入为 7046.30 亿元，下降 1.7%；北京为 5483.90 亿元，下降 5.7%；深圳为 3857.39 亿元，增长 2.2%；广州为 1721.59 亿元，增长 1.4%；重庆为 2094.80 亿元，下降 1.9%（见图 19）。

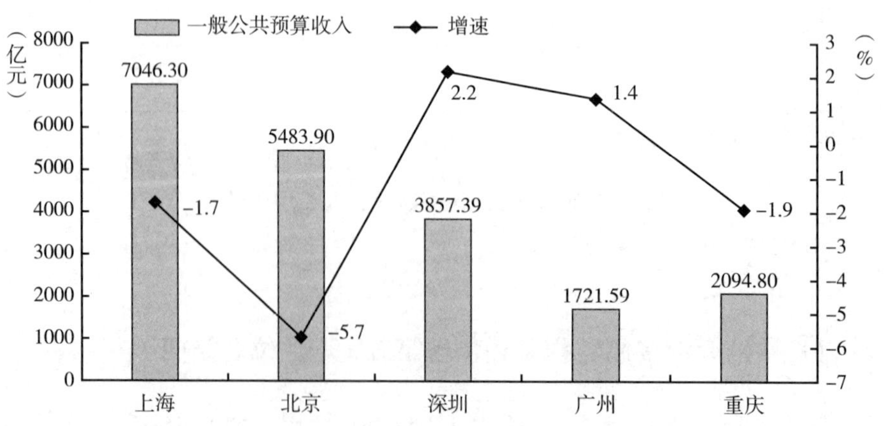

图 19　2020 年五大城市一般公共预算收入及增速对比

资料来源：相关城市统计局网站。

（六）进出口总额位居第二，增速位居第二

上海进出口总额为34828.47亿元，增长2.3%；北京为23215.91亿元，下降19.1%；深圳为30502.53亿元，增长2.4%；广州为9530.10亿元，下降4.8%；重庆为6513.36亿元，增长12.5%（见图20）。

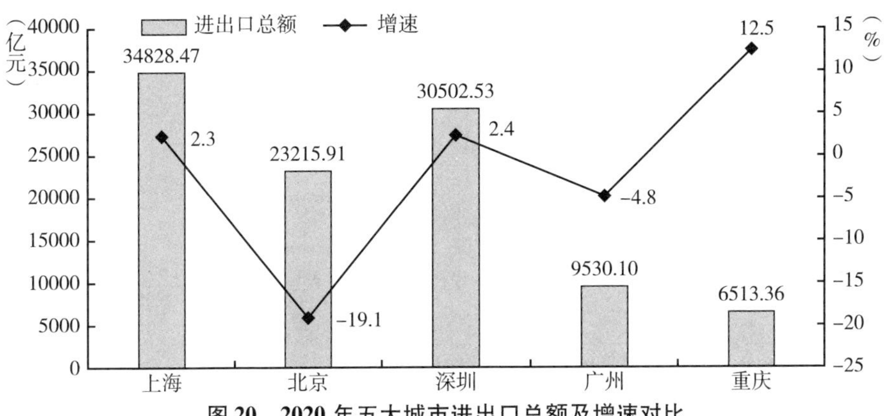

图20 2020年五大城市进出口总额及增速对比

资料来源：相关城市统计局网站。

出口总额位居第一，增速位居第三。上海出口总额为13725.36亿元，同比持平；北京为4654.95亿元，下降10.0%；深圳为16972.66亿元，增长1.5%；广州为5427.70亿元，增长3.2%；重庆为4187.48亿元，增长12.8%（见图21）。

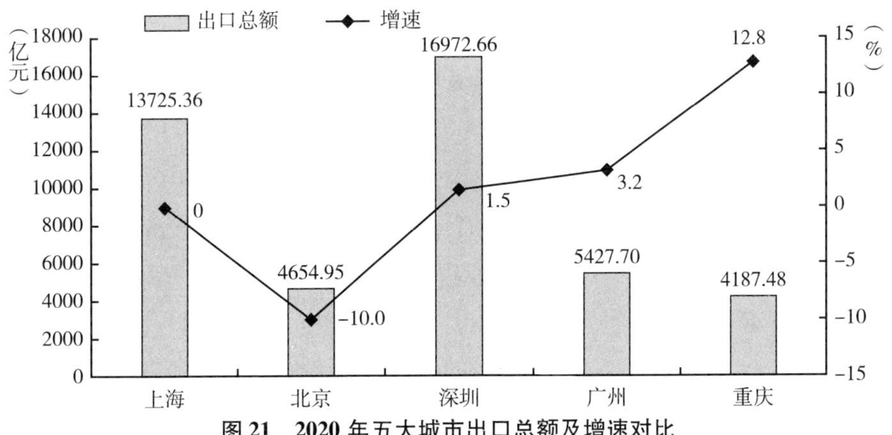

图21 2020年五大城市出口总额及增速对比

资料来源：相关城市统计局网站。

进口总额位居第三，增速位居第三。上海进口总额为 21103.11 亿元，增长 3.8%；北京为 18560.97 亿元，下降 21.1%；深圳为 13529.86 亿元，增长 3.6%；广州为 4102.40 亿元，下降 13.6%；重庆为 2325.88 亿元，增长 11.9%（见图 22）。

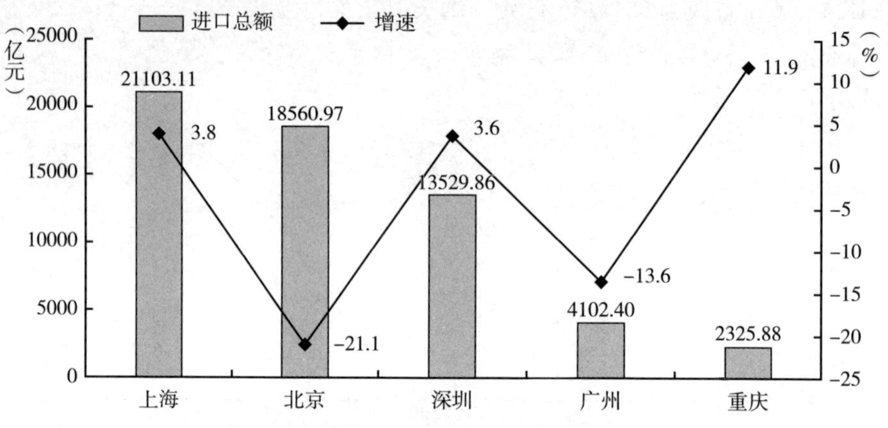

图 22　2020 年五大城市进口总额及增速对比

资料来源：相关城市统计局网站。

五　经济运行中存在的主要问题

（一）工业比重逐年下降值得高度警惕

经过 40 年的发展，深圳工业发展取得举世瞩目的辉煌成就，规模以上工业总产值连续三年居国内主要城市首位，工业增加值居国内主要城市第二位。但在经济发展过程中，深圳工业占比逐年下降，由 2010 年的 44.1% 下降至 2020 年的 34.5%，下降 9.6 个百分点。工业对推动经济持续健康发展的作用不可替代，应高度重视工业占比下降过快的问题，警惕工业被空心化、边缘化的状况。

（二）小微企业的发展状况值得关注

小微企业在增加就业、促进经济增长、科技创新与社会和谐稳定等方面

具有不可替代的作用，对国民经济和社会发展具有重要的意义。但深圳小微工业企业的发展以及对经济增长的贡献小于大中型企业。2020 年，深圳产值在 10 亿元以上的大型工业企业占规模以上工业企业数量比重为 4.0%，对规模以上工业增长的贡献率达到 184.1%；产值在 1 亿～10 亿元的中等规模工业企业占规模以上工业企业数量比重为 26.0%，对规模以上工业增长的贡献率仅为 6.6%；而产值在 1 亿元以下的规模以上工业企业占比 70%，对规模以上工业增长的贡献率为 −90.8%。

（三）工业投资占比过低

有效投资是拉动内需的主要动力，须关注投资的结构性问题。工业是国民经济的基础和支撑，工业稳则经济稳。但近年来由于空间制约等因素，深圳的工业投资降幅较快，出现了新的不平衡。“十三五”期间，深圳工业投资占比从 2015 年的 17.9% 下降到 2020 年的 13.6%，减少了 4.3 个百分点；工业投资年均增速低于固定资产投资年均增速。深圳工业投资占固定资产投资的比重与深圳工业在 GDP 中的比重很不匹配。

六　政策建议

2021 年是中国共产党成立 100 周年，是中国“十四五”规划开局之年，也是中国现代化建设进程中具有特殊重要性的一年。2021 年中国发展仍面临不少风险挑战，但经济长期向好的基本面没有改变。深圳要坚定信心、积极进取、攻坚克难，继续抓好粤港澳大湾区、先行示范区建设和综合改革试点工作，坚持促投资稳增长，强化创新作为经济发展的第一推动力，在推动经济高质量发展上走在前列。

（一）重点聚焦补齐民生基础设施短板，引导和带动社会资本扩大有效投资

一是加大对民生改善、生态环保、城市安全等重点领域的投资力度。积

极实施基础教育学位保障攻坚计划和原特区外区域义务教育学校质量提升计划。加快推进深圳歌剧院、深圳改革开放展览馆等项目建设，推进“新时代十大文化设施”开工建设。完善雨污分流管网系统，强化面源污染、黑臭水体管控，推进“污水零直排区”建设。加强城市安全体系和能力建设，加快军民融合区域配送中心等项目建设。

二是强化政府投资对民间投资的引导作用。持续推进投融资体制机制改革，鼓励民营企业投资交通、能源、生态环保、社会事业等基础设施补短板领域。常态化发布基础设施投资推介项目清单，重点推介符合国家和省市相关产业政策和规划要求、投资回报机制明确、商业模式创新潜力大的项目。发挥好深圳市基础设施投资基金的引导作用，综合运用投资资本金、参股子基金投资、联合投资等多种方式撬动各类社会资金参与全市基础设施项目投资。

（二）鼓励工业企业在深圳布局新产能，强化对工业投资的支持服务

一是加大工业技改投资力度。继续开展技改项目资助和重大工业项目奖补扶持计划，激励工业企业技术改造、转型升级，推动新旧动能转换。引导技术改造向数字化、网络化、智能化方向转变，不断优化工业投资结构。加强工业投资调研，把握新技术与制造业深度融合后企业技术改造的方向、重点和难点，不断优化完善促进工业投资和工业技改投资的政策体系。

二是强化对重点工业项目的指导服务。聚焦集成电路、生物医药、数字经济等新兴领域，鼓励企业将新产能布局在深圳，大力培育新一代信息技术、高端医疗器械、先进电池材料等产业集群，推动产业链供应链自主可控。持续做好重点工业项目的跟踪服务，探索“一项目一服务”更精准服务方式，以大项目、龙头企业为主要着力点推动工业投资稳步增长。

（三）以新型基础设施建设为牵引，有效促进研发投资和科技创新

一是加快推进新型基础设施建设。加快推进 5G、大数据中心、工业互

联网、物联网等新型基础设施建设，积极拓展新技术应用场景和应用空间，让新型基础设施为千行百业的数字化、智能化升级赋能。围绕打造粤港澳大湾区综合性国家科学中心，加快推进中能同步辐射光源、材料基因组、脑解析与脑模拟、合成生物等重大科技基础设施，加快推动鹏城实验室“核心 + 基地 + 网络”建设。

二是切实加大公共研发投入力度。大幅提升科技投入在全市公共预算支出中的比重，以政府科研资金撬动全社会研发投入，进一步激发企业自主创新活力。鼓励国家科研院所、大中型国有企业与中小型科技企业共同提升技术成果转化水平，提升研发投入效率，切实增强科技支撑经济高质量发展的作用。鼓励上市企业自主加大研发投入，支持企业开展研发机构建设，积极搭建科技孵化平台，争取大中型企业研发机构全覆盖，切实增强企业研发创新后劲。

（四）聚焦综合授权改革试点，源源不断为经济发展释放制度红利

一是争取更多综合授权改革试点。在遵循我国法律基本精神的前提下，争取上级支持深圳以激发市场主体活力和发展内生动力为导向，利用经济特区立法权自行探索清理一些上位法设定的行政审批事项。积极争取上级支持深圳率先建设全域监管数据中心，允许深圳与海关、税务、中国人民银行等国家垂直部门进行系统对接和数据共享，将国家各部委、各省市监管数据汇聚至深圳市大数据监管中心。

二是深化“放管服”和营商环境改革。深化“放管服”改革，鼓励将移动互联网、物联网、智能化、大数据、云服务等技术广泛应用到政府运作和城市管理的各领域各环节，以信息化促政府权力运行提质增效和公开透明。全力推进跨区域、跨部门、跨层级政务数据共享，建设一体化政务服务平台。积极研究《中欧投资协定》和《区域全面经济伙伴关系协定》（RCEP）可能给深圳带来的机遇和影响，落实外资企业在金融服务、政府采购、补贴政策、出资方式等方面的国民待遇，推进部分制造业、服务业、金融限制性产业的对外开放。

参考文献

吴定海主编《深圳蓝皮书：深圳经济发展报告（2020）》，社会科学文献出版社，2020。

沈荣华：《推进“放管服”改革：内涵、作用和走向》，《中国行政管理》2019 年第 7 期。

史健勇：《在更大范围和更宽领域进一步优化上海营商环境》，《科学发展》2020 年第 4 期。

李佳、刘阳子：《中国对欧盟直接投资：在规制与挑战中前行》，《国际贸易》2019 年第 9 期。

刘勇：《“十四五”时期工业投资的影响因素、重点任务与政策取向》，《学习与探索》2020 年第 12 期。

郭朝先、王嘉琪、刘浩荣：《“新基建”赋能中国经济高质量发展的路径研究》，《北京工业大学学报》（社会科学版）2020 年第 6 期。

《习近平：〈在深圳经济特区建立 40 周年庆祝大会上的讲话〉》，中国共产党新闻网，2020 年 10 月 14 日，http：//cpc. people. com. cn/n1/2020/1014/c64094 – 31892124. html。

《中共中央　国务院关于支持深圳建设中国特色社会主义先行示范区的意见》，中华人民共和国中央人民政府网站，2019 年 8 月 18 日，http：//www. gov. cn/zhengce/2019 – 08/18/content_ 5422183. htm。

《中共深圳市委关于制定深圳市国民经济和社会发展第十四个五年规划和二〇三五年远景目标的建议》，深圳政府在线网站，2020 年 12 月 22 日，http：//www. sz. gov. cn/cn/xxgk/zfxxgj/zwdt/content/post_ 8386242. html。

宏观经济篇

Macro Economy Reports

B.2 2020年深圳固定资产投资形势分析及2021年调控思路

李 璐　彭海城*

摘 要：本报告通过系统梳理2020年固定资产投资运行态势，特别是房地产开发投资、基础设施投资、工业投资等重点领域投资运行情况，在分析内外部投资环境并梳理近期主要项目建设进展基础上，提出2021年固定资产投资调控基本思路和建议。本报告认为，2021年深圳市固定资产投资供给侧面临要素紧约束挑战和困难，但受"双区驱动"战略牵引影响，投资潜在需求仍然十分旺盛，固定资产投资调控必须坚持目标导向、问题导向，积极扩大精准有效投资，注重加大重点领域补短板工作力度，加快推动"两新一重"项目投资，强化重大项目土地空间和资金要素保障，引导社会资源增加对高

* 李璐，经济学博士，中共坪山区委党校教师，主要研究方向为国民经济学；彭海城，经济学博士，深圳市发展和改革委员会主任科员，主要研究方向为投资学。

技术制造业投资，着力深化投融资体制机制改革，推动投资稳定发展，力促投资结构优化和高质量发展，为提升经济社会长远竞争力提供重要支撑。

关键词： 固定资产投资 制造业投资 投资结构 深圳市

2020年，深圳按照统筹做好疫情防控和经济社会发展工作要求，扎实推进“双区驱动”战略落地实施，依托强有力的投资协调机制，加大项目谋划协调力度，合理扩大精准有效投资，发挥投资对优化供给结构的关键性作用，全市固定资产投资发展态势良好，为深圳经济社会平稳发展提供了强大支撑。

一 2020年深圳投资运行总体情况

（一）固定资产投资增速高于全国和全省水平

2020年，深圳市固定资产投资增长8.2%，比北京（2.2%）、天津（3.0%）和重庆（3.9%）分别高6.0个、5.2个和4.3个百分点，比上海（10.3%）和广州（10.0%）分别低2.1个和1.8个百分点，显著高于全国（2.9%）和广东省（7.2%）增速。从规模看，全年固定资产投资额7957亿元①（见图1），继续在广东省地级以上城市投资规模排名中保持第一。2020年，全市固定资产投资强度达到每平方公里3.98亿元，固定资产投资率为28.7%，继续稳定在相对合理区间。

① 从2018年开始，深圳市统计局未公布固定资产投资完成绝对数，本报告涉及的2018~2020年固定资产投资及各领域完成绝对数，均根据《深圳统计年鉴2018》相关基数和增速推算得到。

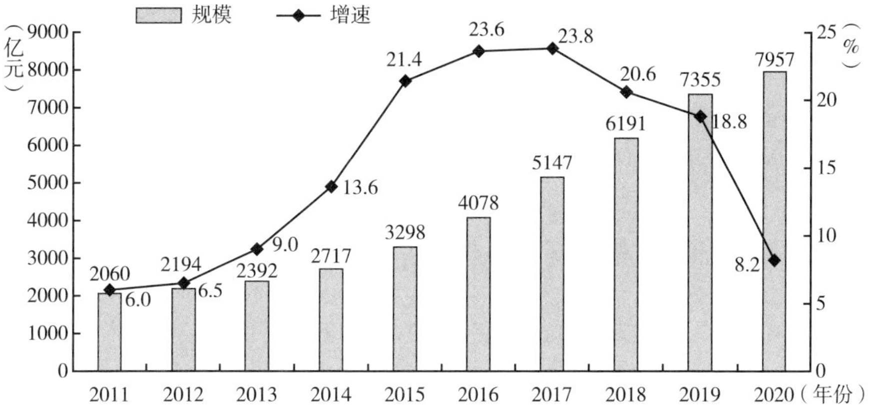

图1　2011～2020年深圳市固定资产投资规模及增速

资料来源：本报告所有图表数据均来源于深圳市统计局网站或由网站公布数据推算得到，此后不赘。

（二）房地产开发投资稳定增长

2020年，深圳房地产开发投资同比增长16.4%，比2019年（15.9%）高0.5个百分点，比全国（7.0%）和广东省（9.2%）分别高9.4个和7.2个百分点。从规模看，全年完成房地产投资约3562亿元（见图2），其中建安工程投资占比约38.3%，同比（42.8%）下降约4.5个百分点。2019年房地

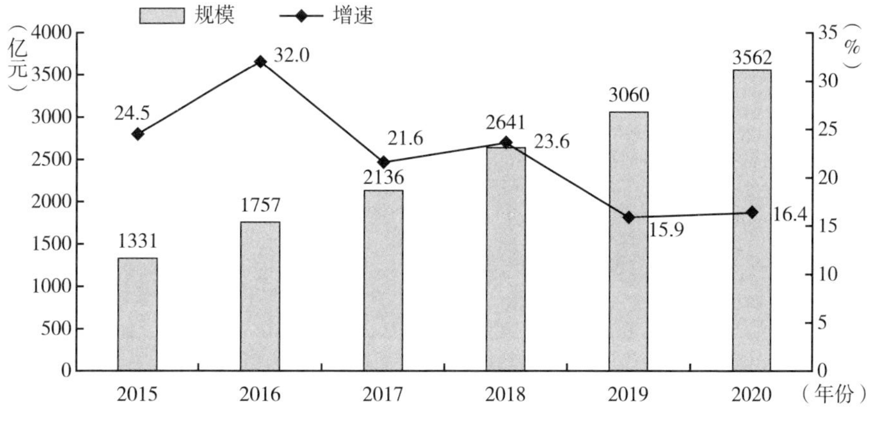

图2　2015～2020年深圳市房地产开发投资规模及增速

产施工面积9661.4万平方米，同比增长21.3%，比上年同期（18.2%）高3.1个百分点；商品房屋竣工面积640.9万平方米，同比增长12%。积极推进住房租赁试点，安排8亿元专项资金支持开展租赁住房筹集建设及运营。开展大规模建房行动，供应居住用地362.8万平方米，创近10年新高。

（三）基础设施投资运行总体稳健

2020年，深圳基础设施投资完成2033亿元，同比增长7.2%，比上年同期（33.6%）低26.4个百分点（见图3），比全国（0.9%）高6.3个百分点，比广东省（11.6%）低4.4个百分点，比上海（-3.6%）和广州（4.7%）分别高10.8个和2.5个百分点。其中，交通运输、仓储和邮政业投资增长10%，对基础设施投资形成强大支撑。机场三跑道项目、轨道交通四期调整线路获批建设，新增轨道运营里程107公里。国内首个立体复合高速改扩建工程机荷高速改扩建开工，外环高速一期、坂银通道建成通车。建成5G基站4.6万个和多功能智能杆5478根，在全国率先实现5G独立组网全覆盖，完成新基建投资1006亿元。完成1200个小区、城中村正本清源改造，暗涵整治57公里。新建和改造南山西丽生态公园、光明公园等116个公园，建成120公里碧道。

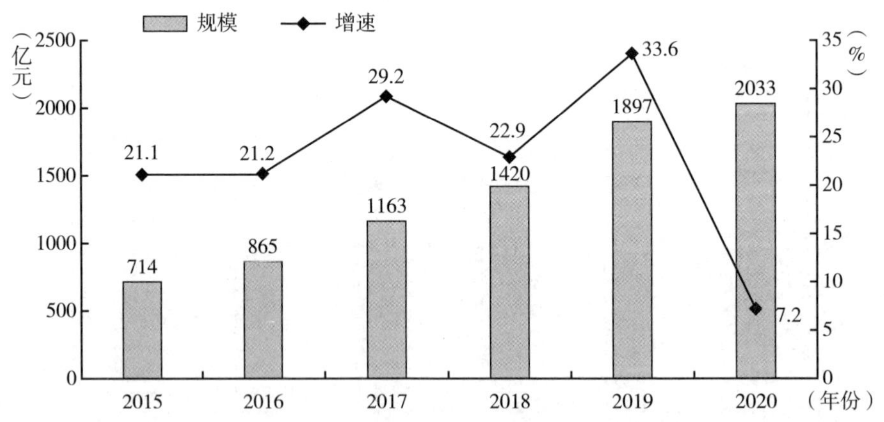

图3　2015～2020年深圳市基础设施投资规模及增速

（四）工业投资增速有所回落

2020 年，深圳市完成工业投资 1079 亿元，同比增长 0.5%，比上年同期（11.5%）低 11 个百分点（见图 4），比全国（0.1%）和广东省（-1.1%）分别高 0.4 个和 1.6 个百分点。其中，工业技术改造投资下降 0.4%，比上年同期（20.7%）低 21.1 个百分点。工业投资发展环境持续优化，脑解析与脑模拟、合成生物研究、材料基因组等科技设施启动建设，国家高性能医疗器械创新中心、首批国家应用数学中心获批建设。实施重点产业链“链长制”，累计组织实施 8 批次 87 个技术攻关重点项目，新增 11 个全国制造业单项冠军。国家药品监督管理局药品和医疗器械技术两个审评检查大湾区分中心落户。

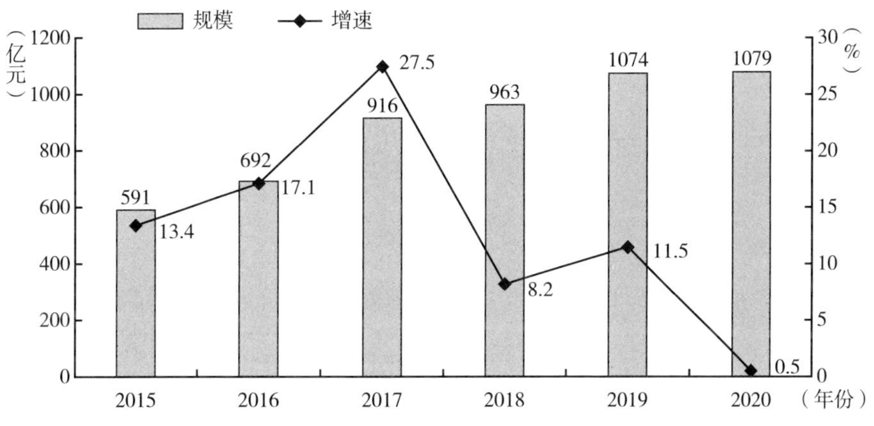

图 4　2015～2020 年深圳市工业投资规模及增速

（五）政府投资和重大项目完成情况良好

2020 年，深圳市区两级共完成政府投资约 1700 亿元，其中市本级政府完成投资 670 亿元。380 个重大建设项目完成投资 2636 亿元，完成年度投资计划（2148 亿元）的 122.7%，较上年同期高 5.2 个百分点。18 个重点区域完成投资 2729 亿元，同比增长 3.4%。开工建设坪山、龙岗、光明3 个

“高中园”。开工建设香港大学深圳医院二期、中国医学科学院肿瘤医院深圳医院二期、深圳前海泰康国际医院等11个医疗项目，新增医院9家、病床1.1万张。深圳美术馆新馆、深圳科学技术馆等“新时代十大文化设施”首批项目开工建设。建成蛇口邮轮母港、深圳北站游客中心，深圳匠心智造之旅入选广东省工业旅游精品线路。

（六）投资原特区外区域力度持续加大

2020年，宝安、龙岗、坪山、龙华、光明、大鹏等6个原特区外区域完成投资5139亿元，占全市固定资产投资的比重为64.6%，占比继续保持六成以上，比上年同期（62.7%）高1.9个百分点；深汕特别合作区完成投资125亿元，增长37.4%，比全市高29.2个百分点；福田、罗湖、盐田、南山等4个原特区内区域完成投资2693亿元，占全市固定资产投资的比重为33.8%。

二　2021年深圳固定资产投资挑战与机遇并存

2020年，深圳固定资产投资运行态势总体良好，但是也要认识到，在外部风险挑战、疫情冲击、宏观经济下行压力等多重因素影响下，固定资产投资稳增长面临巨大挑战。一是从国际宏观经济环境看，全球疫情仍在肆虐蔓延，新冠肺炎病毒持续变异，疫情对经济的影响广泛深远，中美贸易摩擦虽有望阶段性缓和但发展态势仍有待观察，消费、文体旅游等行业尚未完全复苏，统筹疫情防控和经济社会发展任务艰巨，企业市场预期和投资趋于谨慎。二是从重点领域看，房地产投资方面，受房地产市场深度调控和城市更新周期逐年加长影响，占固定资产投资比重较大的房地产投资增速可能下行；工业投资方面，受经济下行压力增大影响，主要制造业投资意愿不强，从目前来看短期内难有较大产业项目支撑工业投资快速增长，工业投资后劲不足、总体增长乏力；基础设施投资方面，水污染治理投资已过高峰期，轨道交通项目投资力度常年基本稳定，随着轨道四期和四期调整项目全面开

工，轨道交通年度投资将相对稳定。固定资产投资保持快速增长缺乏行业和项目支撑。三是从投资要素保障看，在财政增收压力增大背景下，需要创新利用各种融资工具，激发企业特别是民营企业投资活力，积极吸引社会资本参与公共服务设施建设运营。土地供应紧张局面进一步凸显，土地获取成本高，对投资项目落地形成制约。从技术供给看，关键技术瓶颈亟待突破，顺应经济结构转型和消费升级需求，需加大信息产业、高端制造业等投资力度，但制约这些产业发展的关键技术引进面临封锁，自主创新周期长。

同时，固定资产投资运行中也存在不少积极因素。一方面，2021 年是“十四五”开局之年，“双区驱动”战略全面铺开将催生大量的投资需求，促进粤港澳大湾区融合发展，迫切需要加大“两新一重”项目投资力度。民生幸福城市建设需要加大公共服务设施补短板力度，基础教育、高水平医疗资源、水环境污染治理、固体废物收集及处置等设施投资需求旺盛。推进深圳经济产业结构升级，汇聚更多高端人才，必须加大公共住房供给力度，加快破解住房供需失衡问题，提升产业竞争力需要加大高科技产业投资力度。另一方面，2021 年全球主要经济体将迎来疫情防控常态化时期的经济反弹，有机会营造良好的外部投资环境。近期国际货币基金组织（IMF）上调了全球经济增长预期，预计 2021 年全球经济增长 5.5%，2022 年增长 4.2%，展现了对全球经济复苏的乐观预期。2020 年中央经济工作会议也明确指出，2021 年宏观政策要保持连续性、稳定性、可持续性，要继续实施积极的财政政策和稳健的货币政策，保持对经济恢复的必要支持力度。

三　2021年投资调控思路及目标建议

2021 年固定资产投资工作思路是抢抓“双区驱动”重大历史机遇，充分发挥投资对优化供给结构和稳增长的关键作用，以供给侧结构性改革为主线，坚持投资质量效益优先，坚持发挥企业投资主体地位，坚持推进区域协调发展，坚持目标导向、问题导向、结果导向，积极扩大精准有效投资，进一步深化投融资体制机制改革，激发全社会投资活力，着力提高科技创新能力，着力提升产业竞争力，着力加强基础设施承载力，着力强化民生服务能力，更好统筹发展和安全，扎实做好“六稳”工作、全面落实“六保”任务，推动经济社会更高质量发展，确保“十四五”开好局、起好步。

结合深圳市经济预期目标，预计2021年全市固定资产投资总量为8500亿元左右。从资金来源看，市区两级政府投资完成1700亿元左右，占比20%左右；社会投资完成6800亿元左右，占比80%左右。从重点行业看，基础设施投资增长13%以上，继续对固定资产投资产生强大支撑；房地产开发投资增长10%左右；工业投资增长10%左右。从重大项目支撑看，重大项目投资计划完成2100亿元左右。从区域结构看，原特区外区域投资规模继续扩大，占比继续提高。

四　2021年固定资产投资工作措施及建议

2021年是“十四五”规划开局之年，是构建新发展格局的起步之年，深圳市应坚持以供给侧结构性改革为主线，精准有效实施宏观政策，推动经济持续恢复和高质量发展。发挥投资对优化供给结构的关键性作用，注重加大投资力度同补齐民生基础设施短板结合起来，为构建新发展格局提供重要支撑；注重深化完善全过程创新生态链，围绕创新链布局产业链，统筹推进补齐短板和锻造长板。注重围绕推进粤港澳大湾区基础设施互联互通，推进一批重大战略交通基础设施开工建设。力促重点领域投资稳增长，着力拓展投资空间，为提升深圳市经济社会长远竞争力提供支撑，建议重点做好以下工作。

（一）加强重点领域补短板投资

一是织密扎牢民生保障网。实施基础教育学位保障攻坚计划和原特区外区域义务教育学校质量提升计划，推进深汕特别合作区高中园建设。加快推进中国医学科学院阜外医院深圳医院二期、深圳医学科学院、市人民医院、香港中文大学（深圳）医院、市新华医院、市第二儿童医院、质子肿瘤治疗中心等新改扩建项目。新增一批街道长者服务中心，鼓励幼儿园（幼儿中心）开设托班，推进一批具有示范效应的普惠性托育机构建设。二是持续改善环境质量。完善雨污分流管网系统，强化面源污染、黑臭水体管控，推进“污水零直排区”建设。高质量推进碧道建设，推动医疗废物、化学品等危险废物处理全过程管控，加快建设光明燃机电源基地、宝昌电厂二期等清洁低碳的能源基础设施。促进新能源汽车产业创新集聚发展，加快充电基础设施建设，推进新能源汽车动力电池回收利用溯源管理平台建设。深入实施“山海连城计划”，加快梧桐生态小镇配套工程等项目建设，持续推进“千园之城”建设，打造世界著名花城。三是推动公共文化服务更优质。加快推进深圳歌剧院、深圳改革开放展览馆等项目建设，推进“新时代十大文化设施”开工建设。加快改造提升“十大特色文化街区”，建设深圳书城湾区城。加快城市社区运动场地设施试点城市建设，新建改造一批社区运动场地设施。四是加强城市安全体系和能力建设。全力服务国家种子安全、粮食安全，加强生物育种技术攻关和产业化应用，加快军民融合区域配送中心等项目建设。强化能源安全保障，发挥深圳天然气交易中心平台功能，谋划建设国际原油交易中心。提升供水保障能力，推进自来水直饮工程，完成一批小区优质饮用水管网改造。加强社会治安防控体系和设施建设，坚决防范和打击暴力恐怖、黑恶势力、新型网络犯罪。

（二）加大高质量制造业投资力度

一是加大工业技改投资力度。继续开展技改项目资助和重大工业项目奖补扶持计划，有序扩大奖补扶持范围。持续做好重点工业项目的跟踪服务，协调推进项目建设。加快建设深圳电网重点工程、亚太高通量宽带卫星通信系统等项目。二是引导优质资源向新兴产业集聚。制定支持集成电路产业发展的定制式、靶向性政策包。高水平规划建设集成电路产业集聚区和园区，集中力量支持一批集成电路企业做大做强。实施生物医药产业倍增工程，加大对新药临床、医疗器械产品研发和生物医药项目的支持力度。三是结合功能区定位和产业链管理有序支持项目建设实施，避免重复建设。严格按照规划功能区定位，引进和布局产业项目，推动产业集聚发展，避免各区无序竞争造成内耗。深入实施重点产业链“链长制”，出台重点产业链专项扶持计划，按照产业链各环节和功能有序开展项目支持计划，全力提升产业链链主企业和核心配套企业的服务水平。

（三）推动一批城市基础设施项目建设

一是新基建方面，推进中能同步辐射光源、X 射线自由电子激光的部分试验线站预研和加速器建设，加快建设材料基因组、脑解析与脑模拟、合成生物等重大科技基础设施。加快推动鹏城实验室“核心 + 基地 + 网络”建设，建立多地布局协同运行体系。加快推进 5G、大数据中心、工业互联网、物联网等新型基础设施建设，推进大数据平台一期、第二数据中心、深汕合作区异地备份中心等项目建设。完成粤港澳大湾区大数据中心初步设计，打造全国一体化国家大数据中心华南区域服务核心节点。加大政务信息化建设统筹力度，建设全市统一的数据中枢和应用中枢，支撑各部门构建业务应用。二是新型城镇化建设方面，深入推进国土空间提质增效，保留提升及整备改造工业区；稳步推进基本公共服务均等化，加强教育、医疗等民生领域项目建设；加快融入全省“一核一带一区”区域发展格局，打通一批重大交通战略通道。三是重大交通水利工程建设方面，建设空港型国家物流枢纽，加快机场三跑道、T4 航站楼建设，建成使用机场卫星厅。推进以深圳港为核心的粤港澳大湾区组合港项目，建设深圳港盐田港区东作业区集装箱码头工程。建设深惠、深大、穗莞深前海至皇岗口岸段、深惠城际大鹏支线等城际铁路，推动赣深高铁建成通车，加快建设东部高铁新城、空港新城、西丽高铁枢纽等重大交通节点。全面推进轨道交通四期及四期调整线路建设，编制轨道交通五期规划。提升供水保障能力，持续推进珠三角水资源配置工程及深圳境内配套工程，加快建设深汕合作区蓄供水网络。四是推动区域协调发展。强化深圳都市圈与广州都市圈对接合作。加快推进深中通道建设，促进珠江口东西两岸融合发展。继续做好对口支援、东西部协作及河源、汕尾对口帮扶，建成深汕中心医院、深河人民医院。实施重点区域开发

战略，支持重点片区错位发展，加快培育城市新增长极。加快深汕特别合作区建设，建设深汕第二高速，建成投入使用小漠国际物流港一期工程，加快广汕铁路、深汕高铁项目建设。

（四）全面激发民间投资活力

一是继续实施战略性新兴产业扶持计划。大力发展新一代信息技术、高端装备制造、绿色低碳、生物医药、数字经济、新材料、海洋经济等战略性新兴产业，优化完善新兴产业扶持政策和机制，推动若干新兴产业逐步发展成支柱产业。二是推进投融资体制机制改革，吸引社会资本参与公共服务领域建设。做好地方政府专项债券项目谋划储备，按照国家关于申报专项债要求提前准备相关资料，积极申报并用好用足政府专项债；抢抓基础设施REITs试点项目申报契机，推进基础设施REITs综合改革试点工作；进一步完善PPP政策体系，积极推动一批PPP项目落地，吸引和扩大社会资本参与公共服务领域项目建设。三是开展优质产业空间供给行动，充分发挥政府投资和国企作用，新开工建设一批制造业产业空间项目，制定工业用房租金指导价格，切实降低企业经营成本。四是积极引进龙头企业，培育产业发展生态。强化重大产业项目的招商引资，实施投资推广项目引荐人奖励，引进一批投资规模大、产业关联度高、带动能力强的项目。支持“专精特新”、单项冠军企业发展，激励企业在产业优势领域精耕细作，新增一批国家专精特新“小巨人”企业和国家制造业单项冠军企业。

（五）加强项目空间和资金保障

加大土地空间拓展力度，保障优质企业生产生活空间，推动优质项目加速落地。实施国土空间提质增效计划，拆除消化一批违法建筑，加大土地整备和城市更新力度，保留提升一批高品质产业空间，转型升级村社工业区。加快建设一批低成本的优质产业空间，支持处于成长期的优质企业发展。加快制定安居型商品房、人才住房、公共租赁住房建设管理办法，持续开展大规模住房建设行动。积极拓展项目融资渠道，实施“科技金融融合”计划，建立健全覆盖天使投资、风险投资、股权投资、并购投资的完整科技金融服务体系，提高创业投资金额占全社会融资比重。优化直接融资环境，支持符合条件的企业和项目通过债券市场直接融资。强化政府投资项目资金保障，用好用足政府专项债，做好 REITs 试点工作，有序推进政府和社会资本合作。探索试点引入优质民营教育机构委托运营政府投资新建的中小学，将日常运营的各项费用，折算成生均经费标准补贴运营机构的发展机制。探索政府和社会力量合作办医新模式，试点政府建设医疗共享空间，引入社会力量提供特色医疗服务。

B.3

2020年深圳财税收入分析及2021年形势研判

傅卓荣　李雪君*

摘　要：　财税收入是经济发展的“晴雨表”，本报告通过财税大数据，从总量、结构、行业等维度分析2020年深圳市财税收入呈现的主要特点，同时深度挖掘“十三五”时期的财税收入数据，量化分析五年来深圳财税收入的变化趋势及结构动态，从财税视角概括提炼深圳产业发展的新特征、新趋势，反映深圳高质量发展的突出优势。在此基础上，对2021年经济形势开展预判，提出经济运行中存在的问题，从大力实施积极的财政政策、加快推进现代财税体制改革、加大科技和民生资金投入、提高经济与财税收入协调度等四个方面提出有针对性的工作建议。

关键词：　财税收入　财税体制　深圳市

2020年是新中国历史上极不平凡的一年。面对严峻复杂的国际形势、艰巨繁重的国内改革发展稳定任务，特别是新冠肺炎疫情的严重冲击，我国在以习近平同志为核心的党中央坚强领导下，保持战略定力，准确判断形

* 傅卓荣，中国注册会计师，深圳市财政局预算处副处长，主要研究方向为财税经济关联、经济形势及政策效应；李雪君，深圳市税务局经济分析处三级主任科员，主要研究方向为财税金融政策、计量模型构建。

势，精心谋划部署，果断采取行动，付出艰苦努力，交出了一份人民满意、世界瞩目、可以载入史册的答卷。在这一年，党中央在深圳隆重举办了深圳经济特区建立40周年庆祝大会，深圳40年来取得的辉煌成就令全国乃至世界刮目相看。与此同时，深圳全面统筹推进疫情防控和经济社会发展工作，经济增速在全国一线城市中率先转正、逐季向好，尽显经济活力与韧性。深圳经济顶压前行所取得的突出成绩，在财税数据中得到了直接体现。

2020年来源于深圳辖区的一般公共预算收入9789亿元，同比增长3.9%。[①] 其中，全市税收规模为9019亿元，增长2.8%，这一税收口径反映全市的总体税收产出规模；扣除海关代征的增值税、消费税及关税等，税务部门直接组织税收收入7177.3亿元，增长5.1%。分级次看，中央级收入5932亿元、增长5%，地方级收入3857亿元、增长2.2%，中央与地方收入结构为6∶4，地方级收入中的税收收入占地方财政收入的比重超80%，反映出深圳财政收入质量较高。从单位产出看，每百元GDP的财政收入产出达35元，其中税收产出超32元；每平方公里的财政收入产出达4.9亿元，其中税收产出达4.5亿元，居全国大中城市首位。

一 2020年深圳财税收入主要特点

（一）全力应对新冠肺炎疫情的巨大冲击，不折不扣落实各项减税降费政策，以更加积极有为的财税政策助企纾困

深圳市全面落实国家出台的减税降费政策和深圳本地惠企利民政策，以更加积极有为的财政政策助力市场纾困，累计为市场主体减负约1100亿元。一是落实2020年出台的减税降费政策为企业减负570亿元。主要包括减免小规模纳税人增值税，免征公共交通运输、住宿餐饮、旅游、快递行业小微企业的增值税，以及减免社保费、港口建设费、特种设备

① 本报告所有数据、图表资料来源于财政、税务、统计等部门公开数据，特此说明。

检测费等。二是落实 2019 年年中出台的减税政策在 2020 年翘尾减税 230 亿元。包括实施增值税留抵退税以及深化增值税改革、深化个人所得税改革等翘尾减税政策。三是落实“惠企 16 条”等深圳本地政策为企业“加码”减负 300 亿元。主要包括为超 2.1 万户次纳税人办理延期申报，为超 8000 户纳税人核准延期缴纳税款；对近 15 万户困难企业免征房产税、城镇土地使用税；为物业服务企业发放财政补贴，为困难企业发放稳岗返还资金、污水处理费补贴，免除政府物业租金，并代缴工商企业基本电费等。

（二）全力化解新冠肺炎疫情对财政的减收增支矛盾，在减税降费的前提下多渠道组织收入，全市税收收入逐季回升

辖区财政收入中，税务部门直接组织的税收收入更能反映经济发展现状。2020 年税务部门直接组织的税收收入累计增幅从第一季度、上半年的 -13.6%、-6.3% 回升至前三季度的 2.8%，全年继续回升至 5.1%。分级次看，中央级税收收入增幅在前三季度正增长基础上继续扩大 1.9 个百分点，地方级税收收入增幅由前三季度的下降 1.7% 恢复至增长 1.3%。税收收入增幅逐季回升的主要原因：一是经济持续复苏向好为税收增长奠定了良好基础，2020 年深圳市 GDP 增长 3.1%，规模以上工业增加值同比增长 2%，固定资产投资同比增长 8.2%，进出口总额同比增长 2.4%，社会消费品零售总额降幅较前三季度收窄 3.8 个百分点，均保持回暖态势；二是资本市场交易火爆带动证券交易印花税大幅增长，2020 年实现证券交易印花税收入 1103.8 亿元，增收 438.2 亿元，拉高直接组织税收收入增幅 6.4 个百分点。

2020 年深圳地方财政收入完成 3857.4 亿元，增长 2.2%，增幅居一线城市之首，在全国 36 个省级财政中排名第 9 位。其中，2020 年 9 月深圳市地方财政收入增速首次实现由负转正，增长 0.7%，是全国首个实现财政收入增幅由负转正的一线城市，为迎接特区建立 40 周年庆祝大会交出一份亮丽的成绩单。

（三）全力对冲疫情对企业生产经营的巨大影响，助力企业复工复产复商复市，五大重点行业税收两升三降

全年深圳第二产业实现税收1361.1亿元，下降8.3%（剔除免抵调库和证券交易印花税，下同）；第三产业实现税收4707.9亿元，增长0.6%，继续保持平稳。从五大重点行业看，信息技术服务业、房地产业税收保持正增长；金融业、批发零售业税收略有下降；制造业税收降幅不断收窄，但恢复速度仍慢于整体水平。

金融业税收1472.7亿元，下降3.3%。其中，银行业税收776.9亿元，下降1.9%，下降的主要原因是受疫情影响银行中间业务利润减少；证券业税收379亿元，增长33%，增收的主要原因是证券市场交易活跃，特别是资管产品业务规模不断扩大；保险业税收145.9亿元，下降54.9%，大幅减收的主要原因是保险企业受免税收入增加、手续费佣金扣除比例提高等影响。

房地产业税收1204.3亿元，增长1.3%。增长的主要原因是从4月起居民对住房的消费需求集中释放，全年新房、二手房销售面积同比分别增长20.5%和28.6%。

制造业税收1054.4亿元，下降11.1%，降幅较前三季度收窄1.6个百分点。收窄的主要原因是制造业复工复产进度逐步加快，全市规模以上工业增加值从7月开始连续5个月实现正增长。

批发零售业税收599.9亿元，下降0.5%，增幅由前三季度的-5%回升至基本持平。持平的主要原因是市场销售持续回暖，全市社会消费品零售总额降幅持续收窄。

信息技术服务业税收456.3亿元，增长6.7%。增长的主要原因是互联网业务的复工复产进度最快，特别是网络娱乐、线上办公、在线教育等新经济业态在疫情冲击下仍逆势保持增长。

（四）受疫情冲击及减税降费政策影响，主体税种收入“两降一增”，地方税种增势良好

2020年增值税收入2156.9亿元，下降7.6%，下降的主要原因是当年落实增值税新增减税182亿元，如剔除上述政策因素影响，增值税收入增幅与企业复工复产增长趋势基本相符。企业所得税收入1875亿元，下降10.2%，减收的主要原因一方面是受疫情影响企业效益有所下滑，另一方面是减税降费政策落实相应减少了企业所得税收入。个人所得税收入928.2亿元，增长25.3%，增收的主要原因：一是工资薪金所得自然增长带动个税增长，二是来自资本市场和二手房交易市场的财产转让所得项目个税增长较快。地方税种合计实现收入984.7亿元，增长14.6%。其中，土地增值税收入468.6亿元，增长20.3%；契税收入200.3亿元，增长24%；其他印花税收入47.5亿元，增长16.2%。

二　“十三五”时期深圳财税收入趋势分析

2020年是“十三五”收官之年，因此有必要总结一下“十三五”时期深圳财税收入特征及变化趋势，从而为把握“十四五”时期深圳财税经济发展形势提供数据支撑，为深圳高质量建设中国特色社会主义先行示范区提供决策依据。

（一）总量及趋势分析：规模高位增长，增速明显回落

自2014年深圳市辖区财政收入规模首次跨越5000亿元台阶后，2017～2018年连跨8000亿元、9000亿元两大台阶，2020年来源于深圳市辖区的财政收入达到9789亿元。从地方财力看，2015～2020年地方一般公共预算收入从2727亿元增长到3857亿元，规模在全国36个省市（省、自治区、直辖市、计划单列市）财政中从第10位提升至第9位。从增长趋势看，在整体经济处于“L”形筑底的背景下，2016～2020年来源于深圳辖区的财政收入增幅分别为9.1%、9.1%、6.1%、3.5%和3.9%，2016～2020年深圳地方一般公共预算收入分别增长15.0%、6.3%、6.2%、6.5%和2.2%，均呈现明显回落态势（见图1）。

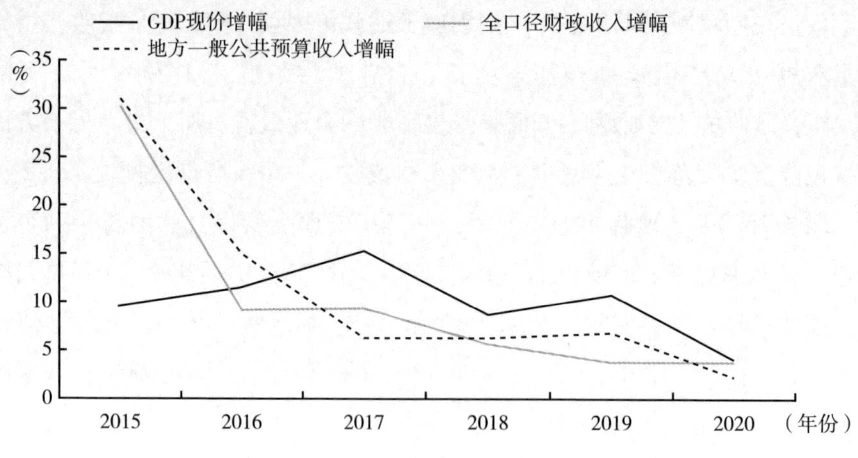

图1　2015～2020年深圳财政收入与GDP增速趋势

（二）财税经济关联分析：弹性持续走低，税负稳中有降

从财政收入增长弹性[①]看，2016～2020年深圳地方一般公共预算收入平均增速为7.2%，GDP现价增速为9.9%，财政收入五年平均增长弹性系数为0.73，比前五年（2011～2015年弹性系数为1.54）低0.81。其中，2018～2020年深圳地方一般公共预算收入增速低于GDP现价增速并持续走低，三年弹性系数分别为0.72、0.63和0.56。

从税收收入增长弹性[②]看，2016～2020年地方级税收平均增幅为6.3%，税收与GDP现价的增长弹性系数为0.64，在减税降费政策深入实施的背景下，近年税收增幅持续走低，2018～2020年税收弹性系数分别为1.08、0.55和0.16（见图2）。

从宏观税负[③]情况看，"十三五"时期，深圳宏观税负稳中有降，2016～2020年深圳宏观税负分别为35.4%、33.4%、33.1%、30.6%和30.7%；剔除与深圳经济关联度不大的海关代征税收和证券交易印花税后，

① 财政收入增长弹性＝深圳地方一般公共预算收入增速/深圳GDP现价增速

② 税收收入增长弹性＝深圳地方级税收收入增幅/深圳GDP现价增速

③ 宏观税负＝深圳辖区全口径税收收入总额/深圳GDP总额×100%

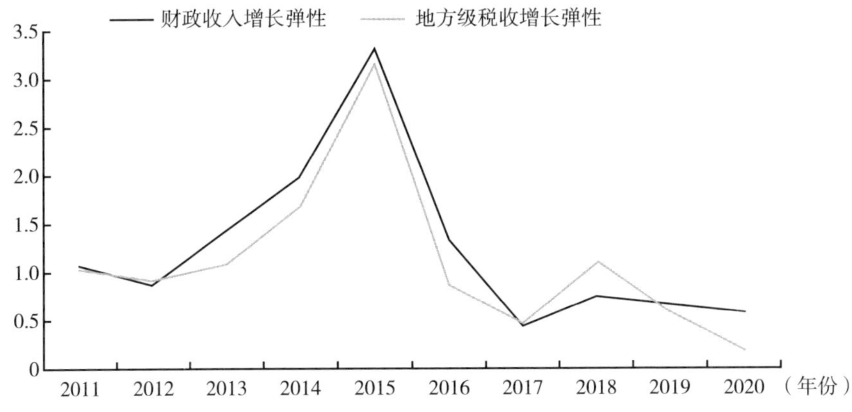

图2　2011～2020年深圳财税收入与GDP增长弹性系数变化趋势

2016～2020年宏观税负分别为24.9%、24.4%、24.3%、22.9%和21.7%，呈现逐年下降态势，特别是2019年我国实施更大规模减税降费政策后，2020年深圳宏观税负降至21.7%，比2018年下降2.6个百分点（见图3）。

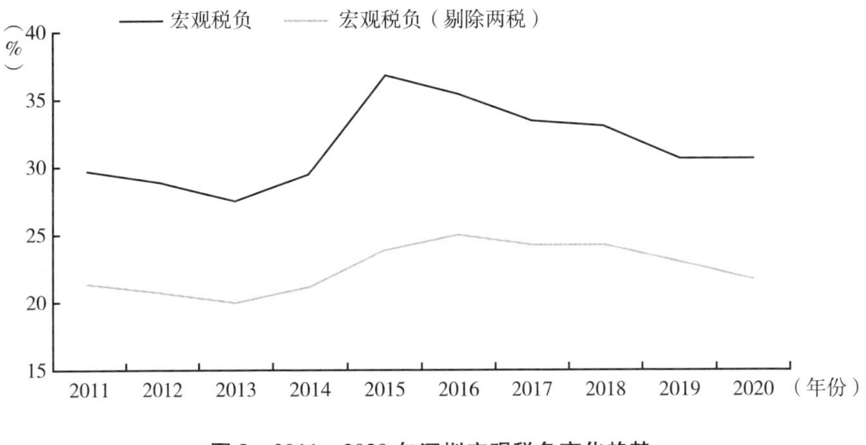

图3　2011～2020年深圳宏观税负变化趋势

（三）财政收入结构分析：第三产业税收占比持续提高，行业税收结构呈现“虚升实降”态势

从财政收入内部结构看，2016～2020年地方级税收占比基本保持在

80%左右，税收与非税呈现“八二”格局。

从产业税收结构看，2016～2020年深圳产业税收结构加速优化，第三产业税收比重持续提高。深圳三次产业税收结构由2016年的0.1∶28.9∶71转变为2020年的0.1∶22.4∶77.5，五年间第三产业税收占比提高6.5个百分点。

从产业增加值含税量看，在减税降费实施背景下，深圳整体GDP的税收产出有所降低，2016～2020年深圳每百元GDP的税收产出由35.4元下降至30.7元；剔除两税后由24.9元下降至21.7元。其中，第三产业含税量明显高于第二产业，2020年每百元第三产业增加值税收产出26.4元，每百元第二产业增加值税收产出13.4元，第三产业含税量比第二产业高13元。

从主体行业税收结构看，“十三五”期间金融业、房地产业、信息技术服务业等资本密集型和技术密集型行业税收增势良好，行业税收占总体税收的比重持续提高；制造业、批发零售业、交通运输业、住宿餐饮业等实体经济的税收增长持续乏力，行业税收比重也出现不同程度下降。行业占比提高的是：金融业平均增速为8.5%，税收占比从23.7%提高到24.2%，累计提高0.5个百分点；房地产业平均增速为20.1%，税收占比从11.6%提高到19.8%，累计提高8.2个百分点；信息技术服务业平均增速为21.9%，税收占比从4.1%提高到7.5%，累计提高3.4个百分点。行业占比下降的是：制造业平均增速为0.4%，税收占比从25%下降到17.4%，累计下降7.6个百分点；批发零售业平均增速为6.9%，税收占比从10.4%下降到9.9%，累计下降0.5个百分点（见图4）；交通运输业、住宿餐饮业、居民服务业税收平均增速分别为-1.9%、-20.3%和18.2%，税收累计占比下降5.5个百分点。

（四）初步结论

随着整体经济步入高质量发展阶段，以及减税降费效应显现，深圳市地方财政收入已连续四年个位数增长，“十三五”时期年均增速为7.2%，远

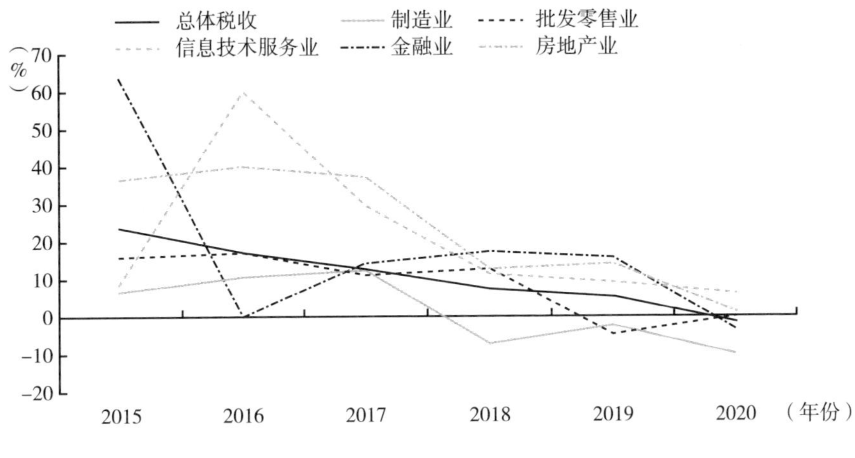

图4　2015～2020年深圳主要行业税收增长变化趋势

低于“十二五”“十一五”时期19.8%和21.8%的增速，预计“十四五”时期深圳市财政收入增速将呈现进一步“降阶”趋势。同时，“十三五”时期金融业、房地产业税收对全市税收总量和增量的贡献较大，在当前金融让利实体经济、“房住不炒”等宏观政策导向下，预计“十四五”时期金融业、房地产业税收增长面临较大不确定性。

三　2021年深圳财税收入形势研判及工作建议

2021年是我国现代化建设进程中具有特殊重要性的一年，是中国共产党建立100周年，是实施“十四五”规划、开启全面建设社会主义现代化新征程的第一年。展望新一年财税收入形势，依然是有利因素和不利因素共存，财税经济运行的不确定性依然较大。

（一）有利因素

一是在中国仍处于战略机遇期的宏观背景下，“双区”建设将赋予深圳发展重大历史机遇。从国内外环境看，世界处于百年未有之大变局，国际格局力量对比加速演变，全球治理体系深刻重塑，我国经济发展由高速增长转向高质量发展阶段，整体经济运行依然保持了平稳发展态势，整体判断，中国发展仍处于大有可为的战略机遇期。从深圳自身发展看，深圳迎来了建设粤港澳大湾区、中国特色社会主义先行示范区和实施综合改革试点等国家重大战略利好，发展韧性足、潜力大、势头好，2020 年全球招商洽谈签约项目 242 个，涉及投资总额超 7800 亿元，为深圳经济发展注入了动力，预计未来将有更多一流企业、人才落户深圳，深圳将继续保持高质量发展。

二是深圳经济基础实力雄厚，长期向好的经济基本面和高效便捷的政府治理体系为深圳提供了强大的内生增长动力。经过 40 年的发展，深圳积累了较为雄厚的经济基础，整体经济运行稳中提质，战略性新兴产业蓬勃发展，5G 等新基建投资提速，市场主体活力增强，具备规模巨大的市场优势和潜力，整体经济稳中向好的基本趋势没有改变。同时，面对突发危机，市委、市政府坚持问题导向，精准施策，推出了一系列务实管用、暖企惠企举措，企业化危为机，市场逆势前行，深圳高效的政府治理体系将为全市经济社会发展提供体制机制支撑。

三是国内经济加快复苏叠加上年度的低基数因素，为深圳整体经济和税收收入稳定增长带来可预期性。2020 年上半年受疫情影响，深圳经济总量及税收规模相对较小，2021 年在超常规刺激政策和上年基数降低等共同作用下，深圳整体经济及税收收入有望在上半年出现较快速度的恢复性增长。同时，减税降费对财税收入的减收影响逐步消减，2019 年深化增值税改革、个人所得税改革等大规模减税降费政策的翘尾减收效应已逐步消化，2020 年针对疫情出台的支持政策规模相对较小，2021 年暂无新的大规模减税降费政策出台，对全年财税收入稳定增长带来可预期性。

（二）不利因素

一是疫情变化和外部环境存在诸多不确定性。2021 年世界经济形势依旧复杂严峻，全球疫情防控任务重大，疫情对全球经济的负面影响仍在延续，疫情导致的各类衍生风险不容忽视。世界银行发布的 2021 年 1 月期《全球经济展望》报告显示，虽然全球经济产出正在从新冠肺炎疫情引发的崩溃中恢复，但仍将长期低于疫情前的发展趋势。在2020年新冠肺炎疫情造成世界经济急剧下滑之后，预计2021年全球产出将增长4%，但仍远低于疫情前的预测，发达经济体美国、欧洲及日本将分别增长3.5%、3.6%和2.5%。因此，在全球疫情持续蔓延、贸易保护主义和民粹主义抬头、全球化遭遇逆流阻隔的大环境下，深圳外向型经济仍将面临较大冲击。

二是先行示范区建设需要更稳定更可持续的财政投入。深圳在基础研究、原始创新和关键技术方面“卡脖子”问题突出，民生领域仍存在短板，城市治理承压明显，统筹发展与安全任务依然艰巨。对标深圳全力推进先行示范区建设的第一阶段战略目标，深圳需要尽快补齐上述原始创新和民生领域的短板，这都需要进一步加大财政投入，需要更可持续、更为稳定的财税收入来源支撑深圳经济社会高质量发展。

三是重点行业税收增长存在较大不确定性。2020年深圳房地产调控“715”新政实施后，二手房市场明显降温，由于税收存在一定滞后性，预计调控政策对房地产税收的影响将在2021年逐步显现。同时，在当前银行等金融机构向实体经济让利的宏观政策导向下，预计银行业利润水平将逐步回落，直接影响金融业税收的增长。

（三）下一步工作建议

深圳经济内生动力和韧性较强，为财税收入增长奠定了经济基础，但目前产业发展仍存在一些结构性的问题，因此，需要客观辩证地看待当前经济财税形势的发展变化，既要正视困难，更要坚定信心，增强机遇意识、风险意识，坚持主动作为、持续改革创新，助力经济社会高质量发展。本报告从财税视角出发提出以下四个方面的工作建议。

一是大力实施积极的财政政策，助力深圳高质量发展和新发展格局构建。财政政策具有优化资源配置、推进结构调整的优势，在畅通国内大循环、促进国内国际双循环方面具有重要作用。一方面，要巩固拓展减税降费成效，确保各项政策“应享尽享”“应退尽退”，支持市场主体积极参与双循环，努力扩大税源、夯实税基，增强财政可持续发展能力；另一方面，坚持艰苦奋斗、勤俭节约，加强财政资源统筹，科学厘清政府与市场的边界，调整优化支出结构，强化预算约束和绩效管理，提高财政投入的精准度和资金的使用效益。

二是加快推进现代财税体制改革，推动政府治理体系和治理能力现代化。率先建立适应深圳新时代发展要求的现代财税体制，更好地发挥现代财税体制在资源配置、财力保障和宏观调控等方面的基础作用，提升预算配置财政资源的科学性、规范性和有效性，更好地推动市区两级政府分工协作、有序运转、有效履职，积极推进政府治理体系和治理能力现代化。持续打造国际一流的税收营商环境，建立智慧型的财税信息化数据化系统，进一步巩固拓展“非接触式”办税缴费服务，营造公开、透明、可预期的税收营商环境。

三是聚焦科技创新和“民生七有”，继续加大多渠道资金投入。把提高发展平衡性放在重要位置，不断推动公共资源向基层延伸，构建优质均衡的公共服务体系，建成全覆盖可持续的社会保障体系。聚焦“民生七有”目标，加大财政资金投入，支持优先发展教育事业，完善基本医疗卫生投入机制，实施就业优先政策，完善多层次社会保障体系建设，满足市民对美好生活的向往。完善资金多元投入机制，支持加快建设综合性国家科学中心，构建支撑高质量发展的现代产业体系，不断增强原始创新能力、提升产业发展能级。

四是努力促进经济与财税收入可持续协调发展，切实提高财税收入质量。坚持组织收入原则不动摇，在巩固拓展减税降费成效、持续优化营商环境的基础上，加强多部门协调联动，努力实现税收收入应收尽收、应缴尽缴，确保财税收入与经济社会发展水平相适应，与积极的财政政策相衔接。强化财税大数据分析应用，围绕构建新发展格局、支持深圳科技创新发展等重点领域，预判经济发展变化趋势，洞察行业苗头性、趋势性问题，积极为上级部门提供信息决策参考。

参考文献

郭庆旺、吕冰洋：《经济增长与产业结构调整对税收增长的影响》，《涉外税务》2004 年第 9 期。

孙开：《地方财政若干理论问题研究》，《东北财经大学学报》2002 年第 2 期。

刘志广：《我国地方政府财政收入来源及其规模》，《地方财政研究》2010 年第 4 期。

周权雄、龙自云：《论我国产业结构调整与地方财政收入可持续增长的关系》，《华东经济管理》2010 年第 12 期。

刘学华：《率先发展地区的财政收入与经济增长：来自上海的实证》，《统计与决策》2008 年第 9 期。

陆文喜：《计划单列市财政收入结构比较及实证分析》，《地方财政研究》2011 年第 6 期。

李波：《宏观税负、产业税负与结构性减税政策》，《税务研究》2010 年第 1 期。

B.4

2020年深圳物价运行形势分析及2021年走势展望

余红兵*

摘　要：本报告回顾了2020年深圳市消费和生产领域价格运行情况及主要特点，将深圳与全国、广东省及其他主要一线城市物价进行对比，并从输入性因素和内部构成要素等方面分析影响深圳物价变动的原因。在此基础上，结合新冠肺炎疫情变化、新发展格局形成等对2021年物价形势进行展望。本报告认为，2021年深圳生产领域和消费领域价格预期上行。

关键词：CPI　PPI　深圳市

2020年是人类历史上极不寻常的一年。面对突袭而至的新冠肺炎疫情、全球产业链重构、贸易摩擦升级等多重冲击，深圳作为流动人口多、疫情潜在风险大、外贸出口依存度高、受影响较严重的城市，秉持负重前行、承压求进的拓荒牛精神，在做好疫情防控的同时，及时落地各项保供稳价、惠企利民举措，高效构建大流通、大市场、大循环新发展格局，努力将疫情和外部不利因素的影响降到最低，总体保障了深圳生产和消费领域价格的基本稳定。

* 余红兵，国家统计局深圳调查队综合处兼农业农村处处长，高级统计师。

一 2020年深圳物价运行的主要特点

（一）消费领域价格涨幅回落

1. CPI 月度同比前高后低，环比降多升少

2020 年，深圳 CPI 上涨 2.3%，涨幅比上年回落 1.1 个百分点。从月度同比看，价格波动受新涨价因素和翘尾因素影响较为突出，全年走势总体呈现前高后低特征。1 月，受新冠肺炎疫情、春节和猪周期等因素叠加影响，猪肉等食品价格上涨较快，CPI 上涨 6.7%，为全年最高增幅；2 月，春节因素消退，CPI 涨幅收窄为 5.2%；从 3 月开始，随着疫情防控形势稳步好转，各项复产复工复商复市政策相继落地，保供稳价措施不断显效，CPI 涨幅逐月回落，从 3 月的上涨 4.5% 一路回落至 9 月的上涨 1.0%；10 月，受市场供求关系进一步好转和 CPI 翘尾因素逐渐消退等影响，CPI 开始进入负区间运行，后三个月分别下降 0.1%、1.3% 和 0.6%。

从月度环比看，价格波动受季节性因素和“菜篮子”供求关系影响较为突出。1 月，受“菜篮子”价格大幅飙升和部分服务项目价格上调影响，CPI 上涨 2.2%；2～6 月，“菜篮子”保供稳价措施持续发力，CPI 连续 5 个月保持在负区间运行，降幅为 0.1%～1.5%；7～8 月，受长江中下游地区遭受严重洪涝灾害，部分农产品供应短缺影响，CPI 小幅上扬，分别上涨 0.4% 和 0.3%；随后洪涝灾害影响减弱，主要“菜篮子”食品供应趋稳，CPI 由升转降，10～11 月分别下降 0.3% 和 0.7%；12 月，受气温下降、成本上升和需求增加等因素影响，CPI 上涨 0.5%（见图 1）。

2. 食品价格涨幅进一步扩大，非食品价格涨幅回落

2020 年，食品价格上涨 11.1%，涨幅比上年扩大 2.1 个百分点，拉动 CPI 上涨 2.26 个百分点，贡献率为 98.3%，是推动 CPI 上涨的主要因素。

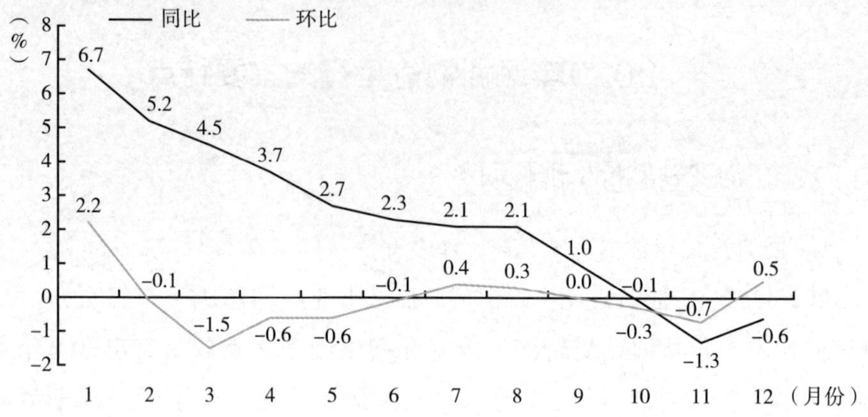

图1　2020 年深圳居民消费价格分月涨跌幅

资料来源：国家统计局深圳调查队对外发布数据。

食品中，畜肉类上涨 39.1%，涨幅较上年同期扩大 5.2 个百分点。另外，奶类价格上涨 7.3%，涨幅较上年扩大 4.9 个百分点。其中，奶粉价格上涨 10.7%，鲜奶价格上涨 6.0%，酸奶价格上涨 3.7%。非食品价格上涨 0.1%，涨幅较上年回落 1.9 个百分点，影响 CPI 上涨约 0.07 个百分点。非食品中，交通、住宿等服务消费受新冠肺炎疫情影响，出行和住宿需求下降，其中飞机票价格下降 21.6%，旅馆住宿价格下降 10.8%，租赁房房租价格下降 1.4%。受工业生产受限、需求减弱影响，国际原油价格持续走低，工业消费品价格下降 0.6%。其中，汽油、柴油价格分别下降 14.1% 和 15.3%。

3. 八大类商品和服务价格升多降少

2020 年，八大类商品和服务同比价格“五升三降”。其中，食品烟酒价格同比上涨 7.9%，领涨八大类价格；其他用品和服务、教育文化和娱乐、衣着、生活用品及服务价格同比分别上涨 4.5%、2.6%、1.2% 和 0.7%；医疗保健、居住、交通和通信价格下降，降幅分别为 0.2%、1.0% 和 4.0%（见表 1）。

表1　2020年深圳居民消费价格分类指数及涨跌幅构成

单位：百分点

类别	上年同期 = 100	对总指数的涨跌影响
居民消费价格总指数	102.3	—
食品	111.1	2.26
非食品	100.1	0.07
消费品	103.8	2.34
服务	100.0	-0.01
一、食品烟酒	107.9	2.52
二、衣着	101.2	0.08
三、居住	99.0	-0.24
四、生活用品及服务	100.7	0.04
五、交通和通信	96.0	-0.48
六、教育文化和娱乐	102.6	0.29
七、医疗保健	99.8	-0.01
八、其他用品和服务	104.5	0.14

（二）生产领域价格低位下行

1. PPI负区间低位运行，IPI降多涨少

2020年，PPI（工业生产者出厂价格指数）下降1.0%，降幅比上年扩大1.0个百分点。其中，扣除食品、能源产品的核心指数下降0.5%，较上年回落0.7个百分点；包含生物制药、医疗设备、通信设备、仪器仪表等产品在内的高技术指数下降1.5%，较上年回落1.0个百分点。从走势看，上半年受疫情等因素影响，国际原油价格大幅下跌，工业品需求低迷，2月PPI同比上涨0.3%，为全年最高点，2月后PPI环比和同比均进入下降通道，至5月同比下降1.7%；下半年随着国内疫情防控形势持续好转，工业生产逐步恢复，人工智能、工业互联网、物联网和5G等新基建投资项目相继发力，6月起PPI环比止降转涨，同比降幅有所收窄。其中6月PPI环比上涨0.9%，为全年环比最高点。12月，PPI环比上涨0.3%，同比下降1.4%，降幅比最低点收窄了0.3个百分点（见图2）。

2020年，IPI（工业生产者购进价格指数）下降1.2%，降幅比上年扩

大0.6个百分点。IPI九大类购进价格同比“三涨六降”。其中，有色金属材料及电线类、建筑材料及非金属类、纺织原料类价格同比分别上涨4.5%、1.3%和0.1%，其余六大类购进价格同比均为下降，其中燃料动力类和化工原料类分别下降2.9%和6.0%。

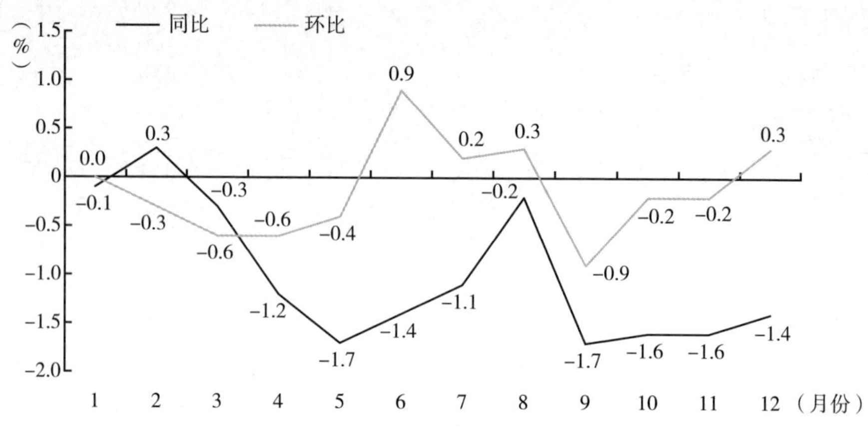

图2　2020年深圳市PPI分月同比和环比涨幅

2. 生产资料价格下降，生活资料价格上升

从生产、生活资料分类看，2020年，生产资料价格下降1.6%，降幅较上年同期扩大1.3个百分点。生产资料中，采掘工业价格下降26.9%，降幅较上年同期扩大21.4个百分点，是影响生产资料价格下降的主要因素；加工工业价格下降1.1%，原材料价格微涨0.1%。生活资料价格上涨0.6%，涨幅较上年同期回落0.3个百分点。生活资料中，衣着、一般日用品价格分别上涨2.7%和5.7%；耐用消费品价格下降2.6%。

3. 石油和天然气开采业领跌，文教、工美、体育和娱乐用品制造业领涨

从主要工业行业分类来看，2020年，在31个PPI大类工业行业中，18个行业价格下降，与上年同期相比，下降行业增加了6个，合计拉低总指数1.8个百分点。其中，石油和天然气开采业下降26.9%，该行业和汽车制造业，通用设备制造业，电力、热力生产和供应业，橡胶和塑料制品业，以及计算机、通信和其他电子设备制造业为影响生产者出厂价格指数下降最主要

的六个行业，合计拉低 PPI 1.58 个百分点（见表2）。文教、工美、体育和娱乐用品制造业在各行业中涨幅最大，为 10.3%，该行业与有色金属冶炼和压延加工业，纺织服装、服饰业，仪器仪表制造业，以及皮革、毛皮、羽毛及其制品和制鞋业为影响生产者出厂价格指数上涨最主要的五个行业，合计拉动 PPI 上涨 0.77 个百分点（见表3）。

表2　2020 年影响深圳 PPI 总指数下降较大的行业

单位：%，百分点

类别	降幅	影响程度
汽车制造业	-2.9	-0.05
通用设备制造业	-2.3	-0.05
电力、热力生产和供应业	-1.7	-0.06
橡胶和塑料制品业	-3.8	-0.09
石油和天然气开采业	-26.9	-0.42
计算机、通信和其他电子设备制造业	-1.5	-0.95
小计	拉动 PPI 下降 1.58 个百分点	

说明：影响程度百分点分项合计不等于总项为四舍五入所致。

表3　2020 年影响深圳 PPI 总指数上涨较大的行业

单位：%，百分点

类别	涨幅	影响程度
文教、工美、体育和娱乐用品制造业	10.3	0.59
有色金属冶炼和压延加工业	8.2	0.10
纺织服装、服饰业	3.1	0.03
仪器仪表制造业	3.4	0.03
皮革、毛皮、羽毛及其制品和制鞋业	2.1	0.01
小计	拉动 PPI 上涨 0.77 个百分点	

说明：影响程度百分点分项合计不等于总项为四舍五入所致。

（三）深圳与全国、广东省及其他主要城市相比，趋势和周期基本同步，消费价格和生产价格的波动幅度总体相对较低

2020 年，深圳 CPI 变动趋势与全国、全省基本保持一致，分月同比涨幅均呈现前高后低的态势。整体来看，2020 年深圳同比上涨 2.3%，比全国

平均水平（上涨2.5%）低0.2个百分点，比全省平均水平（上涨2.6%）低0.3个百分点。与北京、上海、广州比，2020年深圳同比涨幅比北京（上涨1.7%）、上海（上涨1.7%）均高0.6个百分点，比广州（上涨2.6%）低0.3个百分点。

从PPI分月同比看，深圳与全国、广东省走势基本一致。从全年看，全国平均下降1.8%，全省平均下降1.0%，分别较上年同期回落1.5个和1.2个百分点；深圳PPI同比下降1.0%，回落幅度低于全国和全省平均水平。与北京、上海、广州比，2020年深圳同比降幅比北京（下降0.9%）、广州（下降0.6%）分别大0.1个和0.4个百分点，比上海（下降1.7%）小0.7个百分点。从IPI来看，全国和全省IPI平均下降2.3%和2.8%，分别较上年同期回落1.6个和2.0个百分点；深圳IPI同比下降1.2%，回落幅度明显低于全国和全省平均水平。

二　影响2020年深圳物价变动的原因分析

从生产领域来看，2020年新冠肺炎疫情在世界范围内大肆蔓延，成为历史上少有的大范围内长时间威胁人类生命安全的重要事件，多数国家对疫情发展措手不及。为切实缓解疫情，部分国家和地区采取停工停产停商停学乃至封城等措施，市民出行意愿及活跃度持续低迷，总体需求锐减，主要经济体出现严重衰退，生产领域价格遭受断崖式冲击。以美国WTI原油期货价格为例，从年初的63美元/桶，至3月中旬跌破30美元/桶，4月底更是跌至10美元/桶以下，创近30多年纪录新低，5月后随着OPEC+减产协议生效，原油市场过度悲观的局面有所转变，国际原油价格开始回升，但整体在40~50美元/桶低位波动。由于国际大宗商品价格的高度市场化，国内成品油价格也随之较上年大幅下降，汽油、柴油价格降幅分别为14.1%和15.3%，导致石油和天然气开采业、石油煤炭及其他燃料加工业、化学纤维制造业、化学原料和化学制品制造业等石油相关行业价格总体呈下降趋势，这成为深圳生产领域价格下降的

主要输入性因素。

从内部结构来看，影响深圳生产领域价格下降的最主要原因是计算机、通信和其他电子设备制造业价格走低，由于计算机、通信和其他电子设备制造业占深圳工业比重超过60%且产品外向度高，受外部需求减弱影响，全年价格下降1.5%，降幅较上年同期扩大1.1个百分点，拉低PPI总指数1.0个百分点，是深圳PPI低位下行的决定性因素。

从消费领域来看，猪肉价格在高位进一步大幅上涨是导致深圳消费价格波动的主要原因。2020年，猪肉价格上涨45.4%，涨幅比上年同期扩大14.3个百分点，影响CPI上涨约1.43个百分点，占CPI总涨幅的62.2%。从月度价格变化来看，年初受疫情和春节，以及成本推动等因素影响，生猪供应偏紧，调运困难，猪肉零售价格呈现大幅上涨趋势，1~2月猪肉价格同比分别上涨108.3%和114.0%，对当月总指数的影响分别达到2.70个和2.92个百分点，占当月CPI涨幅的40.3%和56.2%。3月后随着生猪存栏量逐步上升，交通运输回归正常，猪肉供应偏紧的局面开始有所改善，涨幅从3月上涨104.7%逐月收窄至9月上涨19.4%，到12月转为下降1.4%。总的来看，猪肉价格是2020年影响深圳CPI波动的最大单一具体品类因素，其中7月更是占CPI总涨幅的88.6%。若扣除猪肉价格影响，2020年深圳总体消费价格上涨约0.9%。

与此同时，新冠肺炎疫情之下，全球各经济体货币宽松导致的流动性过剩，某些发达国家逆全球化导致的国际贸易摩擦升级，异常天气如南方汛情等导致的主要食品供应偏紧等因素，也是影响2020年深圳物价变动非常重要的原因。

三　2021年物价走势展望

2021年是“十四五”规划的开局之年，恰逢中国共产党成立100周年，随着国内外疫情防控形势持续向好，疫苗研发工作持续推进和接种逐步普及，以及以国内大循环为主体、国内国际双循环相互促进的新发展格局进一步形成，国际经济下行的局面有望改观，国内经济活力有望进一步增强，扩大内需的渠道将进一步拓展，新基建、民生等领域的投资需求将进一步释放，生产领域的钢铁、水泥、煤炭等商品价格有望上行，有利于生产价格的回升。从消费领域来看，受疫情推动，线上线下消费进一步融合，新能源汽车消费逐渐深入人心，外出餐饮和旅行有望回归常态化等，有利于消费价格的回升。与此同时，还应注意到，全球疫情和外贸仍存在较多不确定因素，生产领域的环境仍面临很多挑战，受限养禁养等政策及生产周期等因素限制，生猪生产供给将长期处于紧平衡，价格高位运行仍将持续。另外，值得一提的是，深圳已初步建立起较为成熟的大流通、大市场、大循环物流网络和商品供销体系，政府各项保供稳价举措落地有声、卓有成效，对稳定价格非理性波动将发挥重要作用。总体来看，2021 年深圳生产领域和消费领域价格预期上行。

行业发展篇

Industry Reports

B.5

深圳金融业发展形势分析

刘国宏*

摘　要：2020年深圳金融业发展实现了逆势上扬，金融业增加值在全市GDP中所占比重首次超过15%，金融机构（含外资）本外币存款余额首次突破10万亿元大关，明确提出要建设全球金融创新中心、全球创新资本形成中心、全球金融科技中心、全球可持续金融中心“四个中心”。当前，国内外环境正在发生深刻变化，未来一段时期风险冲击不容忽视，但金融资源集中、金融需求提升等将会为深圳金融中心建设带来重大机遇。深圳要保持建设全球金融创新中心的战略定力，以金融科技赋能普惠、绿色、可持续金融的发展，大力支持本地金融机构、金融资本辐射服务全国全球，加快提高本地上市公司质量，引领经济社会高质量发展。

* 刘国宏，中国（深圳）综合开发研究院院长助理、金融与现代产业研究所所长，主要研究方向为地方金融、国企改革和产业规划。

关键词： 金融创新 金融科技 上市公司

一 2020年深圳金融业发展状况

（一）金融业增长实现逆势上扬

2020 年，深圳金融业增加值为 4189.63 亿元，同比增长 9.1%，在全市 GDP 中所占比重首次超过 15%，达到 15.1%（见图 1）。截至 12 月末，全市金融机构（含外资）本外币存款余额为 10.19 万亿元，首次突破 10 万亿元大关，比上年末增长 21.4%，连续两年实现超高速增长；金融机构（含外资）本外币贷款余额为 6.80 万亿元，比上年末增长 14.4%，持续保持高速增长的良好态势，在全球新冠肺炎疫情蔓延的情况下深圳金融业实现了强力的逆势上扬（见图 2）。[①] 2020 年 9 月英国智库 Z/yen 集团和综合开发研究院（中国·深圳）联合发布的第 28 期全球金融中心指数排名中，深圳排第 9 位，在国内城市中仅次于上海（第 3 位）、香港（第 5 位）和北京（第 7 位）。

（二）银政保行业呈良好发展态势

截至 2020 年底，深圳拥有银行业法人机构 38 家，比上年增加 1 家；资产总额为 10.45 万亿元，同比增长 16.92%；不良贷款率为 1.48%，同比提高 0.23 个百分点，仍处于较低水平。拥有保险法人机构 27 家，保险保费收入为 1454 亿元，同比增长 4.99%；累计提供各类风险保障 412.34 亿元，同比增长 14.13%。拥有 23 家证券机构、14 家期货公司，已登记私募基金管理人 4472 家；境内上市公司 333 家，同比增加 34 家；总市值为 9.12 万亿元，同比增长 29.41%。[②]

① 《深圳市 2019 年国民经济和社会发展统计公报》，深圳政府在线网站，2020 年 4 月 15 日，http://www.sz.gov.cn/cn/xxgk/zfxxgj/tjsj/tjgb/content/post_7801447.html。

② 中国银行保险监督管理委员会深圳监管局：《2020 年 12 月深圳市银行业保险业统计数据》；中国证券监督管理委员会深圳监管局：《深圳辖区 2020 年 12 月市场统计信息》。

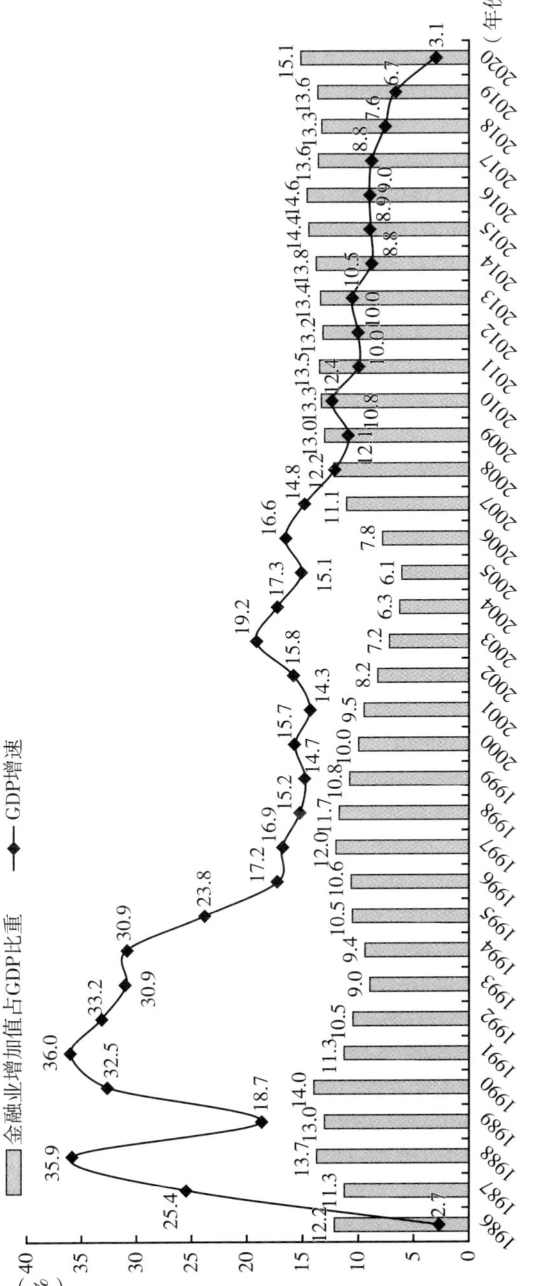

图1　1986～2020年深圳经济与金融业发展情况

资料来源：各年《深圳统计年鉴》、统计分析。

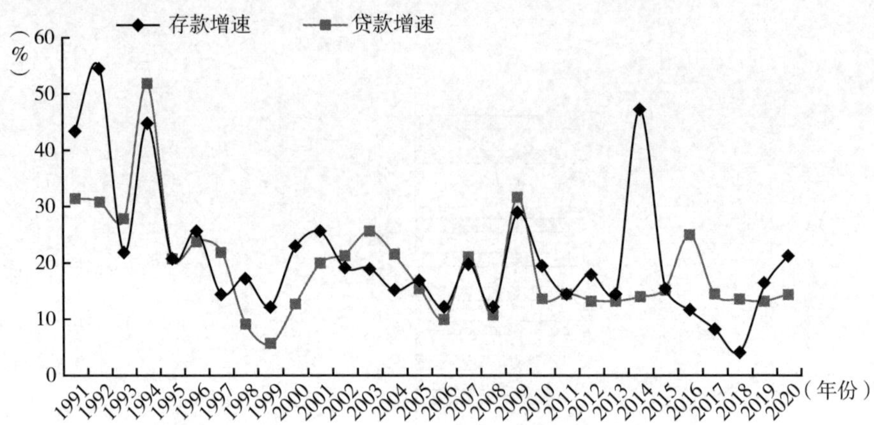

图2　1991～2020年深圳金融机构（含外资）存贷款余额增速

资料来源：各年《深圳统计年鉴》、统计分析。

（三）聚焦“四个中心”开启未来发展

2020年是“十三五”规划的收官之年，也是“十四五”规划的编制之年。近年来，深圳金融中心建设取得显著成效，在综合开发研究院（中国·深圳）编制的中国金融中心指数排名中，深圳已稳居全国金融中心前3位（见图3）。面对粤港澳大湾区建设和深圳中国特色社会主义先行示范区建设的“双区驱动”重大历史机遇，“十四五”时期深圳把金融中心建设的视角从全国转向全球，着力打造全球金融创新中心、全球创新资本形成中心、全球金融科技中心、全球可持续金融中心，继续发挥金融创新的核心功能，汇聚全球创新资本，释放金融科技力量，引领金融向善发展，在更大范围、更广领域不断提升深圳金融的发展能级和核心竞争力。

二　深圳金融业发展形势分析

（一）全球新冠肺炎疫情对金融业的冲击风险不容忽视

2020年，全球为抗击新冠肺炎疫情，普遍实施了相对宽松的货币和

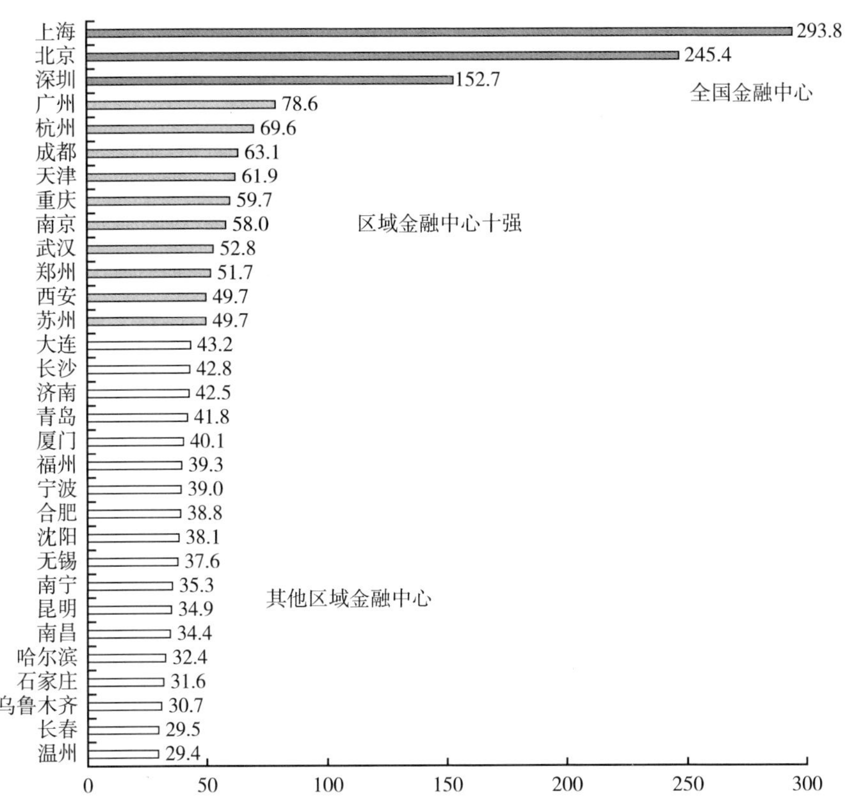

图 3　第 12 期中国金融中心指数城市得分情况

资料来源：刘国宏主编《中国金融中心指数（CFCI）报告（第十二期）：走进苏州》，中国经济出版社，2021。

财政政策，特别是美国等发达国家采取无限量化宽松政策，宽松的环境使全球资本市场在年初受到疫情冲击暴跌后，很快在大幅震荡中实现恢复，纳斯达克综合指数、标准普尔 500 指数、道琼斯工业平均指数、韩国综合指数等甚至创历史新高。然而，新冠肺炎疫情使全球经济问题和政治问题、结构性问题和周期性因素交织叠加，主要发达经济体复苏前景不容乐观，我国经济发展速度放缓、宏观杠杆率仍处于高位、通货膨胀预期开始升温等问题也叠加浮现。这些问题在金融体系中的传导和反映，必将使金融领域面临一些经营困难和风险防范的压力。预计 2021 年我国宏观政策将保持相对稳定，特别是货币政策不会急转弯，但金融监管仍将持续趋严，保持对债券违约、房地产金融等业务的从严整顿。

（二）“稳健”“积极”将为国内一段时间内的金融发展主旋律

在2020年底发布的《中共中央关于制定国民经济和社会发展第十四个五年规划和二〇三五年远景目标的建议》第四部分“加快发展现代产业体系，推动经济体系优化升级”中没有出现任何“金融”字眼；在第六部分“全面深化改革，构建高水平社会主义市场经济体制”中，较大篇幅为金融支持实体经济制度建设、金融监管和风险防范等相关内容。这凸显了在不稳定性、不确定性突出的国际大环境下，我国对金融业无序扩张和自我膨胀是非常警惕的，谨防各地因过度金融化和社会投机炒作而吞噬发展红利、干扰复苏节奏。国内金融机构需要保持足够的资本金和流动性，更加积极稳健地经营，加快从规模铺摊子转向专业上台阶，强化发展韧性，对冲疫情冲击，控制和化解风险。

（三）各类金融资源更加趋于向高质量发展的优势区域集中

金融业具有高度集聚的特征，可以承受相对较高的租金、工资以及生活成本，但对金融资讯、人才和配套业态环境等因素更为敏感。特别是在经济增速放缓、金融展业困难的当下阶段，一些地方市场力量发展相对滞后，政府干预信贷和发债等金融服务现象多发，当地金融业务萎缩、绩效下滑、风险暴露等一系列问题将率先爆发。金融机构、金融人才等金融资源更加趋向于向市场化程度高、发展质量好的优势区域集中，资本市场也给予了这些优势区域的上市银行、上市券商等金融机构相对更高的估值、更多的资金。金融行业有望掀起新一轮并购重组的浪潮，行政力量推动的国内金融中心建设，将开始越来越多地体现资源配置中市场的决定性作用。

（四）“从0到1”创新需有创造性破坏精神的大量中小微主体

中美贸易摩擦已使人们认识到不仅要模仿创新，还要源头创新。但

“从 0 到 1” 的创新，不同于模仿创新已有前行者明确了创新方向、路线甚至是市场，创新成本和风险巨大。19 世纪末直流电和交流电技术就引起了科学家爱迪生和特斯拉的激烈争论，时间最终证明爱迪生支持的直流电技术方案败北，而特斯拉支持的交流电技术至今已主导世界一个多世纪。聪明者如爱迪生都不能准确预测技术的发展，成熟企业更是难以完全抛开旧技术投资的巨大沉没成本，全方位拥抱新科技和新模式。源头创新发展阶段更加需要大量具有颠覆式创新精神的中小微主体崛起，更加需要金融创新支持千千万万的创新主体更加高效地创新试错。

（五）发展直接融资和提升上市公司质量成为国内发展重点

近年来，上交所科创板开板，深交所创业板试点注册制，国家相关重大规划和改革发展任务均在反复强调大力发展直接融资、提高直接融资比重。截至 2020 年 12 月底，我国直接融资比重达到 30.8%，但仍远低于发达国家 60% ~70% 的水平，直接融资仍有广阔的发展空间。其中，在注册制有望全板块推行、中长期资金来源有望拓展扩容的大势之下，地方政府和社会舆论将会完成从关注上市公司数量到注重上市公司质量的转变，企业长期可持续经营、资本价值投资的氛围正在发酵，将更好地发挥市场配置资源的决定性作用，国内资本市场必将培育出一批伟大的上市公司。

三 2021年深圳金融业发展建议

（一）保持建设全球金融创新中心的战略定力

深圳没有北京接近金融决策中枢的优势，没有上海承接全国金融市场的优势，也没有香港自贸港相关政策的优势，唯有金融创新才能匹配城市特征，才能吸引金融资源，才会成为金融业发展的力量之源。然而，既然是创新，就不可避免地会出现提前想不到的风险和成本损失，但不能因为有风险有损失，就倒退到追求绝对安全而不要创新，例如加码行业准入限制、扶大扶强但不扶小的政策等。深圳金融中心建设必须要持续强化金融创新的核心功能，在金融治理和金融制度方面敢于先行突破和示范引领，坚持中性竞争政策，支持更多主体按照监管规则有序参与，以市场化方式分担金融创新的成本和风险。

（二）以金融科技赋能普惠、绿色、可持续金融发展

金融科技（Fintech）的核心要义就是利用科技重塑的金融活动。[①] 以小微信贷为例，以大数据、人工智能等为代表的金融科技，极大地提高了长尾端的征信水平，降低了展业成本，全国涌现了微众银行、网商银行、新网银行等一批有竞争力的民营金融机构，使普惠金融真正从政策性走向市场化。未来深圳要坚持从金融科技的核心要义出发，在给予一定业务补贴政策的基础上，鼓励以科技手段改善规制方式、构架交易结构、改变业务模式，释放出强大的市场自发力量，进而实现普惠、绿色、可持续金融高质量发展。

（三）支持金融机构、金融资本辐射服务全国全球

深圳要建成全球金融创新中心、全球创新资本形成中心、全球金融科技中心、全球可持续金融中心，金融服务必须具有跨区域、全球性的强大联结度，没有强联结实际就难以称为真正意义上的金融中心。深圳未来需要把政策思路从以“引进来”为主调整到“引进来”和“走出去”并举，给予金融机构在全国全球范围内并购重组或设点布局的政策支持，取消股权投资引导要求在本地投资的限制条款等，支持本地金融机构扩大经营规模和提升质量效益，培育具有全球影响力的现代银行、投行、保险公司和金控公司等品牌机构。

---

① 2016 年 3 月金融稳定理事会（FSB）首次发布的金融科技专题报告，把金融科技定义为技术带来的金融创新，可创造新的业务模式、应用、流程或产品，从而对金融市场、金融机构或金融服务的提供方式造成重大影响。

（四）以提高深圳上市公司质量引领经济社会高质量发展

当前，深圳国内外上市公司数量已超过400家，上市公司作为企业的优秀群体代表，已成为特区经济高质量发展的亮丽名片。深圳金融业高质量发展必须把握好国家高质量发展的政策导向，不仅要服务好这个优秀群体，更要继续推动深圳上市公司板块扩容增效，继续支持深圳上市公司群体做强做大。对于上市公司相关政策，应率先启动从数量到质量的转变，培育符合时代要求的伟大上市公司，包括积极探索制度规范，优化民营企业平稳发展基金机制，制定纾困上市公司的投资退出机制，保障市场优胜劣汰功能的有效发挥；培育社会共识，引导投资行为，明确向上市公司传递高质量发展的政策信号，不仅要提高经济效益，而且要创造社会价值等。

参考文献

刘国宏主编《中国金融中心指数（CFCI）报告（第十二期）：走进苏州》，中国经济出版社，2021。

综合开发研究院（中国·深圳）：《深圳上市公司发展报告2020》，中国上市公司高质量发展论坛，深圳，2020。

B.6
2020年深圳房地产市场形势分析与2021年政策导向

王　锋*

摘　要：　2020年，是深圳房地产市场不平凡的一年，市场经历较大波动，部分热点区域房价出现过快上涨，房地产调控力度较大。本报告分析了2020年深圳市房地产市场运行情况，总结了房地产市场调控政策，并结合中央政策导向提出了完善房地产市场调控政策的建议。本报告认为，2021年，深圳要严格落实党的十九届五中全会、中央经济工作会议精神，坚持“房子是用来住的、不是用来炒的”的定位，坚定不移落实房地产长效机制，完善房地产调控政策，增加居住用地供应，持续推进住房制度改革，规范发展长租房市场，解决好大城市住房突出问题。预计2021年，在房地产调控政策不断完善、长效机制深入落实的背景下，深圳房地产市场平稳运行健康发展的格局会得到进一步巩固。

关键词：　房地产市场　居住用地　住房租赁

2020年，受严峻的外部环境特别是突如其来的新冠肺炎疫情影响，深圳房地产市场发展形势复杂多变，房地产调控任务艰巨。保持房地产市场

* 王锋，博士，深圳市房地产和城市建设发展研究中心主任，主要研究方向为房地产理论和政策、住房政策。

平稳健康发展，是房地产工作的重点。在这极不平凡的一年，深圳统筹疫情防控和经济社会发展，时刻绷紧房地产调控这根弦，制定应对疫情的政策措施，出台《关于进一步促进我市房地产市场平稳健康发展的通知》（简称“新深八条”）调控政策，加大居住用地供应力度，推进房地产长效机制落地见效。从市场表现看，全年房地产开发投资稳步增长，居住用地供应大幅增加，商品房销售明显增长，新建商品住宅价格涨幅稳定，住房租赁市场平稳有序，基本实现稳地价、稳房价、稳预期目标。展望2021年，深圳将牢牢坚持“房子是用来住的、不是用来炒的”的定位，充分发挥行政、土地、金融、税收等手段作用，拿出更多举措努力解决好大城市住房突出问题。

一 2020年深圳房地产市场形势

（一）房地产市场情况

1. 房地产开发投资稳定增长[①]

2020年，全市房地产开发投资3562.6亿元，同比增长16.4%，占固定资产投资比重为44.8%；其中，住宅投资1932.8亿元，同比增长27.3%，占房地产开发投资比重为54.3%。全市商品房新开工面积1882.4万平方米，同比增长29.3%；其中，住宅新开工面积983.1万平方米，同比增长27.21%。受疫情冲击，在停工停产影响下年初房地产投资各项指标下降明显，随着复工复产工作的有序推进，房地产业和建筑业快速复苏，3月房地产开发投资增速由负转正，4月商品房新开工面积恢复正增长，随后保持稳定增长。

2. 商品房供应明显增加

2020年，全市商品房批准预售楼盘229个，其中商品住宅批准预售楼盘

① 深圳市统计局。

87 个。全市商品房批准预售面积 869.4 万平方米，同比增长 13.0%；其中，商品住宅批准预售面积 506.0 万平方米，同比增长 10.0%（见图 1）。从月度情况来看，上半年商品房供应大幅减少，各月商品房批准预售面积约为 2019 年同期的一半，随着增加住房供应政策的落地，下半年房地产开发企业推盘积极性明显提高，市场供应明显改善，商品房批准预售面积恢复增长。从各区情况来看，商品房供应主要集中在宝安区、龙岗区和龙华区，批准预售面积分别为 182.4 万平方米、150.1 万平方米和 124.1 万平方米，占全市比重为 52.5%。

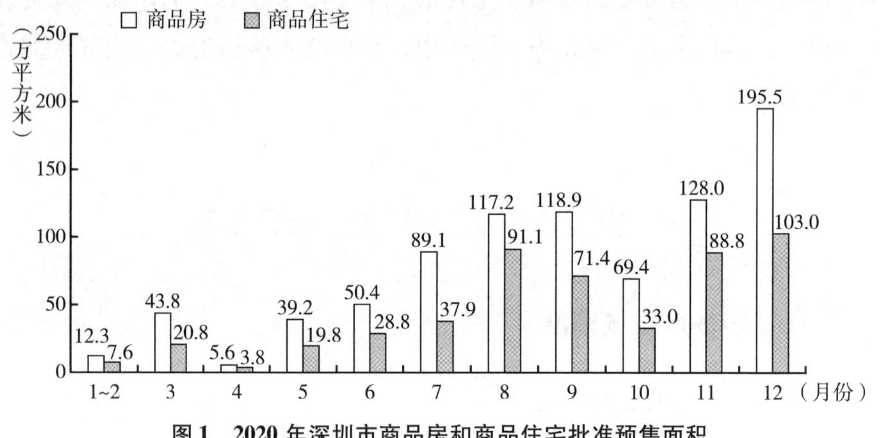

图 1　2020 年深圳市商品房和商品住宅批准预售面积

资料来源：深圳市住房和建设局。

3. 新建商品房市场需求旺盛

2020 年，全市新建商品房销售面积 858.6 万平方米，同比增长 16.7%；其中，商品住宅销售面积 617.1 万平方米，同比增长 25.2%，房地产市场销售整体比较活跃（见图 2）。从月度情况来看，新建商品房销售面积总体呈稳步增长态势，住房需求比较旺盛，全年商品房销售量增长明显。在热点片区，部分热点楼盘引发“抢购”，带动市场整体氛围。

4. 新建商品住宅价格基本平稳

2020 年，全市新建商品住宅成交均价为每平方米 54765 元。[①] 据国家统

① 深圳市住房和建设局。

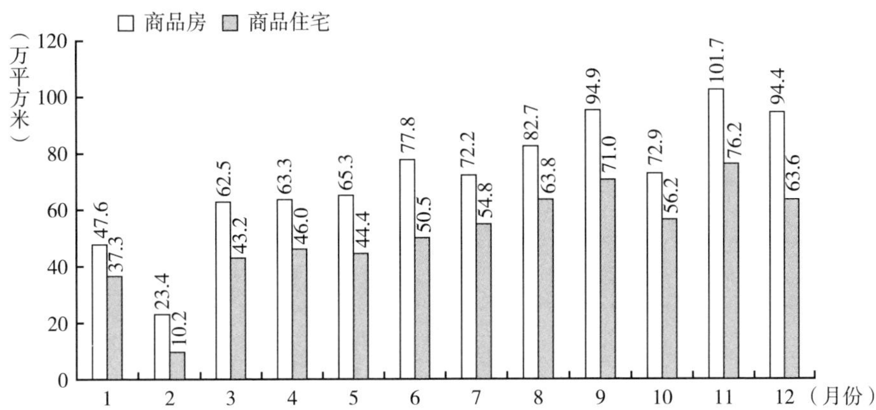

图 2　2020 年深圳市新建商品房和商品住宅销售面积

资料来源：深圳市住房和建设局。

计局的数据，2020 年 12 月，深圳新建商品住宅价格环比指数为 99.9、同比指数为 104.1，涨幅处于合理区间（见图 3）。

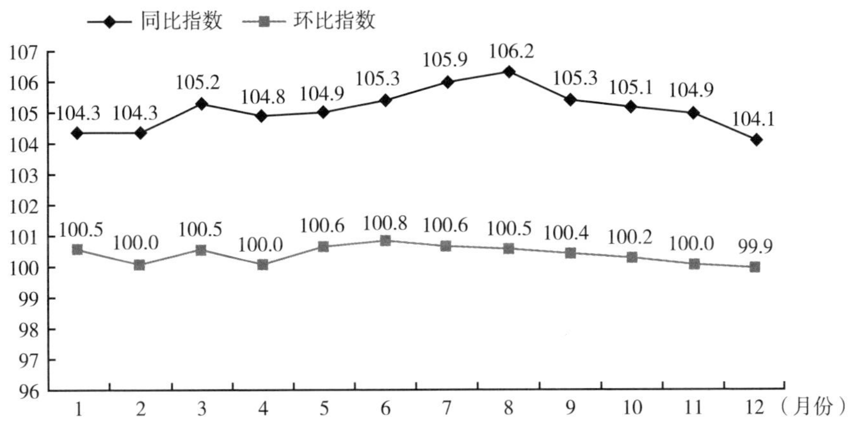

图 3　2020 年深圳市新建商品住宅价格指数

资料来源：国家统计局。

5. 二手房成交增长明显

2020 年，全市二手房成交面积 904.4 万平方米，同比增长 26.6%；其中，二手住宅成交面积 822.2 万平方米，同比增长 27.8%。从各月成交面积来看，全年二手房成交面积总体“先增后落”，前5个月成交面积总体保持稳定，6月、7月成交面积明显增长，7月15日深圳出台“新深八条”调控政策，有力打击了二手房市场投机炒作，随后市场热度逐渐降温，成交面积稳步回落，进入年尾二手房成交面积小幅翘尾（见图4）。

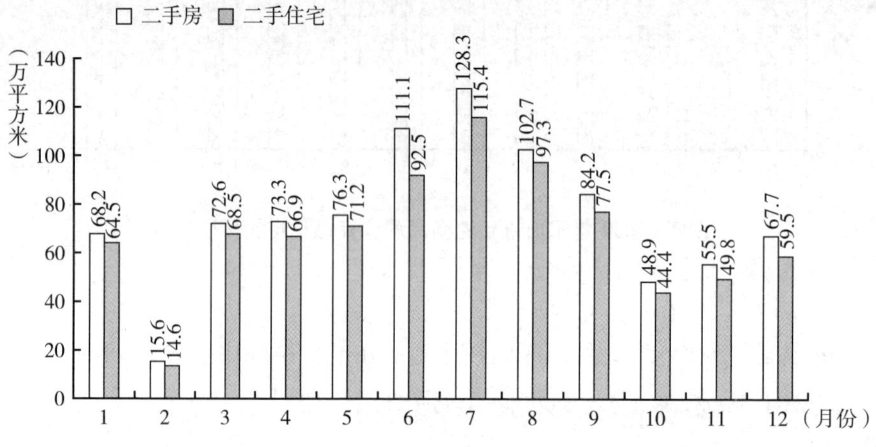

图4　2020年深圳市二手房和二手住宅成交面积

资料来源：深圳市住房和建设局。

6. 居住用地供应大幅增长[①]

2020年，全市计划供应居住用地293.2公顷，实际供应362.8公顷，较前一年实际供应量翻一番，创全市居住用地供应历史新高。居住用地供应的增加，向市场释放了进一步加大住房供应的预期，是充分发挥土地手段加强房地产调控的有力举措。在地价方面，“招拍挂”出让居住用地一律采取“双限双竞”的方式，建立地价、房价联动机制，稳控地价、房价，从源头上遏制房价过快上涨。据统计，2020年第四季度深圳居住用地价格环比上涨0.09%，同比上涨3.28%。

① 土地成交数据来源于深圳市规划和自然资源局，居住用地价格资料来源于自然资源部中国地价信息服务平台。

7. 房地产贷款增速保持稳定[①]

2020 年，全市房地产贷款余额 2.2 万亿元，同比增长 10.5%，增速相对稳定；其中，房地产开发贷款余额 5412.3 亿元，同比增长 9.7%，购房贷款余额 1.6 万亿元，同比增长 10.0%。

（二）住房租赁市场情况

1. 租赁住房供应充足

住房租赁市场是房地产市场的重要组成部分，深圳一直把发展住房租赁市场作为解决住房问题的重要途径，以更大力度、更多渠道、更实举措增加租赁住房供应。目前，全市共有各类租赁住房约 790 万套（间），占住房总套（间）数比重约为 73%；[②] 其中，城中村租赁住房和工业配套宿舍分别约有 540 万套（间）和 140 万套（间），占租赁住房比重分别约为 68% 和 18%，是租赁市场的供应主体。

2. 住房租金小幅回落

据国家统计局深圳调查队的数据，2020 年深圳租赁住房房租同比平均下降 1.4%。根据住房租赁市场调查数据，2020 年全市商品住房平均租金为 79.0 元/（m^2·月），同比下降 1.0%，城中村住房平均租金为 36.2 元/（m^2·月），同比下降 10.9%，城中村住房平均租金不及商品住房平均租金的 1/2，两者差异较大。此外，商务公寓单位租金为 99.7 元/（m^2·月），不同类型的房屋租金跨度较大。2020 年深圳市居住类租赁住房房租指数见图 5。

3. 各区租金涨跌不一

2020 年，南山区商品住房平均租金最高，为 108.3 元/（m^2·月），坪山区平均租金最低，为 39.2 元/（m^2·月）。各区租金涨跌差异明显，光明区、大鹏新区、盐田区和龙华区商品住房平均租金均同比上涨，其中，光明

---

① 房地产贷款余额、房地产开发贷款余额、购房贷款余额等资料来源于中国人民银行深圳市中心支行。

② 深圳市住房和建设局。

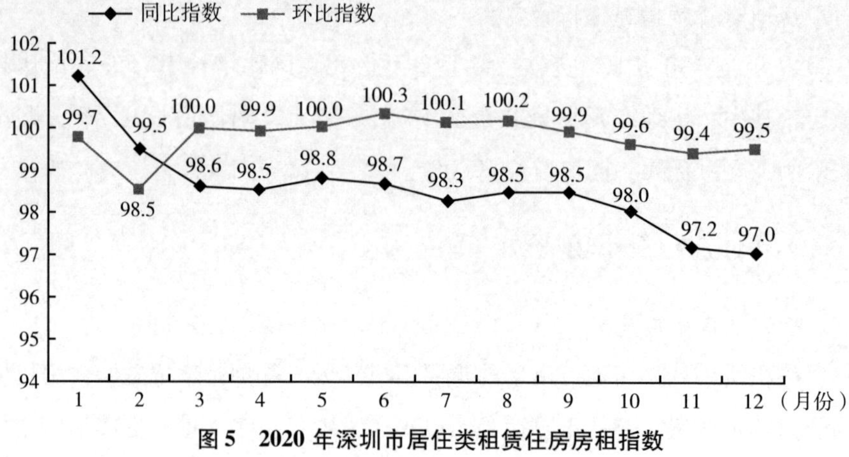

图5　2020年深圳市居住类租赁住房房租指数

资料来源：国家统计局深圳调查队。

区商品住房平均租金同比增幅达8.2%，为各区之最。其他区商品住房平均租金均同比下跌（见表1）。

表1　2020年深圳市各区商品住房平均租金及同比变化幅度

区域	平均租金[元/(m^2·月)]	同比变化幅度(%)
罗湖区	83.3	-5.3
福田区	104.0	-4.8
南山区	108.3	-2.0
盐田区	62.8	2.4
宝安区	69.0	-2.2
龙岗区	52.8	-3.8
龙华区	70.0	2.3
光明区	52.0	8.2
坪山区	39.2	-1.3
大鹏新区	44.3	5.3

资料来源：案例调查数据。

二　2020年深圳房地产市场调控政策

2020年，面对疫情防控和房地产市场波动双重压力，深圳房地产调控工作对维护市场平稳运行发挥了关键作用。在复杂严峻的国内外环境特别是新冠肺炎疫情的严重冲击下，深圳出台了支持企业复工复产的若干措施，统筹疫情防控和经济社会发展。在房地产市场出现较大波动时，深圳及时出台“新深八条”调控政策，综合运用行政、金融、税收等多种手段管控市场，同步加快推进住房制度改革和住房租赁市场发展，促进房地产市场平稳健康发展。

（一）促进房地产业复工复产

2020 年，面对疫情对房地产业和建筑业的不利影响，深圳迅速制定助企纾困方案，缓解企业短期资金压力，促进城市更新工作提速提效，努力增加住房供应，稳定市场预期。3 月出台《关于应对新冠肺炎疫情支持房地产企业加快复工复产的若干措施》，提出申请预售商品房项目不再要求提交项目资本金余额证明、顺延项目交付时间、统一房地产开发企业所得税计税毛利率等措施。4 月出台《关于应对新冠肺炎疫情促进城市更新等相关工作的通知》，提出延长城市更新单元计划有效期、延长城市更新项目原有地价测算规定适用期限、允许延期缴纳土地出让价款等措施。

（二）完善房地产调控政策

2020 年 7 月 15 日，深圳出台“新深八条”，综合运用行政、金融、税收等措施，支持合理自住需求，坚决打击投机炒房，规范房地产市场秩序，促进房地产市场平稳健康发展。“新深八条”提出八项稳控措施，比如，提高购房门槛，落户满 3 年且连续缴纳 3 年社保或个税方可购房；将二手房转让增值税征免年限由 2 年调整到 5 年；将非普通住房按无房有贷、已有住房两种情况，首付比例从 50%、70% 分别提高至 60%、80%；将离婚即可购买，改为购房追溯 3 年婚史；加强企业贷款贴息审核；等等。“新深八条”被媒体称为“十年来最精准的调控政策”。

（三）加强房地产金融监管

加强以房地产为抵押的经营性贷款审查，不得向无实际经营流水的空壳企业发放经营性贷款，借款人持有被抵押房产原则上不低于6个月。严禁中介机构为居民加杠杆购房提供产品和服务，严防借款人挪用消费贷款和其他贷款用于购房，禁止非银行金融机构违规提供购房贷款。加强企业贷款贴息审核，严防虚构小微企业贷款骗取财税优惠补贴。

（四）加大居住用地供应力度

2020年5月，深圳出台《深圳市落实住房制度改革加快住房用地供应的暂行规定》，坚持政府引导与市场参与相结合、新增供应与存量盘活相结合，尽可能地拓展住房用地供应渠道，增加各类住房用地供给，为落实住房供应目标提供用地保障。在新增用地供应、城市更新、土地整备等现有住房用地供应渠道基础上，以潜力用地的类型和规模为参考，从土地供应角度构建了未完善征（转）地补偿手续用地入市、历史遗留未完善出让手续用地开发建设、已出让未建用地建设、已建的合法用地建设、机关企事业单位存量用地建设、基础设施配建、轨道交通用地综合开发等11种住房用地供应渠道，千方百计增加居住用地供应。此外，为进一步拓展居住空间，系统开展潜力用地梳理工作，做到应挖尽挖。坚持横向扩展和纵向挖潜相结合，鼓励已批未建地和已建合法用地，在无偿移交公共利益用地后建设公共住房；探索公共设施和轨道交通用地综合开发建设公共住房。

（五）健全住房供应和保障体系

2018年，深圳出台《深圳市人民政府关于深化住房制度改革加快建立多主体供给多渠道保障租购并举的住房供应与保障体系的意见》，在全国率先启动新一轮住房制度改革，提出到2035年构建4∶2∶2∶2住房供应和保障体系（即商品住房占40%、人才住房占20%、安居型商品房占20%、公共租赁住房占20%），新增建设筹集各类住房共170万套，其中人才住房、安居型商品房和公共租赁住房总量不少于100万套，满足多层次住房需求，初步构建“1+3+N”住房制度体系。“1+3+N”住房制度体系中的“1”已出台，《深圳市公共租赁住房建设和管理暂行办法》《深圳市安居型商品房

建设和管理暂行办法》《深圳市人才住房建设和管理暂行办法》等政府规章待出台，48 项改革配套政策正在同步推进。

（六）规范发展住房租赁市场

进一步完善住房租赁政策体系，开展《深圳市房地产市场监管办法》修订工作，增加“房屋租赁”专章，为租赁市场特别是长租公寓市场监管提供政策依据，加快推进经济特区房屋租赁监管立法工作。有序推进住房租赁和中央财政奖补支持住房租赁市场发展两项试点工作，[①] 发布《深圳市发展住房租赁市场中央财政专项资金管理办法》，开发专项资金申报审核管理系统，制定专项资金审核工作指引。推进已上线运行的市住房租赁监管服务平台优化升级，妥善化解租赁纠纷。

三 当前房地产市场面临的主要问题

2020 年，在严格的调控政策的作用下，深圳房地产市场总体保持平稳运行态势。受粤港澳大湾区、中国特色社会主义先行示范区利好带动，深圳城市价值凸显，房地产受到各类群体青睐，加之深圳金融业发达、人多地少矛盾突出，房价管控难度大。深圳房地产市场面临以下几方面的问题。

（一）住房供求关系紧张，供应不足

深圳土地面积不到 2000 平方公里，实际管理人口约为 2200 万人，人口密度全国第一，是北京的 5 倍、上海的 1.8 倍、广州的 3.5 倍，人多地少的特征明显。从住房需求来看，2011 ~ 2020 年每年新增常住人口 70 万人左右，房地产市场存在大量刚需。从住房供给来看，每年供应各类住房 10 万套左右，不仅与新增人口需求存在较大差距，而且难以满足巨大的无房存量

---

① 2019 年，财政部、住房和城乡建设部选取 16 个城市作为中央财政支持住房租赁市场发展试点城市，深圳成为试点城市之一，将获得为期 3 年每年 8 亿元的财政奖补资金。

人口购房需求。城市更新等存量土地利用，拆迁周期长、供地进度慢，住房供需矛盾更加突出。

（二）资金进入房地产市场的冲动强烈，房地产金融风险值得关注

2020 年，全球货币资金流动性较为充裕，国内 M2 增速从 2018 年、2019 年的 8% 提高至 2020 年的 10%。截至 2020 年末，深圳本外币各项存款余额为 10.2 亿元，同比增长 21.4%。在疫情冲击和货币宽松背景下，市场主体对投资实体经济较为谨慎，倾向于投向预期看好的深圳楼市。另外，房地产因其特殊属性易被金融机构视为优质资产，金融机构将资金投向或变相投向房地产领域，易导致各类资金违规流入楼市。

（三）市场主体逐利性强，容易引发炒作

深圳城市品牌价值较高，受粤港澳大湾区、中国特色社会主义先行示范区"双区"建设、前海"双扩区"、综合性国家科学中心建设等利好因素影响，深圳房地产价值被各类投资主体看好。同时，深圳市场化程度较高，各类市场主体套利动机强、手法多，中介机构、炒房团等各类投资投机者，进入深圳楼市的动机强烈。此外，部分自媒体散布"深圳房价飙升"等一系列文章，加剧了市场恐慌情绪，对楼市波动起到了推波助澜的作用。

（四）调控需综合施策，金融、财税手段作用发挥不足

房地产调控是一项复杂的系统工程，前端有规划、土地等环节，中端有货币供应、利率调整等影响，末端有房地产市场监管，建立完善房地产长效机制，需综合发挥土地、金融、税收、行政等手段作用。目前，房地产调控主要依赖行政手段，金融、税收等经济手段运用不足。随着房地产开发企业"三道红线"融资新规、房地产贷款集中度管理制度的建立，房地产金融管控政策还需进一步丰富完善。此外，房地产财税政策对投机炒作的抑制作用有待进一步发挥。

四　2021年房地产政策导向和建议

2020 年，在新中国历史上极不平凡。面对突如其来的新冠肺炎疫情、世界经济深度衰退等多重严重冲击，党中央、国务院多次强调要牢牢坚持“房子是用来住的、不是用来炒的”的定位，不把房地产作为短期刺激经济的手段，时刻绷紧房地产市场调控这根弦，从实际出发不断完善政策工具箱，推动房地产市场平稳健康发展。2021 年，我国发展仍面临不少风险挑战，但经济长期向好的基本面没有改变，房地产调控政策要保障好群众住房需求，解决好大城市住房突出问题，为全面建设社会主义现代化国家开好局起好步。

（一）政策导向分析

一是保持调控政策连续性、稳定性，努力解决好大城市住房突出问题。2020 年，深圳、杭州、南京等热点城市就房地产市场过热现象，出台了新的房地产市场调控政策。2021 年初，个别城市房地产市场再次有所升温，深圳、上海、杭州等城市持续加大房地产市场调控力度，综合运用行政、土地、金融、税收等手段打击投机炒房，深圳还创新调控手段，出台二手住房成交参考价格，房地产调控更加精准、有效，调控政策保持连续性、稳定性。2020 年底中央经济工作会议将“解决好大城市住房突出问题”作为 2021 年八大重点任务之一。2021 年，住房和房地产调控工作的重点就是围绕解决好大城市住房突出问题要求，坚持“房子是用来住的、不是用来炒的”的定位，高度重视保障性租赁住房建设，加快完善长租房政策，土地供应向租赁住房建设倾斜，降低租赁住房税费负担，整顿租赁市场秩序，规范市场行为，对租金水平进行合理调控，以住房租赁为抓手解决好大城市住房突出问题。[①]

---

① 张协奎、樊光义：《论习近平新时代住房发展观》，《财经科学》2020 年第 3 期。

二是加强房地产金融调控，防范化解房地产金融风险。房地产是现阶段中国金融风险方面最大的“灰犀牛”。当前，我国部分房地产企业负债率较高、房地产相关贷款占银行业贷款比重较高，还有大量债券、股本、信托等资金进入房地产行业。[①] 2020 年，中国人民银行、住房和城乡建设部会同相关部门形成了对重点房地产企业的资金监测和融资管理规则，中国人民银行、中国银行保险监督管理委员会建立了银行业金融机构房地产贷款集中度管理制度。房地产金融审慎管理制度稳妥实施，金融供给侧结构性改革不断推进，促进房地产和金融市场平稳健康发展。2021 年，金融监管部门将坚持“房住不炒”定位，租购并举，因城施策，保持房地产金融政策的连续性、一致性、稳定性，稳妥实施好房地产金融审慎管理制度，加大对住房租赁市场发展的金融支持，促进房地产市场平稳健康发展。

三是引导土地市场理性竞争，稳定市场预期。2021 年初，自然资源部表示各地要进一步将住宅用地出让信息合理适度集中，重点城市要对住宅用地集中公告、集中供应，让各类市场主体和消费者充分掌握信息，形成合理预期。青岛、郑州等多地已开始试水“两集中”制度出让居住用地。集中供地政策有助于促使房地产企业谨慎、理性拿地，减少土地哄抢、降低土地市场热度，促进土地交易市场平稳，是“稳地价、稳房价、稳预期”的重要体现，能更好发挥土地供求管理对房价的管控作用。

（二）政策思路和建议

结合上述背景分析，本报告对 2021 年深圳房地产发展和调控，提出以下思路和建议。一是毫不动摇坚持“房住不炒”定位，加强一二手住房价格调控。房地产调控的目标是“稳地价、稳房价、稳预期”，稳房价是房地产市场调控的核心。深圳要着力做好一手住房价格管控，及时优化完善调控政策，持续开展房地产市场秩序整治，加强舆情引导。强化一二手房联动调控，确保二手住房成交参考价格政策执行到位，中介机构二手住房挂牌价格

① 胡金星：《存量房为主的时代要严控房地产金融风险》，《探索与争鸣》2017 年第 12 期。

不超过二手住房成交参考价格，商业银行二手住房贷款应以二手住房成交参考价格为重要参考依据。

二是完善房地产调控政策，发挥金融等经济手段的作用。随着房地产长效机制的实施，房地产调控逐步由单一行政手段干预转向综合运用行政、金融、税收等手段调节，金融作为重要的经济手段，在今后的调控中将发挥更加重要的作用。深圳要强化房地产金融监管，严格审查购房资金来源，严格审核申请人偿付能力，严厉打击利用经营贷炒房现象，严防各类资金违规流入房地产市场。

三是完善住房保障政策，保障好群众住房需求。深圳在全国率先启动了新一轮住房制度改革，构建多主体供应、多渠道保障、租购并举的住房制度。深圳要加快推进住房供应与保障体系建设，加大公共住房建设力度，让更多的市民住在政府建设的房子里，[①] 不断完善住房保障政策法规，加快出台公共住房建设等政府规章以及相关配套细则。尽最大努力帮助新市民、青年人等缓解住房困难。

四是发展长租房市场，解决好大城市住房突出问题。深圳住房租赁市场承载了大量住房需求，住房租赁是解决大城市住房突出问题的重要手段，长租房市场的规范发展是今后住房租赁市场发展的重要内容。深圳要出台支持长租房发展的供应政策，单列租赁住房用地，鼓励企事业单位利用自有闲置用地建设租赁住房，规范城中村规模化租赁改造，切实增加租赁住房供应。出台支持住房租赁的金融财税政策，用好中央财政专项资金，加大金融支持，降低租赁住房税费负担。[②] 创新住房租赁管理服务手段，规范发展长租房市场，合理调控租金。构建智慧化阳光化住房租赁平台，推动全市所有租赁住房纳入平台交易和监管，并在公共服务方面提供更多便利。

五是推动土地要素合理配置，增加居住用地供应。深圳经济发展水平较

① 魏丽莉：《政府职能的回归与重塑——改革开放40周年住房保障政策优化的逻辑和方向》，《兰州学刊》2018年第11期。

② 郭金金：《租购并举制度下我国住房租赁市场激励与监管策略研究》，博士学位论文，山东师范大学，2020。

高，面临的资源约束更紧，住房建设受土地资源紧约束严重。深圳要以土地管理制度深化探索授权为契机，探索利用存量建设用地进行开发建设的市场化机制，满足住房建设用地需求。坚持新增与存量并举，加快建立整备先行、规划预调、供应高效、滚动推进的居住用地供应机制，优化城市更新、土地整备等存量土地开发政策体系，全面提升居住用地供应规模比例。在符合国土空间规划要求的情况下，合理调整工业用地占城市建设用地的比重，有序引导工业区块线外的工业用地调整为居住用地，通过“剪刀差”释放更多居住用地。[①] 适当提高都市核心区及各综合性服务中心地区居住用地比例，优化完善城市功能。

五　总结及展望

2020 年，全国房地产市场总体稳定，纵观全年房地产领域各项重大政策，“房住不炒”依然是主基调，“因城施策”、“一城一策”和“促进房地产市场平稳健康发展”依然是调控的核心手段和重要目标，房地产调控保持连续性和稳定性，调控政策兼顾需求侧和供给侧，一方面加大需求侧改革和注重需求侧管理，另一方面增加住房供应和加强房地产金融监管，基本实现了稳地价、稳房价、稳预期目标。深圳贯彻落实中央房地产调控政策，牢牢坚持“房住不炒”定位，建立健全住房供应和保障体系，综合运用土地、金融、税收、行政等手段坚定不移地落实房地产长效机制，房地产市场总体保持平稳运行态势。

住房问题关系民生福祉。未来，深圳要始终坚持“房子是用来住的、不是用来炒的”的定位，稳地价、稳房价、稳预期，解决好大城市住房突出问题，尽最大努力帮助新市民、青年人等缓解住房困难。切实增加商品住房、公共住房和租赁住房供给，发挥好城中村在解决住房问题中的支撑作

---

① 王岳龙、邹秀清：《土地出让：以地生财还是招商引资——基于居住—工业用地价格剪刀差的视角》，《经济评论》2016 年第 5 期。

用，稳定市场预期。深化住房制度改革，加快建立多主体供给、多渠道保障、租购并举的住房供应与保障体系。严格执行“新深八条”等调控政策，严厉打击各类投机行为，加强房地产金融管理，进一步发挥金融、税收等经济手段的调控作用，加快探索房地产税收制度改革措施。大力发展住房租赁市场，规范发展长租房市场，降低租赁住房税费负担，促进住房租赁市场健康发展。

2021 年是我国现代化建设进程中具有特殊重要性的一年，是“十四五”开局第一年。展望 2021 年，随着疫情防控和经济社会发展成果巩固拓展、经济长期向好的基本面更稳固，随着深圳先行示范区综合改革全面提速，随着深圳房地产健康发展长效机制继续深化以及居住用地和各类住房供应持续增加，深圳房地产市场将继续保持平稳健康运行的发展态势。

B.7
2020年深圳工业经济运行情况及2021年展望*

帅大平**

摘　要：2020年，深圳工业规模继续位居全国前列，增速稳步回升，内销外销双双回暖，工业企业效益持续向好，新基建和新载体取得突破，整体延续高质量发展的良好态势。2021年，深圳工业面临中美贸易摩擦、产业链供应链风险和高位求进的压力，以及整体经济环境向好、“双循环”新发展格局和“双区”战略的重大利好、制造业发展政策环境趋好的机遇，要在增强产业链供应链自主可控能力、培育新增长点、实施开放协同、强化要素保障、优化企业服务等方面着力，不断提升高质量发展能级。

关键词：深圳工业　经济运行　高质量发展

一　2020年深圳工业经济运行情况

2020年，深圳工业经济克服新冠肺炎疫情的巨大冲击和复杂严峻的国内外形势，生产持续回升，结构进一步优化，内销外销双双回暖，工业企业效益持续向好，工业投资实现转正，新基建和新载体取得突破，整体延续高质量发展的良好态势。

---

* 本报告数据来自深圳市统计局。

** 帅大平，深圳市工业和信息化局一级主任科员，主要研究方向为产业结构理论与政策研究。

（一）规模继续位居全国前列，增速稳步回升

从规模来看，2020年，深圳实现规模以上工业总产值37477.1亿元，规模以上工业总产值连续两年位居国内大中城市首位。实现全口径工业增加值9518.1亿元，同比（下同）增长1.5%，其中规模以上工业增加值增长2%。

从增速来看，2020年1～2月，深圳规模以上工业增加值下降18.5%，3月开始复苏，第一季度下降13.7%；第二季度强劲反弹，4月当月增速实现转正，上半年降幅收窄到1.6%；第三、四季度延续回升态势，7月累计增速实现转正，前三季度增长1.6%，全年增长2%，整体呈现“上半年攀升恢复，下半年平稳增长”态势。

（二）主导行业平稳增长，产业结构进一步优化

从三大门类来看，2020年，深圳规模以上采矿业增加值增长1.5%，占全市规模以上工业的比重为2.7%；规模以上电力、热力、燃气及水生产和供应业增加值下降3.9%，占全市规模以上工业的比重为4.6%；规模以上制造业增加值增长2.3%，占全市规模以上工业的比重为92.7%。从制造业细分行业来看，2020年，深圳工业主导行业计算机、通信和其他电子设备制造业实现平稳增长，增加值增长1.7%，占全市规模以上工业的比重为59.2%；汽车制造业、专用设备制造业、通用设备制造业、电气机械和器材制造业等机械装备行业增长较快，增加值分别增长6.4%、5.7%、5.1%和3.2%；纺织业受口罩生产的带动，增加值增长370.1%；家具制造业，皮革、毛皮、羽毛及其制品和制鞋业，纺织服装、服饰业等依赖线下销售的行业，增加值分别下降20.0%、26.4%、31.9%。

2020年，深圳先进制造业增加值增长3.9%，高于全市规模以上工业增加值增速1.9个百分点，占全市规模以上工业的比重达72.5%，较上年提高0.6个百分点。高技术制造业增加值增长2.3%，高于全市规模以上工业增加值增速0.3个百分点，占全市规模以上工业的比重达66.1%。

（三）内销外销双双回暖，工业企业效益持续向好

2020 年，深圳实现规模以上工业内销产值 22857.4 亿元，增长 2.1%，内销比重达 62.7%，比重较上年提高 1.7 个百分点；实现规模以上工业出口交货值 13570 亿元，下降 3.4%，降幅较上年收窄 1.7 个百分点。

随着生产和销售的好转，工业企业效益持续向好。2020 年，深圳规模以上工业企业实现营业收入 37369 亿元，增长 2%，增速高于全国和全省；实现利润总额 2728.6 亿元，增长 10.6%，增速位居全国前列；企业亏损面自 3 月起持续收窄，全年亏损面收窄为 23%，亏损企业亏损额为 301.3 亿元，下降 12.8%；成本费用利润率为 7.75%，较上年提高 0.59 个百分点；全员劳动生产率达 31.56 万元/人，增长 5.3%。

（四）工业投资实现转正，新基建和新载体取得突破

2020 年，深圳工业投资克服疫情对投资信心和投资进度的影响，增长 0.5%，增速分别高于全国和全省 0.4 个和 1.6 个百分点。其中，医药制造业、汽车制造业和仪器仪表制造业投资增长较快，分别增长 160%、19.1% 和 9%。

新基建和新载体逆势取得突破。截至 2020 年底，深圳累计建成 5G 基站超 4.6 万个，成为全球 5G 独立组网全覆盖“第一城”；出台全市信息通信基础设施专项规划，建成多功能智能杆 9743 根，获批国家（深圳·前海）新型互联网交换中心试点和建设国家高性能医疗器械制造业创新中心，为 5G、高端医疗器械等新产业新动能快速发展奠定了坚实基础。

二　2021年深圳工业经济发展形势展望

展望 2021 年，深圳工业经济仍然面临较大的挑战。一是中美贸易摩擦形势依然严峻复杂。特朗普政府采取的加征关税等政策仍然在生效。2021 年 3 月 1 日，美国贸易代表办公室公布的《总统 2021 年贸易政策议程》和

《2020 年美国总统关于贸易协定方案的年度报告》，表明将“采用综合战略处理中国强制且不公平的贸易行为”。越来越多的分析认为，拜登政府大概率要采取“换汤不换药”的贸易政策，打压的力度甚至可能更大。二是产业链供应链风险依然很大。深圳工业总体上“大而不强”、关键核心技术“卡脖子”的局面尚未得到根本改变，高端通用芯片、电子元器件、机器人核心部件以及工业母机、大型生产设备等方面高度依赖进口。特别是芯片短缺问题已从汽车领域蔓延至笔记本电脑、智能手机等全领域，从高端芯片蔓延到中低端芯片。互联数据中心（IDC）认为，整个供应链，尤其芯片端的竞争将越发激烈，供应链端不稳定的态势将在 2021 年持续。三是高位求进的内生压力很大。当前深圳工业增加值规模已接近万亿元，在如此高的基数上，克服产业空间紧张、人工成本不断上涨等要素约束，实现稳定增长，难度很大。

但同时，深圳工业也面临非常好的机遇。一是全球经济和国内经济整体向好。IMF、世界银行等机构和组织均预测 2021 年全球经济将明显复苏、中国经济将快速增长，整体经济的增长将为深圳工业生产提供良好的内外需市场，有利于深圳工业稳定增长。二是“双循环”新发展格局的新机遇和“双区”战略的重大利好。“双循环”新发展格局的构建有利于深圳工业更好地利用国内国际两个市场和国内国外两种资源。粤港澳大湾区建设和中国特色社会主义先行示范区建设两大国家战略汇聚深圳，为深圳吸引集聚全球高端要素资源，率先推进产业基础高级化、产业链现代化提供了强大助力。三是全市高质量发展制造业的决心更强。深圳“十四五”规划建议做出了“把推动制造业高质量发展摆在更加突出的位置”的重大战略安排，市政府以 2021 年 1 号文印发了《关于推动制造业高质量发展　坚定不移打造制造强市的若干措施》，为制造业发展营造了良好氛围。

三　推动2021年深圳工业发展的对策建议

2021 年，推动深圳工业发展要把握机遇、克服挑战，要立足新发展阶段，贯彻新发展理念，构建新发展格局，以深化供给侧结构性改革为主线，以改革创新为根本动力，着力提升工业高质量发展能级。

（一）着力增强产业链供应链自主可控能力

实施好重点产业“链长制”，加大产业链缺失环节精准招商力度，加强产业链短板技术攻关，完善产业政策配套和公共服务平台建设，推动重点产业领域形成更加稳固的产业链。落实国家产业基础再造工程，力争在集成电路、新材料、高端装备、人工智能等领域加快突破一批产业关键核心技术。组织实施“三首”工程，编制“三首”目录，促进首台（套）重大技术装备、首批次新材料、首版次软件的推广应用，加速国产化替代。打造自主可控的产业链。以发展先进制造业集群为牵引，大力培育新一代信息技术、高端医疗器械、先进电池材料等产业集群，带动增强区域产业链供应链自主可控能力。

（二）着力培育经济增长新引擎

强化电子信息产业主导地位，在2020年率先实现5G独立组网全覆盖的基础上，着力拓展5G在工业互联网、安防、交通等重点行业的应用，做大5G产业规模，实现5G赋能千行百业。大力实施数字经济产业创新发展行动计划，全力推动制造业数字化转型行动和工业互联网、大数据等数字经济产业发展。落实好推动生物医药产业集聚发展“1+3”文件，建设好国家高性能医疗器械创新中心、光明科学城合成生物研究等一批重大科技产业创新平台。实施好中国特色社会主义先行示范区综合改革试点首批授权事项，在人工智能、无人驾驶、数字经济、生物医药等领域先行先试开展特区立法，为新兴产业发展再添动力。

（三）着力实施开放协同

建立完善“总部、研发、试产、中试、高附加值产品核心工厂+分工厂规模化生产”区域分工体系，强化深圳在区域产业链协同中的作用，提

升深圳的技术外溢和生产辐射带动力。加强与粤港澳大湾区城市协同联动，加快建设深港科技创新合作区，携手东莞、惠州打造具有国际竞争力的电子信息产业集群，推进广深科技创新、智能网联汽车、智能装备、生物医药等七个领域的合作协议。加强国际交流合作，加强与美、欧、日韩等产业界的合作交流，推动与“一带一路”共建国家和地区在信息通信、数字经济等领域的合作，着力建设好金砖国家未来网络研究院中国分院等一批国际合作项目，推动中国电子信息博览会、深圳国际工业设计大展、深圳时装周进一步提升国际化水平和影响力。

（四）着力强化要素保障

强化政策保障，加快落实制造业高质量发展若干措施，加大宣贯力度，优化办理程序，坚定制造业企业扎根深圳发展信心。强化空间保障，强化270平方公里工业区块控制线的刚性约束，加快实施“两个一百平方公里”产业空间改造提升计划，推进成片土地空间的整备以满足重大制造业项目的落地需要，通过新建、购买和统租等多种方式筹建一批工业保障房。加快实施产业空间直供计划，精准对接、快速解决一批产业链关键企业和重点企业的空间需求。

（五）着力优化企业服务

持续完善企业服务体系，加快构建分工明晰、运转畅通的全链条、立体化企业服务体系，加快打造一站式的深 i 企 - 精准服务企业平台。做好重点企业服务，将工业重点企业列为市领导挂点服务对象，建立企业诉求快速协调督办机制，鼓励企业扩大排产力度。加大对中小企业的服务力度，会同金融部门推出更多、更优质的普惠金融政策，推动中小企业健康发展。优化电力服务，组织开展工业园区转供电改造工作，降低工业企业用电成本。

B.8
深圳市人工智能行业抗击新冠肺炎疫情全图景研究

周光伟*

摘　要：深圳市人工智能行业利用自身智能科技产业发展优势，全力抗击新冠肺炎疫情。现有研究基础表明，“病毒研究 + 病毒消杀 + 病毒传播控制 + 病症检测 + 患者诊疗 + 疫情调查和预警”形成一个完整的防控链。深圳市人工智能企业紧紧围绕防疫链，加快布局智能链，在防疫链各环节、各场景上涌现出一批特色典型创新应用案例，有效助力了全市乃至海内外疫情防控工作。事实证明，深圳市科技产业基础成为抗疫成功的硬核力量，抗疫场景应用成为产业发展的重大机遇，探索形成了“防疫链—智能链”融合发展的良好经验。

关键词：人工智能　科技产业　深圳市

习近平总书记在全国抗击新冠肺炎疫情表彰大会上的讲话指出，新冠肺炎疫情是百年来全球发生的最严重的传染病大流行，是新中国成立以来我国遭遇的传播速度最快、感染范围最广、防控难度最大的重大突发公共卫生事件。抗击新冠肺炎疫情，也是一场与病毒硬碰硬的智能科技战。2020 年 2 月 4 日，工业和信息化部网站发布《充分发挥人工智能

---

* 周光伟，经济学博士，深圳市龙岗区发展和改革局专业技术岗职员，主要研究方向为智能经济和智能社会。

赋能效用协力抗击新型冠状病毒感染的肺炎疫情倡议书》，强调人工智能在防疫抗疫过程中的重要作用，倡议人工智能企业把加快有效支撑疫情防控的相关产品攻关和应用作为优先工作。深圳市人工智能行业和企业积极响应，注重“防疫链—智能链”的融合，在防疫链各环节、各场景上涌现出一批特色典型创新应用案例，凸显了深圳作为创新型城市的科技产业亮丽底色。

一　“防疫链—智能链”的融合

（一）现有研究基础

现有文献关于“防疫链—智能链”结构有较好的研究基础。刘可等基于专利分析将与疫情防控有关的大数据及人工智能技术领域分为医疗救治（基于肺部病变图像分析、历史数据机器学习技术的辅助诊治系统，基于自然语言分析的智能问诊系统）、疫情监测分析（基于大数据的事后精准倒查、追踪高风险人员，基于语义的人员随访系统筛查疑似病患）、医疗资源调度（基于云计算等技术的应急调度平台）。①“机器之心”将其分为智能体温检测、智能肺部影像诊断、疫情监测分析与发布、疫情排查、新冠病毒与药物研究五大战疫防疫场景，以及智能云办公、智能获客、无人配送、数智化复产、远程诊疗与咨询五大复工复产场景。②中国人工智能产业发展联盟将其分为疫情监测分析、人员物资管控、后勤保障、药品研发、医疗救治、复工复产。③行业主管部门重要文件也含有对“防疫链—智能链”结构的划分，比如：在《关于加强信息化支撑新型冠状病毒感染的肺炎疫情防控工作的通知》（国卫办规划函〔2020〕100 号）中主要包括疫情发现（利

① 刘可等：《疫情防控有关的大数据及人工智能技术领域专利分析》，《中国发明与专利》2020 年第 8 期。

② 机器之心：《中国人工智能企业“智能战疫”与“疫后经营”调查研究》，2020。

③ 中国人工智能产业发展联盟：《人工智能助力新冠疫情防控调研报告》，2020。

用大数据技术辅助疫情研判)、创新诊疗模式(远程医疗、网上诊疗咨询)、“不见面审批”服务;在工业和信息化部《充分发挥人工智能赋能效用协力抗击新型冠状病毒感染的肺炎疫情倡议书》中,主要包括疫情发现、疫情预警、疫情防治(与智能诊治相关的辅助诊断、快速测试、智能化设备、精准测温与目标识别等产品)、复工复产(办公远程化、教育在线化和生产智能化)、病毒研究(病毒基因测序)、疫苗/药物研发;在《关于科技创新支撑复工复产和经济平稳运行的若干措施》(国科发区〔2020〕67 号)中主要包括推广应用健康监测、智慧物流、远程办公、数字政务等新技术新产品,利用科技手段支撑企业复工复产。

(二)“防疫链—智能链”结构

人工智能技术主要包括机器学习、语音处理、计算机视觉、自然语言处理、虚拟现实、增强现实等领域,涉及自动驾驶、智能机器人、智能医疗、智能投顾、智能家居、无人飞行器等产业,[①] 远程办公(企业云服务、云平台、云应用)、“不见面审批”服务等信息化技术使用的产品类型不列入本报告中的智能链。综合现有研究基础,本报告认为,围绕新冠病毒这一核心,前提是通过病毒研究来了解病毒,发现病毒之后要消杀病毒;针对可能未被消杀的病毒需要先控制病毒传播,在病毒传播可能控制不到位的时候要做好病症检测;在病毒感染人体之后需要做的则是对现有患者的诊疗、对潜在患者的调查和预警。因此“病毒研究 + 病毒消杀 + 病毒传播控制 + 病症检测 + 患者诊疗 + 疫情调查和预警”形成一个完整的防控链。对于防控链上的每一个环节、每一个应用场景,人工智能行业均有相应的人工智能技术助力,进而形成了一个完整的智能链。最终,防疫链和智能链不断融合,形成疫情防控有序进行和智能产业加快发展的协调共进新格局。

---

① 腾讯研究院、中国信息通信研究院互联网法律研究中心等:《人工智能:国家人工智能战略行动抓手》,中国人民大学出版社,2017。

二　深圳人工智能企业在“防疫链—智能链”上各环节的典型案例

（一）病毒研究

人工智能技术可以辅助研究人员开展病毒自身特点（如病毒分离）、祛除病毒病症的药物（如药物筛选）研究活动。华大智造 MGISP－100 和 MGISP－960 高通量自动化样本制备系统最快可以在 6 小时内完成病毒基因测序任务，保证日清日结。华为云 EI 医疗智能体平台提供企业级大规模药物筛选、新冠 AI 辅助 CT 诊断和基于自然语言处理的医药图谱构建服务；华为云基因组平台提供从基因组数据管理、生物信息分析流程、科研分析管理到知识图谱整个流程的服务；华为云药物研发平台将深度学习算法及药物分析服务融入药物研发过程。

（二）病毒消杀

高清图像 AI 分析等人工智能技术可以实现病毒消杀过程的自动化和“无接触”，无人机、机器人能够对有可能存在病毒的场所、物体进行全面清洁消毒，有效扩大消毒工作人力资源供给。

在无人机消毒方面，大疆创新 2 台测绘无人机 P4R 和 5 台植保无人机 T20 早在 2020 年 2 月 8 日就被远程操作，在空中对龙岗区宝龙工业园公共领域进行全覆盖立体化喷洒消毒杀菌作业，2 小时喷洒 60 万平方米，还对各区厨余垃圾处理厂、垃圾焚烧厂、医院等场所进行消毒杀菌作业；科比特航空、赛为智能等企业的无人机产品在全世界广泛开展消毒杀菌业务，如赛为智能赛鹰无人机帮助巴基斯坦消杀防疫。

在机器人消毒方面，各类智能清洁消毒机器人快速涌现。优必选智慧防疫机器人基于自研 U－SLAM 立体导航避障系统，可定时定点针对设定区域实现覆盖式消杀作业。祺丰机器人推出全国首台超氧水消杀机器人，可以对周围环境进行“AI 感知学习”，实现超氧水消杀、体温监测、紫外线消杀、巡检作业、自动回充及蓄水、语音交互功能；煜禾森科技使用 AI 技术自主学习线路、躲避障碍，推出臭氧杀菌消毒机器人；信迪科技将先进智能控制技术和高工效喷雾技术相结合，推出智能自动化高效喷雾消毒装备；深圳科卫也推出消毒喷雾机器人产品。

在消毒系统方面，亚晔实业智能防疫综合消毒系统可集消毒设备、智能门锁及人体感应控制器、门磁传感器、控制面板于一体，对各种公共环境及医疗场所进行安全高效的消毒杀菌。

（三）病毒传播控制

针对病毒的高传染性，以“远距离、不接触”最大限度地隔绝病毒的传播途径，满足“远距离、不接触”条件的各类自动化和智能化产品可以有效控制病毒传播。

在疫情宣传方面，大疆创新、科比特航空等无人机及其搭载的高功率喊话器，在高速检查站等场景下承担疫情宣导、空中喊话、交通管控等功能；优必选科技 5G 机器人义警“黄田田”充当高速检查站义警，24 小时提醒过往司机提前扫码登记、定制疫情防控自动语音播报，节省了 4 名警力。

在外呼机器人方面，腾讯科技创新探索人工智能语音系统，借助人机对话形式，推出疫情防控外呼机器人，能够主动致电目标人群；北科瑞声科技采用语音唤醒、语音操控结合即时通信，推出非接触智能语音即时通信系统和智能语音 HIS 系统，解决了隔离区医护人员与外界实时语音通信的问题；硅基智能推出 AI 智慧回访平台，支持大批量电话外呼、统计和管理功能。

在智能配送方面，无人配送车、无人机、餐饮服务机器人等物流机器人解决了送餐、快递和送药等“最后一公里”配送问题。普渡科技送餐机器人承担“健康驿站”（即集中隔离医学观察点）内送餐、送药、送物等工作，中智卫安也推出药品配送机器人；优地科技“优小弟三代”可为 2000 人提供“无接触安全送餐”服务；深圳科卫迎宾巡更机器人、配送机器人、安保巡更巡逻机器人的场景应用已延伸至物业、娱乐、医疗、酒店、商超、

教育、餐饮等领域；市智能网联汽车产业创新促进会联合自动驾驶行业企业面向物资运输、人员接驳等场景共同制定“无人防疫车辆解决方案”，将5G与无人驾驶技术结合，“5G＋无人防疫车/配送车”陆续投入使用。

在无人值守方面，捷顺科技“捷停车·云托管”服务具有“前端系统AI识别＋无人收费＋云端坐席＋无感支付＋手机开票”五大功能，天启“AI大脑”智能检疫应用可以精准识别跟踪拦截近期出入过重点疫区的车辆；西沃智能科技将车场管理设备与物联网云平台深度融合，推出“车牌识别＋无人值守机器人＋沃智慧物联网云平台”整体解决方案。

在“不接触”通行方面，华为、旺龙智能联合研制的“无接触”电梯，基于人脸、语音等乘梯通行方式，实现自动点亮和选层功能，并联动门禁、摄像头等终端设备进行无感通行；英威腾也推出自身的“无接触”电梯解决方案；雄帝科技研发的智慧码，由“人像＋生物特征＋文本信息”等构成多维图形码，实现“人码合一、一码通行”。

在关键技术或零部件供给方面，汇春科技在国内率先实现手势感应芯片量产，推动手势识别控制面板等智能产品生产，YS4004手势感应芯片能够识别9种隔空手势，被应用在武汉方舱医院病床阅读灯中；奥比中光研发3D视觉方案，让机器人在复杂的环境下实现精准操作，搭载奥比中光3D视觉模组的擎朗智能机器人的足迹已经遍布海内外。

一些企业还运用智能技术控制人员聚集，比如深圳巴士集团通过视频监控等大数据分析，推出车厢防疫安全距离预警，一旦达到预警值，调度员会快速增派车辆。

（四）病症检测

处于潜伏期的患者需要通过各种症状监测才能发现。人脸识别等机器视觉技术可以实现公共场所无须停留、远距离、大批量、非接触的口罩、体温等实时监测，快速发现和筛查人群中的体温异常者，降低潜在的交叉感染风险，在最短的时间内排查出疑似病患。

在口罩检测方面，腾讯优图研发口罩佩戴识别专用AI；神目信息利用自研的 CenterFace 人脸检测算法、人脸属性识别核心技术，联合华为云快速发布口罩佩戴识别 API 产品，助力管理者和开发者经济、灵活部署，实时检测人群口罩佩戴情况，从检测开始到输出识别结果仅需 15 毫秒，识别准确率在 99% 以上。

在体温检测方面，景阳科技、商汤科技、云天励飞 AI 人体测温系统入选工业和信息化部《在科技支撑抗击新冠肺炎疫情中表现突出的人工智能企业名单》；梦派科技 Q7 人脸测温识别一体机，采用人脸识别和物联网体温检测技术，是疫情发生之后第一批上市的在公众聚集场所实现快速通行的智能测温产品；米克力美智能防疫机器人可实现 2 米范围内人体温度检测，能够对大范围人群进行远红外温度探测和巡检预警防控，在公共区域及时发现发热人员目标；大疆科技无人机体温测量应急解决方案，融合红外高精测温技术、高清图像 AI 分析技术等实现人群体温快速测试。

在口罩体温检测方面，云天励飞推出智能控温人像识别解决方案，开发口罩佩戴检测和 AI 人体测温功能模块，其 AI 疫情防控设备、“深目”系统、“天图”系统入选国家人工智能标准化总体推荐方案，做到在公共区域出入管控、全员测温、追踪行动轨迹；赛蓝科技推出的 AI 人脸测温仪，具备体温快速筛查、人脸抓拍、人脸识别、口罩检测等功能，帮助各大企业园区、社区等公共出入口处进行快速身份识别与测温；易晨科技红外体温监测系统“防疫卫士 ThermoBot”嫁接了百度飞桨深度学习平台，能够实现实时人脸识别、是否戴口罩识别以及戴口罩后的人脸识别。

在可穿戴设备检测方面，光启技术智能头盔 N901 是一款高度智能的穿戴式装备，实现传统红外测温摄像头的自动测温以及二维码扫描（“智能前端+后端大数据”的健康码管理）、智能交互、人脸识别、证件识别、AR 屏幕显现等功能，堪称全球发热排查“神器”。

在机器人检测方面，优必选科技警用巡视机器人“建国”在高速检查站、深圳北站，通过全天候全时段自动化巡逻与现场实时监控、快速检测人脸温度，实现了对戴口罩状态下人员的有效识别溯源、语音提醒，分担了民警、辅警等一线工作人员的巡逻任务；优艾智合推出的国内首款 5G 智能防

疫机器人，通过5G网络实现监测数据即时回传和可视化分析，有效侦察病毒感染源、阻断病毒传播渠道。

在门禁检测方面，商汤科技、捷易科技、神目信息、西沃智能科技、欧菲智联、旺龙智能、大成智能、捷顺科技等企业基于面部识别等人工智能技术，推出“自动红外测温＋口罩识别＋人脸通行”门禁控制系列设备，让测温、过门禁、识身份一步到位；深岚视觉开发视觉测温智能锁，声扬科技开发智能声纹门禁系统，实现全自动人脸识别、非接触式开门，打造家庭安全的第一道防线。

在检测系统方面，滴普科技打造DEEPEXI智能感知监测IoT平台，推出由滴普DEEPEXI数字中台、热成像摄像机、黑体和算法主机构建监测系统等组成的软硬一体解决方案，快速精准实现人群体温智能检测；赛亿科技推出以物联网版额温枪、人脸识别测温系统（“人脸识别＋测温＋考勤＋门禁＋口罩识别”）、热成像测温门等产品为首的智慧防疫检测系统。

在校园检测方面，城市漫步研发出一系列智能测温考勤机器人和设备，主要用于中小学、幼儿园体温检测和考勤；航天信息以全息生物识别技术为核心，研发搭载热红外点阵测温模组和AI人脸识别技术相结合的人脸识别产品航信天工，打造智慧平安校园。

（五）患者诊疗

智能语音、机器视觉等人工智能技术可以在问诊阶段实现在线化和无人化，有效控制病毒传播，以及在诊疗阶段大幅提高新冠肺炎CT诊断的效率和速度。

在问诊系统方面，华为推出智能语音回访系统；腾讯科技推出智能客服，以智能语音交互方式进行健康咨询，为用户提供免费“在线问诊”服务；深圳科卫智能导诊机器人、追一科技疫情机器人提供智能导诊、远程问诊服务；优必选推出卫生防疫智能服务机器人解决方案，助力深圳三院（深圳新冠肺炎患者唯一定点收治医院）筑起防控疫情的第一道防线，AIMBOT（智巡士）室内防疫机器人、ATRIS（安巡士）室外防疫机器人和

Cruzr（克鲁泽）医疗咨询机器人，分别在医院发热门诊、普通门诊、门诊及住院部上岗，完成测温、导诊等工作。

在肺部诊疗技术方面，腾讯推出“腾讯觅影”AI辅助诊断新冠肺炎的解决方案，在患者CT检查后最快2秒就能完成AI模式识别，1分钟内即可为医生提供辅助诊断参考，将检查效率提高数倍；华为开发云医疗影像平台，通过人工智能医疗影像技术辅助，提供医疗影像标注、影像分析及AI模型预测功能；平安科技推出AI影像辅助筛查技术、智能疾病预测系统、智能疾病管理等一系列解决方案，发布肺炎CT影像人工智能辅助诊断产品。

（六）疫情调查和预警

基于海量数据积累，大数据技术可以助力开展流行病学和溯源调查，较为准确、快速地辅助流行病疫情预测预警，包括传播范围速度、易感人群动向、传播方式和影响等。

在大数据产品方面，腾讯计算机产业分析和疫情防控大数据平台、商汤科技城市级重大疫情防控人脸大数据平台、金蝶软件“金蝶云轻分析”疫情防控和复工复产大数据产品解决方案、活力天汇全球大交通出行疫情追踪服务系统、平安智慧城市平安疫情防控环保一体化平台是广东省入选工业和信息化部《疫情防控和复工复产复课大数据产品和解决方案名单》的9个项目中的5个。深圳大学大数据系统计算技术国家工程实验室通过疫情大数据和AI智能体温，在人形识别和行为分析的基础上进行人脸自行侦测，采用语音识别以及OCR等技术对电话录音以及坐席工单进行自动处理，利用人工智能算法对文本数据进行建模，实现海量民情数据的情感和语义分析预警。

在社区平台方面，捷顺科技物联云平台融合“人脸识别通道+访客预约+测温预警”等模块形成疫情防控预警监测平台，实现防疫大数据线上实时预警；深圳北斗应用技术研究院发布疫情防控系统，通过建立“无接触信息采集+精细化管理支撑+大数据智能防疫”三道关卡层层把控；力维智联发布力维Sentosa疫情分析与管理平台，全面管理疫情数据、分析预

测疫情趋势。

在城市大脑方面，神目信息城市级管理平台——AI 公共防疫联防联控平台应用于多省市外防输入（对交通枢纽）、内防扩散（对公共单位）管理，实现外来人员、常住人员、流动人员数据管理、轨迹刻画、重点人员布控等防疫功能；深圳市政务服务数据管理局开发深圳市疫情态势分析系统，实现科学防控、精准抗疫、精细管理；“智慧龙华”依托三层架构、十六个统一、大数据和云平台体系支撑以及“视频监控 + AI 识别”、OCR 黑科技工具等技术储备，形成“汇集—分析—研判—推送—核查—反馈”数据应用闭环，打造区级防疫大脑。

三　主要经验分析

（一）对抗疫而言，科技产业基础成为硬核力量

在 2020 年 3 月发布的《中国—世界卫生组织新型冠状病毒肺炎（COVID－19）联合考察报告》中，“科创之城”深圳成为唯一被分析的城市案例，深圳“科技抗疫”的做法让考察组印象深刻，腾讯公司也是世界卫生组织考察组在对中国调研的过程中唯一到过的科技企业。习近平总书记在全国抗击新冠肺炎疫情表彰大会上的讲话指出，我们长期积累的雄厚物质基础、建立的完整产业体系、形成的强大科技实力、储备的丰富医疗资源为疫情防控提供了坚强支撑。因此，在总结深圳市人工智能行业抗击新冠肺炎疫情经验时，我们首先发现的是，科技产业尤其是人工智能产业长期快速发展积累的坚实基础，才是抗疫的硬核力量，人工智能应用在提升国家治理能力方面的作用正在逐步凸显。这要求深圳市在未来坚持“科创之城”定位不动摇。

（二）对产业而言，抗疫场景应用成为重大机遇

2020 年 5 月的广泛调研已经显示，约四成人工智能企业认为疫情对公

司运营产生了正面影响，绝大多数企业对人工智能产业发展持乐观态度。[①] 2021年2月2日市政府新闻发布会显示，医疗仪器设备及器械、民用无人机、工业机器人规模分别增长200.3%、111.1%、44.1%，信息传输软件和信息技术服务业增加值增长11.3%，智能经济相关产业领域的增速远高于国民经济整体增速。从人工智能企业在"防疫链—智能链"各环节、各场景中的典型案例分布情况看，深圳在病毒研究、病毒消杀、病毒传播控制、病症检测、患者诊疗、疫情调查和预警主要环节都有海内外知名的创新应用产品，行业和企业自身发展整体进入加速期。因此，我们要更加注重危机中的产业发展机遇，在各类抗疫场景中加速人工智能的应用，深圳市人工智能产业基础将会更加坚实。

① 机器之心：《中国人工智能企业"智能战疫"与"疫后经营"调查研究》，2020。

B.9

深圳制造业上市企业高质量发展评价及对策建议*

施　洁**

摘　要：　高质量发展为我国制造业企业转型升级提出了新的更高要求，当前制造业企业高质量发展水平亟待评价。本报告从体现制造业企业高质量发展的经济性、创新性、社会性、生态性等4个维度，构建制造业企业高质量发展评价指标体系，并基于2019年深圳93家上市企业数据和信息，进行实证分析评价。结果发现，深圳制造业上市企业高质量发展水平整体较好，产业集聚度高、资源禀赋好、营商环境优的城区，企业高质量发展水平较高。本报告建议优化各城区制造业企业特色创新竞争优势，促进高质量中小企业做大规模做强实力；优化制造业企业部门布局，促进深圳都市圈乃至泛珠三角区域更广泛的产业合作；优化制造业企业营商环境，支持企业以更大力度投入创新活动。

关键词：　制造业企业　高质量发展　深圳

一　问题的提出与文献综述

追求经济高质量发展是当前深圳经济发展的核心使命，也是加快建

---

* 资助项目：深圳市社会科学院2021年度专项科研一般课题“深圳现代化进程评价研究”。

** 施洁，经济学博士，深圳市社会科学院经济研究所助理研究员，主要研究方向为高质量发展理论与实证。

设中国特色社会主义先行示范区的必然要求。深圳市第七次党代会报告专门提出，“把发展经济着力点放在实体经济上，保持制造业比重基本稳定”。体现了新发展阶段下，深圳制造业在城市经济结构合理化高级化过程中仍然具有不可忽略的重要地位和发展前景。同时体现了深圳制造业高质量发展向更高发展质量和更大规模体量提升双目标迈进的决心。制造业企业是深圳制造业科技创新、集聚发展和持续转型的主力，也是实现三大变革的关键着力点。制造业企业高质量发展水平如何，既是一个战术问题，又是一个关乎新时期新的竞争优势和增长动力形成的战略问题。制造业企业只有实现高质量发展，保持制造业比重基本稳定，才具有实质意义。如何聚焦制造业企业发展质量，构建科学合理、简明实用的高质量发展评价指标体系，为制定政策和精准发力提供实证分析评价，成为亟待研究的问题。

目前，关于制造业企业高质量发展内涵阐释和水平测度的文献并不多。理论层面的阐释，多内嵌和服务于实证测度之中，缺乏企业微观视角方面的考察，例如陈才、周先东、富望龙，黄速建、肖红军、王欣，马宗国、曹璐的研究。[①] 李巧华基于熊彼特创新理论，构建了制造业企业高质量发展的理论分析框架，明确提出制造业企业高质量发展是以创新的发展，“实现兼顾环境效益、社会效益和经济效益的发展范式”。[②] 本报告认为，该定义抓住了高质量发展的关键要求，即企业追求经济效益的同时，兼顾增长带来的社会和生态环境的“正外部性”。

制造业企业高质量发展水平评价方法主要有两种。一种是采用全要素生产率进行简单衡量。由于全要素生产率更多反映的是技术进步，其衡量发展

---

① 陈才、周先东、富望龙：《基于互联网大数据的制造业企业高质量发展评价指标体系及方法研究——以重庆上市企业为例》，2018 年（第六届）全国统计建模大赛，北京，2018 年 11 月 28 日；黄速建、肖红军、王欣：《论国有企业高质量发展》，《中国工业经济》2018 年第 10 期；马宗国、曹璐：《制造企业高质量发展评价体系构建与测度——2015—2018 年 1881 家上市公司数据分析》，《科技进步与对策》2020 年第 17 期。

② 李巧华：《新时代制造业企业高质量发展的动力机制与实现路径》，《财经科学》2019 年第 6 期。

水平存在明显的局限性，不符合高质量发展是对经济发展优劣程度的多角度多维度判断的需要。[①] 另一种是指标体系评价。该方法是把多个描述被评价事务不同方面且量纲不同的统计指标，转化为无量纲的相对评价值，并综合这些评价值得出对该事务的一个整体评价的方法体系。[②] 由于该方法能综合反映高质量发展主要特征和关键内涵的变化，因此成为近年来高质量发展评价研究的常用方法，并得到充分应用。例如，在学术领域，基于高质量发展本质上是体现新发展理念的发展，马宗国、曹璐构建了包含高质量效益增长、创新发展、绿色发展、开放合作、社会共享等 5 个子目标 14 个二级指标的评价体系；陈才、周先东、富望龙构建了包含企业经营能力、创新能力、社会效应和绿色发展能力 4 个维度的评价指标体系。[③] 在实践领域，浙江省、江苏省先后开展“亩均论英雄”工业企业亩产效益综合评价工作，引导优化资源要素配置，加快工业经济转型升级。[④] 2018 年，浙江省又提出深化“亩均论英雄”改革，推动“亩产效益”综合评价从提高资源要素产出率向提高全要素生产率转变。上海市浦东新区要求以“亩产论英雄”“效益论英雄”“能耗论英雄”“环境论英雄”为导向，指导工业（研发）用地带产业出让项目准入工作。2019 年，广东省开展制造业高质量发展综合评价工作。

总的来说，以上研究虽然考虑到制造业企业高质量发展的本质特征，但评价指标体系结构还不够明晰、覆盖面还不够齐全。本报告拟根据既有研究思路和方法论支持，构建科学合理、简明实用的制造业企业高质量发展评价

---

① 任保平：《“十四五”时期转向高质量发展加快落实阶段的重大理论问题》，《学术月刊》2021 年第 2 期。

② 杨耀武、张平：《中国经济高质量发展的逻辑、测度与治理》，《经济研究》2021 年第 1 期。

③ 马宗国、曹璐：《制造企业高质量发展评价体系构建与测度——2015—2018 年 1881 家上市公司数据分析》，《科技进步与对策》2020 年第 17 期。陈才、周先东、富望龙：《基于互联网大数据的制造业企业高质量发展评价指标体系及方法研究——以重庆上市企业为例》，2018 年（第六届）全国统计建模大赛，北京，2018 年 11 月 28 日。

④ “亩均论英雄”，规上企业是基于亩均税收、亩均增加值、单位能耗增加值、单位排放增加值、R&D 经费支出占主营业务收入比重、全员劳动生产率指标来考核的；规下企业是基于亩均税收、单位用电税收指标来考核的。

指标体系，对深圳制造业上市企业高质量发展进行评价分析，并就进一步优化企业发展提出对策建议。

二 制造业企业高质量发展内涵概述及评价指标体系构建

（一）制造业企业高质量发展内涵概述

在深圳中国特色社会主义先行示范区建设进程中，制造业企业高质量发展是构建高质量产业创新生态体系，实现城市经济健康可持续发展的重要路径和目标。准确把握和理解制造业企业高质量发展的基本内涵和特征，并以此来构建制造业企业高质量发展评价指标体系，需要综合考虑高质量发展的本质要求、与经济结构高度化合理化演进相适应、企业发展内在规律要求等各类型关键性因素。[①] 从经济学角度，基于“过程—结果”视角，本报告认为制造业企业高质量发展是进入新发展阶段后，制造业企业主动适应经济社会主要矛盾变化，不断推动自身持续高级化的创新过程[②]，以及实现“经济性、社会性、生态性”的最终成果。

（二）制造业企业高质量发展评价指标体系构建

构建制造业企业高质量发展评价指标体系应紧扣制造业企业高质量发展内涵，审视新时代下制造业企业发展的新趋势，遵循制造业企业发展的内在规律，考虑各类影响因素，在梳理相关文献的基础上，按照指标数据可获得性要求，在遵循系统性、科学性、可操作性等原则的情况

① 马宗国、曹璐：《制造企业高质量发展评价体系构建与测度——2015—2018 年 1881 家上市公司数据分析》，《科技进步与对策》2020 年第 17 期。

② “创新过程”包括以核心技术创新能力为支撑，以研产（供）销一体化发展、全球化布局为基础，以“四化”（数字化、网络化、智能化和绿色化）以及服务化升级为转型方向，通过组织创新、技术创新、模式创新等，在产品供给、质量管理、经营绩效和市场开拓等方面不断提升先进性、形成竞争力。

下进行构建，以测度深圳制造业企业高质量发展水平。本报告一级指标依据制造业企业高质量发展内涵进行确定；二级指标在参考相关研究的基础上，依据各主指标内涵及数据可得性进行确定。各指标选取的具体情况如下。

经济性主要体现制造业企业高质量发展绩效，选取表征企业发展质量的增速、效率、效益等指标；创新性主要体现制造业企业高质量发展新动能，选取创新投入、创新产出等指标；社会性主要体现制造业企业相关利益群体成果分配和共享程度，选取股东所得、员工报酬和税收贡献三个维度来考量；生态性主要体现制造业企业发展与生态环境保护的协调性，限于基础数据获取，选择从污染处罚、污染排放等层面来度量（见表1）。

表1　制造业企业高质量发展评价指标体系

目标层	一级指标	二级指标	基础指标	单位	指标属性
制造业企业高质量发展水平	经济性	增速	净资产增速	%	正向
			营业收入同比增速	%	正向
		效率	固定资产周转率	%	正向
			人均销售收入	万元	正向
		效益	总资产收益率	%	正向
			销售净利率	%	正向
	创新性	创新投入	R&D 经费投入强度	%	正向
			R&D 人员投入力度	%	正向
		创新产出	企业有效专利数	%	正向
			发明专利授权比重	%	正向
	社会性	股东所得	每股收益	%	正向
		员工报酬	职工平均工资	万元	正向
		税收贡献	资产纳税率	万元	正向
	生态性	污染处罚	区间处罚次数	—	逆向
		污染排放	重点排污单位	—	逆向

三　深圳制造业上市企业高质量发展水平测度

（一）数据来源

本报告采用中国证监会行业分类标准，使用Wind数据库，对2019年之前国内上市的深圳制造业企业（主板、中小板，剔除ST、*ST公司）2019年公司年报和附注信息等数据进行提取整理，提取2019年深圳市重点企业排污单位名单信息，汇总得到研究所需的基础数据。

（二）指标处理与指数测度方法

指标权重是评价指标体系应用的重要依据，体现了评价的价值目标，具有导向作用。本报告借鉴联合国开发计划署（UNDP）构造人类发展指数（Human Development Index）过程中所采用的等权重方法，对各级指标赋予相同的权重。本报告采用Min-Max标准化将数据标准化。采用加权加总的方法来形成高质量发展总指数和各项二级指数。①

制造业企业高质量发展总指数 P 的计算公式如下：

$$P = \sum_{i=1}^{4} P_i W_i$$

其中，P_i和W_i分别表示第 i 个一级指标的权重和评价指数。

（三）制造业企业高质量发展水平测度与分析

1. 单个企业的高质量发展水平测度结果

经过测算发现，制造业上市企业高质量发展指数平均值为0.61，高于平均值的企业数量达到48家，超过了一半（占51.6%）。从分布上看，指数值低于0.4的仅有1家，指数值为0.4～0.5的有9家（占9.7%），指数

① 施洁：《深圳经济高质量发展评价研究》，《深圳社会科学》2019年第1期。

值为0.5～0.6的有32家（占34.4%），指数值为0.6～0.7的有37家（占39.8%），指数大于0.7的有14家（占15.1%）。

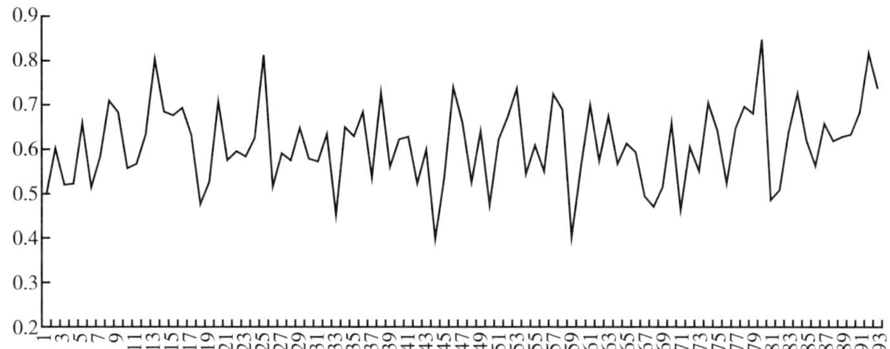

图1　深圳制造业上市企业高质量发展水平测度结果

2. 制造业上市企业高质量发展水平得分排名前10的企业情况

经过测算发现，制造业上市企业高质量发展水平得分排名前10的企业分布在计算机、通信和其他电子设备制造业及医药制造业两大行业中，中型企业和大型企业各占50%。其中，2019年营业收入低于10亿元的企业有3家，分别是科安达、远望谷和美格智能。按企业所在城区分，南山区最多，为7家；福田区、龙华区、宝安区各1家（见表2）。

表2　2019年深圳制造业上市企业高质量发展水平排名前10的企业

企业简称	所在城区	经济性指数	社会性指数	创新性指数	生态性指数	总指数	排序
金溢科技	南山区	0.94	0.95	0.50	1.00	0.85	1
锐明技术	南山区	0.78	0.53	0.96	1.00	0.82	2
远望谷	南山区	0.71	0.67	0.87	1.00	0.81	3
中兴通讯	南山区	0.62	0.65	1.00	0.95	0.80	4
海普瑞	南山区	0.64	0.67	0.70	0.95	0.74	5
科安达	福田区	0.73	0.50	0.72	1.00	0.74	6
英飞拓	龙华区	0.75	0.53	0.67	1.00	0.74	7
日海智能	南山区	0.62	0.63	0.83	0.83	0.73	8
美格智能	宝安区	0.62	0.44	0.84	1.00	0.73	9
海能达	南山区	0.50	0.62	0.78	1.00	0.72	10

注：排序为该企业高质量发展水平得分在93家样本企业中的排序。

3. 分城区分行业的企业高质量发展水平测度结果

（1）经济性指数

制造业企业高质量发展要求发展速度、效率与效益的有机统一。整体上看，样本企业经济性指数平均值达到0.55。

具体来看，罗湖区经济性指数高于平均值的行业分别是农副食品加工业（0.87）、其他制造业（0.80）、有色金属冶炼和压延加工业（0.60）。

龙岗区经济性指数高于平均值的行业分别是电气机械和器材制造业（0.81），计算机、通信和其他电子设备制造业（0.60）。

福田区经济性指数高于平均值的行业分别是文教、工美、体育和娱乐用品制造业（0.72），计算机、通信和其他电子设备制造业（0.58）。

南山区经济性指数高于平均值的行业分别是医药制造业（0.64），非金属矿物质业（0.62），印刷和记录媒介复制业（0.58），计算机、通信和其他电子设备制造业（0.57），专用设备制造业（0.56）。

龙华区经济性指数高于平均值的行业分别是专用设备制造业（0.61），医药制造业（0.59），橡胶和塑料制品业（0.59），计算机、通信和其他电子设备制造业（0.56）。

宝安区经济性指数高于平均值的行业分别是废弃资源综合利用业（0.60），化学原料和化学制品制造业（0.59），计算机、通信和其他电子设备制造业（0.57）。

光明区经济性指数高于平均值的行业分别是医药制造业（0.62）、电气机械和器材制造业（0.57）、农副食品加工业（0.55）。

坪山区经济性指数高于平均值的行业是医药制造业（0.64）。

（2）创新性指数

制造业企业高质量发展更加依赖自主创新驱动。整体来看，样本企业创新性指数平均值达到0.50。

具体来看，福田区创新性指数高于平均值的行业分别是医药制造业（0.65），文教、工美、体育和娱乐用品制造业（0.64）。

南山区创新性发展指数高于平均值的行业分别是专用设备制造业

(0.95)，汽车制造业（0.82），橡胶和塑料制品业（0.76），医药制造业（0.70），计算机、通信和电子设备制造业（0.65），电气机械和器材制造业（0.62），化学原料和化学制品制造业（0.55）。

龙华区创新性指数高于平均值的行业分别是金属制品业（0.61），专用设备制造业（0.60），医药制造业（0.58），计算机、通信和电子设备制造业（0.52）。

宝安区创新性指数高于平均值的行业分别是废弃资源综合利用业（0.61），计算机、通信和电子设备制造业（0.52）。

坪山区创新性指数高于平均值的行业分别是医药制造业（0.70）、电气机械和器材制造业（0.68）。

（3）社会性指数

制造业企业高质量发展对社会贡献总量有更高的要求。整体上看，样本企业社会性指数平均值达到0.45。

具体来看，罗湖区社会性指数超过平均值的行业有农副食品加工业（1.00），其他制造业（0.67），计算机、通信和其他电子设备制造业（0.65）。

龙岗区社会性指数超过平均值的行业有橡胶和塑料制品业（0.64）、专用设备制造业（0.65）、电气机械和器材制造业（0.47）。

福田区社会性指数超过平均值的行业有文教、工美、体育和娱乐用品制造业（0.54），医药制造业（0.49），纺织服装、服饰业（0.45）。

南山社会性指数超过平均值的行业有医药制造业（0.67），纺织业（0.61），非金属矿物制品业（0.53），计算机、通信和其他电子设备制造业（0.50），专用设备制造业（0.45）。

龙华区社会性指数超过平均值的行业有医药制造业（0.71）、橡胶和塑料制品业（0.52）、金属制品业（0.47）。

光明区社会性指数超过平均值的行业有电气机械和器材制造业（0.66）、医药制造业（0.60）。

坪山区社会性指数超过平均值的行业有医药制造业（0.67），计算机、通信和其他电子设备制造业（0.45）。

（4）生态性指数

制造业企业高质量发展对生态环境友好有更高的要求。样本企业整体生态性指数平均值较高，达到0.94。

具体来看，罗湖区生态性指数低于平均值的行业为农副食品加工业（0.83）。福田区为医药制造业（0.85）。龙岗区为计算机、通信和其他电子设备制造业（0.89）。宝安区为铁路、船舶、航空航天和其他运输设备制造业（0.90）。南山区为化学原料和化学制品制造业（0.82）、非金属矿物制品业（0.89）、金融制造业（0.90）。光明区为造纸和纸制品业（0.83），计算机、通信和其他电子设备制造业（0.85）。

四 结论与对策建议

制造业企业高质量发展是新时代解决实体经济领域突出问题的重要抓手，也是中国特色社会主义先行示范区建设的重要路径。制造业企业高质量发展是一个多维系统，涉及经济、创新、社会、生态等各项因素。建立一套科学合理的评价体系，可以正确认识和发现深圳制造业企业高质量发展的具体问题，制定相应的产业发展政策，具有重要的理论和现实意义。本报告界定了制造业企业高质量发展的内涵，建立了一套较为系统、科学的全面评价制造业企业高质量发展的指标体系，并进行了实证分析。研究发现，深圳制造业上市企业高质量发展整体较好。各区制造业企业高质量发展差异明显，主要体现在重点辖区均存在各自的产业优势与发展特色。总体来看，产业集聚度高、资源禀赋好、营商环境优的城区企业高质量发展水平较高，反之相反。当前新发展格局下，深圳制造业企业发展的内外部条件发生了较大变化，部分企业处于行业变革、技术创新、融合发展等趋势前沿，制造业企业发展前景广阔，高质量发展要求更加迫切。本报告提出以下对策建议。

第一，优化各城区制造业企业特色创新竞争优势，促进高质量中小企业做大规模做强实力。制造业企业高质量发展是自身持续高级化的创新过程，是经济、社会、生态发展兼顾的新发展范式。研究发现，高质量发展水平各城区总体差距不大，但南山区企业科技创新驱动力明显更强，创新性指数高达0.61，远高于其他城区；福田区、罗湖区等都市型工业发展特色鲜明，作为计算机、通信和其他电子设备制造业等支柱产业的补充，农副食品加工业，珠宝首饰加工业，文教、工美、体育和娱乐用品制造业等相关企业获得了超过平均值的发展绩效。龙岗区、坪山区则相对落后。建议制造业企业根据自身特质和行业趋势，不断突出优势，改善劣势，形成各自的特色创新竞争优势。一是支持优势产业、特色产业高质量企业巩固和提升自主创新能力，延续制造与创新的协同能力，开发高端市场需求。二是支持企业提升非研发创新能力，通过组织创新、集成创新、模式创新等，在产品供给、质量管理、经营绩效和市场开拓等方面不断提升先进性、形成竞争力。三是加强培育发展行业隐形冠军企业，支持冠军企业“走出去”，保护冠军企业知识产权，助推高质量企业做大规模做强实力。

第二，优化制造业企业部门布局，促进深圳都市圈乃至泛珠三角区域更广泛的产业合作。随着生产要素的变化，一些制造企业寻找更接近最终市场或接近创新中心、供应链网络和劳动力市场的区位布局。整体上来看，深圳制造业上市企业不同环节的空间布局呈现多样化特征。部分企业的制造环节已经转移到外地，深圳主要保留总部、研发或综合部门；部分企业将制造环节布局在原关外地区，总部等则在中心城区；部分企业分布在自身行政区内。建议深圳充分发挥制造业创新生态、产业集聚优势，弥补制造业发展中的短板，促进现有制造业企业发展更高能级的总部经济和开放式创新平台，提升对高质量企业快速发展的承载能力。一是抓住全球制造业智能化转型升级的重要市场机遇，通过深度打通区域内制造业资源的互联互通，形成区域产业应用标杆，以及完善推广数据标准体系、强化人才和市场要素支撑、完善金融和市场扶持等举措，促进工业互联网平台高质量发展，进而促进相关生产性服务业高速发展；二是抓住中国特色社会主义先行示范区建设机遇，打造产业一体化区域合作大通道，支持头部企业在粤港澳大湾区乃至更广泛的区域构建自主可控、稳定高效的产业链、供应链体系，特别是增强在高端产业和高端要素资源领域的先发优势和配置能力。

第三，优化制造业企业营商环境，支持企业以更大力度投入创新活动。一方面，制造业企业高质量发展，离不开高质量的要素供给和营商环境支撑。高质量的资本供给可为制造业企业的发展提供必要的资金支持和基础设施保障。高质量的人才供给可以提供充分的技术支持和智力保障。在样本企业中，南山区制造业上市企业数量达到40家，数量最多；涉及行业达到11个。建议推动高质量要素向企业聚集，提高高质量资源优化配置水平，实现宏观经济效率和产业创新效率的最大化。对标营商环境排名靠前的城区，借鉴其招商引资、科技创新、科技金融、产业集聚、人才招引等先进经验，提高制造业企业服务能力。支持传统产业园区探索转型发展新模式，探索符合规划要求的精准供地模式，应用数字化手段提高空间集约高效利用。另一方面，科技创新是制造业企业实现高质量发展的重要内容和发展前提。不论是在高技术产业还是在其他产业，深圳制造业上市企业内部创新活动都非常活跃，在样本企业中，以企业平均拥有的有效专利数量看，计算机、通信和其他电子设备制造业达到669件，医药制造业达到480件，电气机械和器材制造业达到439件，橡胶和塑料制品业达到437件，汽车制造业达到310件。建议鼓励科研机构、高校和企业对“基础之基础”领域集中攻坚突破，着力解决一些高度复杂、影响深远的共性技术、产业基础能力问题。同时运用更多基于普惠规则的功能性产业政策工具和财政支持政策，为高质量发展注入新的动能。在深圳事权范围内完善科技创新相关税收抵免优惠政策，切实降低创新企业财务运行成本。尽快落实制造业企业研发费用加计扣除100%新政策。

参考文献

综合开发研究院（中国·深圳）：《深圳上市公司发展报告2020》，中国上市公司高

质量发展论坛，深圳，2020。

张婷麟、孙斌栋：《全球城市的制造业企业部门布局及其启示——纽约、伦敦、东京和上海》，《城市发展研究》2014 年第 4 期。

叶振宇：《中国制造业比重下降趋势探究与应对策略》，《中国软科学》2021 年第 5 期。

葛宝山、王治国：《隐形冠军企业创业研究述评及展望》，《外国经济与管理》2020 年第 11 期。

B.10
深圳学习借鉴长三角工业互联网发展经验研究

朱东山*

摘　要： 长三角地区是我国经济最具活力、开放程度最高、创新能力最强的区域之一，是我国先进制造业基地以及智慧城市建设的先行区，在工业互联网领域处于领先地位。本报告结合长三角工业互联网发展相关经验和深圳实际，提出成立中国工业互联网应用（深圳）研究院、建设深圳市工业互联网小镇、打造工业互联网示范园、打造一批行业级工业互联网平台等对策建议。

关键词： 工业互联网　长三角　深圳

2018年工信部印发的《工业互联网发展行动计划（2018—2020年）》明确提出，到2020年底，初步建成工业互联网基础设施和产业体系。2020年6月，工信部发布《工业互联网专项工作组2020年工作计划》，一系列扶持政策陆续出台。随着政策体系的完善，工业互联网发展将步入快车道，深圳作为工业制造大市，应抢抓工业互联网战略机遇，推动制造业转型升级。宝安工业互联网调研小组于2020年7月中旬，到长三角工业互联网发展较好的上海、杭州和宁波等城市实地调研，了解深圳可学习参考借鉴的经验。

---

* 朱东山，经济学博士，深圳市宝安区发展研究中心助理研究员，主要研究方向为低碳经济、区域经济和产业经济。

一　工业互联网概念解析

工业互联网是指在传统云平台的基础上叠加物联网、大数据、人工智能等新兴技术，构建精准、实时、高效的数据采集体系，主要包括存储、集成、访问、分析、管理等功能性平台，实现工业技术、经验、知识模型化、复用化，最终形成资源富集、协同参与的制造业生态。就调研的企业家反馈而言，工业互联网主要分为三个迭代阶段：工业互联网 1.0、2.0 和 3.0。

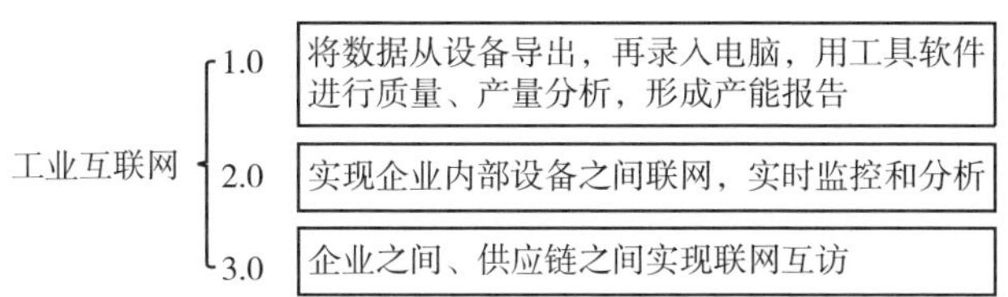

图 1　工业互联网三个迭代阶段

资料来源：根据调研资料制图。

二　工业互联网提升企业竞争力作用明显

（一）制造效率、产品品质双提升

实施工业互联网项目由于设备相连，电脑可对生产数据进行实时分析，有效减少了人工参与时间，提高了资料传输效率，有助于及时掌握生产进度，提前预警生产异常，防止盲目生产。一旦产线出现问题，能够及时、准确地向计划调试层反馈产线异常，提高生产效率。如印制电路板制造企业，实施工业互联网项目以前，生产、设计、品质、物料等信息都分散在单独的系统中，对于产品生命周期管控、计划排产等都极为不利。品质数据靠人工提供、统计和分析数据量大，不利于品质管控。四层板产品研制周期为 15 天。实施工业互联网项目后，产品调研周期缩短至 8 天，其他层数板产品研制周期也相应缩短。产品不良品率，也由之前的2%左右控制到1.5%的范围内。特别是苹果、华为等重要产线，实现智能扫码、品质追溯，产品品质得到保障。

（二）上下游互通更及时，市场响应速度快

实施工业互联网项目通过系统互联，上下游企业能够及时了解产品的生产、库存、价格、品质等信息，及时对市场做出响应，提高贸易效率。以往，管理人员了解计划排产和实时生产情况有一定的难度，无法第一时间获取生产车间的计划达成率、订单实时生产进度等信息，只能依靠人工在现场询问进度和排产情况，与客户也只能通过电话线下对接。部分制造企业通过工业互联网与客户打通系统，实现数据互联，对生产品质进行共同监控。同时，可以通过系统实时了解询价、库存等情况，运营效率明显提高。之前的产品准交率为90%，实施工业互联网项目后部分产品的准交率提升至92%。此外，一些工业互联网系统还与银行、中信保、税务等系统对接，提高了业务办理效率。

（三）有效降低运营成本

实施工业互联网项目，能在生产上及时发现问题，及时纠错，能实时监控流通环节，减少库存积压，提高存货周转率，降低企业运营成本、提高利润。根据阿里ET计划项目人员反馈，通过实施工业互联网改造，其客户净利润普遍比改造前提高22%左右，全面开展工业互联网项目将进一步提高利润，提高比例不低于25%。

三　深圳发展工业互联网存在的挑战

（一）设备生命周期长，投入改造成本大

工业互联网设备数字化改造需要的前期投入较多、回报不明确让很

多企业不敢轻易尝试，而且政府的扶持模式多为事后补贴，大多企业不愿意在设备数字化改造及“上云上平台”上增加投入，而更愿意把钱投入对供应链、现有产品的简单技术升级上。如模具制造行业，不同于电子消费产品行业，其机床往往在10年之后依然能够发挥原有的生产功能，短期来看，工业互联网改造效果不明显。

（二）就地改造空间不足

为了降低工业互联网实施成本，企业往往保留原有设备而整体购置一批新的生产设备，这直接导致空间需求的成倍增加。特别是当前在深圳土地空间紧张的情况下，部分企业如立讯精密、景旺电子、欣旺达等已逐渐把新的工业互联网设备建设在外地，对深圳市内的旧设备只进行改造，以避免成批替换造成的浪费。

（三）小规模民营企业工业互联网经济效益不显著

规模较小的民营企业，特别是产值10亿元以下的企业，难以承担高额的工业互联网设备采购成本。据深圳中天超硬公司反映，其年产值为1亿~2亿元，工业数据主要在内部流转，以满足客户需求为主，因此工业互联网经济效益不显著。目前企业实现了工业互联网1.0，即对其设备的导出数据进行简单的分析。迪能激光年产值为5亿~10亿元，其客户设备联网需求不强，只是在需要维修的时候，接入互联网方便远程维修。

（四）基础供电有断电风险，企业自备投入大

据了解，工业互联网对网络要求高，要求信号可靠、延时低、网速快，并且电力不能中断。如景旺电子3年前就签约多家电信运营商的光纤以获得高速稳定可靠的网络。此外，为了实现电力供应零中断，企业园区内部配有发电机和UPS电源。当市电断电时，服务器自动切换UPS供电，20分钟后发电机完成启动后，切换至发电机供电，真正做到无缝衔接。

四　长三角发展工业互联网的经验做法

（一）政府出台工业互联网扶持政策

为抢抓工业互联网机遇，长三角主要城市出台了多项相关扶持政策。2017年1月，上海市人民政府发布了《上海市工业互联网创新发展应用三年行动计划（2017—2019年）》，提出到2019年，上海市工业互联网生态体系初步形成，力争成为国家级工业互联网创新示范城市。2018年1月，杭州印发《工厂物联网和工业互联网试点（示范）项目管理办法》，对试点示范项目给予补贴支持。2018年9月，长三角九地共同发布了《G60科创走廊推进工业互联网协同发展实施方案》，提出到2020年，长三角将建设1～2个通用型工业互联网平台、5个行业级工业互联网平台、10个企业级工业互联网平台，力争实现新增“上云上平台”企业百万家，运营成本降低20%以上，生产效率提高20%以上。

（二）成立“政府＋市场”工业互联网应用机构

从调研情况来看，上海、杭州和宁波三地均采取了“政府引导＋市场主导”的方式。

1. 工业互联网创新中心（上海）有限公司

该公司是中国信息通信研究院全资子公司，位于上海临港，由上海经信委、临港管委会、中国信息通信研究院三方战略合作成立。目前，该公司已上升到部市合作，打造国家级工业互联网创新中心和上海工业互联网研发与转化功能型平台载体，承担标识解析国家节点、制造强国大数据平台、工业大数据、综合试验床和工业互联网研发与转化功能型平台建设任务。该公司采取市场化运营方式，除领导为编制内人员外，其余为市场化招聘人员。

2. 国家（杭州）新型互联网交换中心

该中心由三大运营商、阿里、网易等参股建设。截至2020年6月，已有40余家企业提交接入申请，类型涵盖电信、移动、联通等基础电信运营商，华数广电等接入服务商，阿里巴巴、腾讯、网易等内容服务商，网宿、蓝汛等内容分发商，以及世纪互联等数据中心托管商。该中心开通后，各类市场主体之间的流量可就近疏导，一点接入、全网联通，实现更便捷的数据、信息、资源互通，有效满足企业对网络性能和互联效率的需求，为5G、工业互联网、大数据等数字产业发展提供重要支撑。

3. 宁波中国科学院信息技术应用研究院

该院由宁波市政府与中科院共建，属于院地合作模式，目标是打造公共技术服务平台，当前承担了宁波国家二级节点标识解析任务。其产业化主要通过孵化企业或企业合作方式进行，目前通过技术服务、技术孵化、技术成果转移已获得可观收益。据介绍，该院利用盈余资金已在高新区购买地块和建设办公场地。

（三）龙头企业带动降低工业互联网实施门槛

在深圳，大部分产值达1亿元的企业仅使用信息化系统进行统计，产值达10亿元以上的企业才有能力建设工业互联网平台。而此次调研发现，长三角地区产值在1亿元以内的企业已经开始实施“工业上云”。主要是因为在阿里巴巴和腾讯等互联网行业龙头切入后，工业互联网改造成本明显降低。如工业互联网的软件提供商中之杰公司，原先每套工业互联网系统收费500万元，只有亿元级以上产值的大型企业才有能力支付该笔费用，目前该笔费用已降到100万元左右。

（四）深耕细作是工业互联网的发展基础

由于工业制造细分领域较多，制造工艺差别巨大，因此难有统一的系统。工业互联网系统从最早的企业管理解决方案（SAP）、企业资源计划系统（ERP），发展到制造执行系统（MES）、产品生命周期管理系统（PLM），只有扎根于不同行业的信息服务企业才能构建出企业适用的工业互联网系统，因此需要的沉淀时间少则5年，多则10年以上。即使是腾讯、阿里巴巴等互联网龙头企业，在进入工业互联网领域时，仍需依赖细分制造领域的工业互联网软件服务商。2017年，腾讯为切入工业互联网市场，并没有在深圳总部直接开展工业互联网业务，而是通过与国内在工业互联网领域有技术沉淀的公司进行合作切入市场。如腾云互联（浙江）科技，为腾讯在宁波设立的子公司，该公司建立了工业互联网平台，主要吸收了中之杰等宁波本土工业互联网服务商的软件系统；阿里巴巴“ET工业大脑”的相关负责人也表示，他们的工业互联网平台更像是提供工业互联网服务的“淘宝店”，主要是吸收现有工业互联网的成熟服务商，为客户提供服务。

五　深圳发展工业互联网的相关建议

（一）成立中国工业互联网应用（深圳）研究院

深圳拥有雄厚的工业制造基础，具有丰富的工业互联网应用场景，但是目前整体工业互联网应用水平较低。建议市政府与中科院计算技术研究所、中国信息通信研究院、腾讯、阿里巴巴等开展合作，联合成立中国工业互联网应用（深圳）研究院，打造国家级工业互联网公共技术服务平台和研究机构。

（二）建设深圳工业互联网小镇

为大力推进工业互联网发展，杭州市建设了中国（杭州）工业互联网小镇，该小镇规划建筑面积达78万平方米。目前依托阿里云supET工业互联网创新中心，首批入驻阿里云生态体系的企业有8家，意向入驻企业有20多家。建议参照该小镇模式，建设百万平方米级工业互联网小镇，引进5G技术、信息软件、工业App、人工智能、云计算、大数据、物联网等领域的服务商，打造面向粤港澳大湾区的工业互联网产业集聚区。

（三）加强网络基础建设，打造工业互联网示范园区

通过调研，我们了解到大部分小规模企业对工业互联网了解程度低，建

议推动建设一批创新活力强、创业环境好、市场影响力大的工业互联网示范园区。加强工业互联网示范园区网络基础设施建设，接入多家电信网络服务商，建立成规模的后备电力保障系统，确保网络、电力永不中断。积极开展工业互联网创新发展新观念的宣传和普及活动，引进和培育一批工业互联网创新示范企业。组织实施园区工业设备“上云”“领跑者”行动，建设园区工业互联网 App，带动工业企业“上云”行动。

（四）依托龙头企业，打造一批国家级工业互联网平台

基于在工业制造领域的深耕，深圳的龙头企业在一些细分制造领域积累了丰富的工业互联网建设经验。如欣旺达建立了工业协同云平台，已经有 1000 家上下游企业注册使用，该平台涵盖了订单匹配、金融贷款、税务办理等功能，为行业内的企业生产带来了极大便利；景旺电子建立了 Oracle 平台，将上下游企业纳入平台，统一联系供货、管理，截至 2021 年 6 月，该平台有近 100 家企业；古瑞瓦特建立了太阳能发电统一管理平台，可实时管理全球 40 多万台逆变器设备，该平台聚集了 2000 余家企业。建议充分发挥深圳龙头企业在工业互联网领域的技术沉淀，将深圳龙头企业的工业互联网平台推向全国，推动建成新能源电池制造、PCB 电路板制造、太阳能逆变器制造等一批行业级工业互联网平台。

（五）鼓励企业主动“上云”

实施工业互联网创新发展战略，推动有条件的企业聚焦网络、平台、安全三大体系，努力拓展工业互联网系统集成、平台服务、整体解决方案等。加快企业数字化、网络化改造，积极发展智能化生产、网络化协同、个性化定制、服务型制造等新模式新业态，创新生产方式、组织形式和增值模式。推进企业互联互通改造，支持企业以工业以太网、新型传感器等新型技术装备改造生产现场网络和系统，构建支持工厂透明化生产的信息物理系统，使其具备大规模小批量个性化定制的基础能力。

B.11

深圳生物医药产业发展报告

方　茹*

摘　要：　深圳市生物医药产业在产业政策、产业集聚、产业创新等方面具有一定优势，但面临产业规模小、协同发展能力弱、科技服务链条不完善、新药研发水平不高、配套服务支撑不足等问题，亟待在建设具有国际影响力的产业创新试验区、构建产业协同创新和错位发展新格局、打造覆盖产业全链条的专业服务平台、营造良好的营商环境等方面发力。

关键词：　生物医药产业　综合授权改革　配套平台　区域协作

受新冠肺炎疫情影响，2020 年多个行业近乎停摆，但生物医药产业却逆势生长，其重要性与日俱增。生物医药产业作为国家战略性新兴产业之一，一直是各个地区的重点产业。近年来，深圳市加大生物医药产业发展步伐，拥有众多高校及科研机构、生物医药领军企业、专业产业园区及临床机构，形成了相对完整的产业链闭环，为培育经济新增长点储备动能，但也存在诸多问题，掣肘深圳市生物医药产业健康发展，如科技服务链条不完善、针对性配套服务支撑不足等。

* 方茹，南山区发展和改革局科长，主要研究方向为粤港澳大湾区和中国特色社会主义先行示范区建设、现代化产业结构转型升级等。

一 深圳市生物医药产业发展优势

（一）产业发展具有政策优势

近年来，深圳市始终将生物医药作为重点产业方向，产业规模以年均20%的增速增长，截至2019年，产值已突破2800亿元，产业增加值增速达22.3%。政府助推生物医药发展，相关政策密集出台。《深圳市“深港创新圈”计划项目管理办法（试行）》增加了“深港创新圈”计划项目类别，且新增类别允许资助资金跨境使用；《深圳市关于加强基础科学研究的实施办法》加强深圳医学科技创新体系建设，布局建设一批深圳市临床医学研究中心；《深圳市生物医药产业集聚发展实施方案（2020—2025年）》和《深圳市促进生物医药产业集聚发展的若干措施》提出了2020～2025年生物医药产业发展总体要求与发展目标、四个重点领域共性关键技术、十个重大产业支撑平台、多梯次企业发展格局及五个特色园区等。深圳市科技创新计划体系提供经费支撑，在药品临床和生产批件奖励、药品GMP证书奖励、国际市场准入资助、一致性评价资助等方面开展专项资金扶持。

（二）产业集聚区域初步形成

从创新环境和产业空间布局上看，深圳各区的产业优势已逐渐成熟：南山区、高新区集聚扶持生物工程、基因工程、医药及相关产业的创新性企业孵化器，南山智园二期打造成生物产业总部基地、研发办公、医疗器械生产基地；在坪山区，生物医药创新产业园集聚生物医药产业上下游企业，以“园区开发＋运营服务＋产业投资”的业务模式，形成从孵化、加速到生产全要素的健康生态产业链；在盐田区，大百汇生命健康产业园以发展生命健康产业为核心，吸引生物信息、基因组学、生物医药、生物农业、生物环保等领域的企业项目，形成生命健康上下游产业集聚区。其中，南山区成为生物医药核心区域，在多肽药物、疫苗、干细胞技术、小分子新药、体外诊断等领域具有明显优势，培育了多家上市企业，吸引了迈瑞医疗、微芯生物、海普瑞、开立生物、先健科技、翰宇药业等一批行业领军企业扎根，新产业、理邦精密、威尔德、安特高科、亚辉龙等优秀企业起步于南山，并迅速布局全市。

（三）产业创新资源较为丰富

当前，深圳市恰逢“双区驱动”战略机遇，打造生物医药“总部+研发+服务平台”高地正当其时。深圳市拥有内尔神经可塑性实验室、马歇尔生物医学工程实验室等生物医药领域诺贝尔科学家实验室，汇聚生物医药、医疗器械领域实验室、工程中心、公共技术服务平台等创新载体超300家。集聚深圳医疗器械审评认证中心、深圳市药品检验研究院等检测、注册、审评、服务机构，对吸引高潜力创新研发企业落户具有较大优势。生物医药领域专利成果突出，截至2019年底，深圳市生物医药领域国内专利授权量累计为7415件，占全国的6.1%。在PCT国际专利方面，据不完全统计，2019年深圳市生物医药领域PCT国际专利申请量为1290件，占全国的15.8%；截至2019年底，生物医药领域PCT国际专利申请量累计为17822件，占全国的34%。

二 深圳市发展生物医药产业存在的问题

（一）产业规模偏小、占比较低，不利于发挥生物医药产业的集聚力、辐射力

深圳医药企业总体规模偏小，2019年深圳市生物医药产业增加值为337.81亿元，增长13.3%，是广州的60%。生物医药产业占比较低，其作为七大战略性新兴产业的组成部分，仅占2019年全市战略性新兴产业增加值的3.33%。

（二）新药研发水平不高，不利于促进生物医药产业的创新及产业化

一是深圳临床机构相对缺乏，10家药物临床试验机构中仅深圳第二人

民医院和北京大学深圳医院具有I期和BE认定资质，深圳本地企业研制的新产品只能到外地进行临床试验。二是与国际大型制药公司相比，深圳企业对医药产品的研发投入相对不足。生物医药生产企业总体研发投入占销售额的3%左右。

（三）科技服务链条不完善，不利于营造良好的粤港澳大湾区生物医药生态环境

新药和器械开发是一个环环相扣的生态系统，每个环节都需要高效的科技服务支持。南山区已汇聚深圳医疗器械审评认证中心与深圳市药品检验研究院等检测、审评机构及医疗器械行业协会，深圳生命科学与生物技术协会等生物医药产业核心行业组织。但深圳市生物医药产业仍缺乏高端临床前/临床服务团队、国际化外包服务机构等，不利于粤港澳大湾区生物医药产业协同创新及成果转化速度的提升。此外，全市临床转化资源长期处于不足甚至缺失的状态，行业组织的产业资源协调能力也未充分体现，与国际先进地区相比仍有较大差距。

（四）协同发展格局尚未形成，不利于进一步提升深圳市生物医药产业核心竞争力

为进一步提升深圳生物医药产业核心竞争力，2020年1月，市政府办公厅印发《深圳市促进生物医药产业集聚发展的指导意见》《深圳市生物医药产业集聚发展实施方案（2020—2025年）》等文件，对深圳市生物医药产业展开新一轮前瞻部署。如在研发创新方面，南山区集聚了全市80%的高等科研院校和研发机构，拥有内尔神经可塑性实验室、马歇尔生物医学工程实验室等7个诺贝尔科学家实验室。布鲁斯博伊特勒遗传研究诺贝尔奖实验室、中以科技创新中心、中国基因测序技术与产业联盟等科研院所及产业服务平台先后落户坪山区。其他区在研发创新方面也有序进行，但在科技创新研发方面的共享共荣机制还有待加强，产业园区多点分布但产业集聚不足，区域协同发展格局尚未形成。

（五）针对性配套服务支撑不足，不利于建成国内领先、国际一流的生物医药产业集聚发展高地

一是环保服务约束。环保是制约生物医药产业提升发展的关键因素之一，目前受环保政策约束，全市面临环保资源服务不足的窘境，部分生物医药企业的废液、废泥、废弃物滞留积压，只能靠自建仓储室或废液桶储存，不仅严重制约企业发展，而且造成巨大的安全隐患，影响生物医药产业集聚发展。二是国家审评资源不够，影响产业发展效率。生物医药是典型的强监管行业，尤其是国家审评中心审查及注册检验部门直接关系我国新药和医疗器械的研发、审评审批的速度和未来发展方向。深圳市较多企业在北京、上海设立分支机构，繁杂的流程、大量的申请材料耗费大量人力、物力及时间成本，不利于促进企业创新成果转化落地。三是深圳市本土高校匮乏，缺乏针对生物医药领域人才的配套政策，掌握关键核心技术的生物医药人才和高水平团队较少，且与港澳人才资源融合的开放格局尚未形成，难以形成支撑生物医药产业高速发展的高端人才集聚环境。

三　促进深圳生物医药产业发展的相关建议

（一）以综合授权改革试点为契机，建设具有国际影响力的产业创新试验区

《中央对深圳四十条首批授权事项》指出，支持深圳用好用足经济特区立法权、放宽国际新药准入、探索完善医疗服务跨境衔接机制等。本报告提出三方面的建议。一是在生物产品、生物技术的审批、评审方面，向国家争取更多的便利性。采取多种方式鼓励新技术和新产品率先在深圳应用。研究建立创新要素跨境自由流动的机制，包括推动医疗服务开放的制度突破，开展前沿科技领域跨境合作发展的先行探索，放宽国际临床急需的新药准入，创新药品注册和医疗器械审评审批制度等。二是争取建立一批国际化的

安评中心、药评中心、药理中心、临床试验中心和动物实验中心。建立广东省区域伦理委员会，探索一站审批各级通用的伦理审批制度。向国家申请在深设立中国 CDE（药品评审中心）、中国人类遗传资源管理办公室等分支机构，推动生物医药领域重要的行业协会和有影响力的会议落户。三是加快深圳与香港、澳门各种创新资源要素自由流动。联合港澳设立生物医药联合创新专项资金，探索设立新药研发风险保障资金。打造境外医师坐诊的医疗服务中心，争取联合港大和港中大医学院打造粤港澳大湾区医学总部中心。主动承接港澳研发资源，打造面向全球的药品或医疗器械的研发与生产服务中心和国际一流医护人才远程培训中心。研究建设“BT + IT”融合人才技能培训学校，建设全球人才专家库。

（二）以区域深度合作为抓手，构建产业协同创新、错位发展新格局

药品和医疗器械的上市许可持有人制度（MAH）允许研发端和制造端独立，有利于企业实现跨区域产业协同创新。支持园区或园区内企业建设药物筛选、成药性评价、GLP 实验室、实验动物、检验检测、GMP 共性工厂、新药报批等公共服务平台。支持南山区与坪山区、光明区等生物医药生产空间相对充足的区域深度合作，错位发展，共同提升深圳生物医药产业发展能级。南山区定位于“总部 + 研发 + 服务平台”，打造一批特色鲜明、配套完备的生物医药孵化器，面向生物医药高端研发创新形成快速响应和转化机制，坪山区等区定位于成果转化。通过区域联动共同打造“研发—转化—服务”的区域协同发展模式，加速推动福田区、龙岗区、光明区、大鹏新区等协同发展，助力深圳市打造粤港澳大湾区生物医药产业核心引擎。

（三）以关键共性平台为核心，打造覆盖产业全链条的专业服务平台

在“总部 + 研发 + 服务平台”发展定位下，全球高端生物医药研发创新集群将加速在南山涌现，对新产品临床试验、审评、注册等提出更密集、高效、全面的要求。一是发挥中国特色社会主义先行示范区优势，推动国际

医疗临床试验服务区落户前海，引入国际先进临床和医学伦理管理方式。围绕服务区加快研究型医院和临床转化中心配置建设，通过医疗集聚提升生物医药创新的国际水平，吸引跨境人才团队参与医疗服务和研发创新。二是立足全市、辐射湾区，加快完善粤港澳大湾区药政资源配套服务体系。推动部分申报环节与 FDA（美国食品药品监督管理局）、EMA（欧洲药品管理局）/CE 合理共享、互认，争取实现生物医药产品申报“双报制”甚至“三报制”，提高创新成果国际国内转化效率。以国家药监局药品和医疗器械技术审评检查大湾区分中心落地为契机，吸引一批专业化服务机构落地，以优质的区域服务生态反哺 MAH 制度模式的创新。三是加快布局对接临床前/临床服务团队和高端专业化的外包服务平台等，补齐创新研发科技服务链条，形成审评资源与创新资源优势合力，推动粤港澳大湾区生物医药产业实现从量的积累向质的飞跃，从点的突破向系统能力的提升。

（四）以配套服务体系为支撑，营造良好的产业发展营商环境

多点发力积极构建强有力的配套服务支撑体系。一是加强上下联动，在不降低环保标准的情况下，积极探索和创新适合生物医药产业发展的环保监管方式。短期内，主动联动多方环保处理资源，与惠州、东莞等地环保企业建立对接联系，打通“跨市清运”环保处理渠道。从中长期看，协助环保企业申请增产或技改扩产，提升深圳市“三废”处理产能。二是加大城市更新统筹规划力度，统筹规划建设医药产业集聚区，用好南山智园、智城、国际创新谷等重点片区所提供的大约 50 万平方米的生物医药产业空间，以及高新北区改造将释放的大量产业用房，并优先配置一批产业急需的高端制造生产基地，发挥坪山土地、空间、自然资源优势。三是研究出台紧贴生物医药产业需求的针对性人才引进政策，加大人才住房分配对生物医药高端紧缺人才的倾斜力度，特别是加强对港澳生物科技人才的引进，加快形成粤港澳大湾区生物医药人才集聚高地。四是拓展生物医药企业的融资渠道。加快形成“生物医药企业征信制度 + 风险分担机制 + 担保机构监管制度”信用体系，鼓励开展金融工具创新，激发传统金融机构提供优质服务的动力。

B.12
深圳集成电路产业发展调研报告

常军锋　邓　川*

摘　要：本报告简要阐述了深圳市集成电路产业发展现状，总结分析了当前深圳集成电路产业发展所面临的高校资源紧缺、人才匮乏，房价、生活成本、员工薪酬等生产要素成本尤其是房价高，晶圆制造和封测业等制造环节偏低端，高端制造业缺失，深圳下游应用行业虽然发达但对集成电路产业带动力不强等突出问题，并结合当前国内外形势及深圳集成电路产业特点提出了重视产业发展，做好顶层设计布局，完善高端制造环节产业链，同时在产业发展所需的人才、资金、技术等方面完善相关产业政策，加快新一轮重大科技创新平台布局和优化创新资源配置等建议。

关键词：集成电路　电子信息产业　深圳

一　深圳集成电路产业规模

集成电路是指通过一系列特定加工工艺，将晶体管、二极管等有源元件和电阻器、电容器等无源元件，按照一定的电路互连，“集成”在半导体（如硅或砷化镓等化合物）晶片上，封装在一个外壳内，执行特定功能的电

* 常军锋，深圳市半导体行业协会秘书长；邓川，深圳集成电路设计产业化基地管理中心工程师。

路或系统。[①] 集成电路产业是国民经济和社会发展的战略性、基础性和先导性产业，是具有知识技术和资本密集、高投入、高产出特点的全球化产业。一条完整的集成电路产业链除了包括芯片设计、芯片制造和封装测试三个分支产业外，还包括集成电路设备制造、关键材料生产等相关支撑产业。

深圳是我国规模最大、整体水平最高的电子信息产业基地之一，是国内集成电路产品的集散中心、应用中心和设计中心。近年来，深圳一直将集成电路产业作为重点产业来发展，其集成电路设计产业规模和技术水平处于国内领先地位，设计业产值连续9年位居全国各大城市首位。据不完全统计，深圳市共有254家集成电路企业。根据行业类型细分，设计企业有180家，占70.9%；封测企业有36家，占14.2%；半导体设备类企业有31家，占12.2%；制造企业有3家，占1.2%；半导体材料类企业有4家，占1.6%（见图1）。国家高新技术企业和深圳市高新技术企业有130家，占全市集成电路企业总数的51.2%。

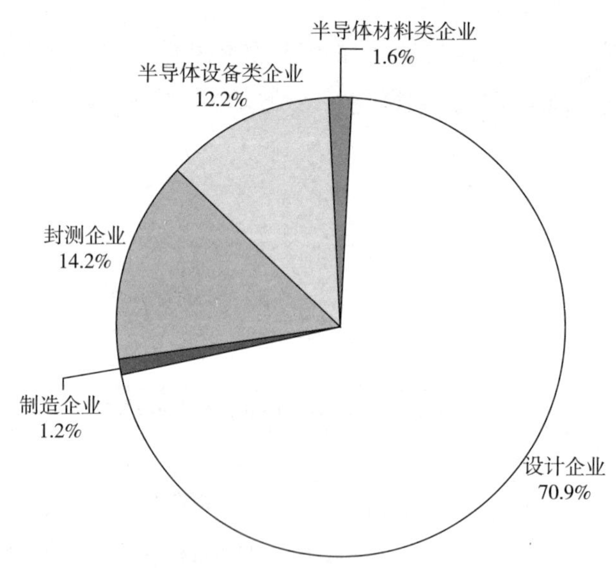

图1　2020年深圳市集成电路企业占比情况

资料来源：深圳IC基地，深圳市半导体行业协会。

① 王阳元主编《集成电路产业全书》，电子工业出版社，2018。

2020 年新冠肺炎疫情突袭而至，加上近年来美国对海思半导体、中兴微电子等深圳重点集成电路企业的限制，深圳集成电路产业发展受到一定程度的影响，但新基建、5G 手机、笔记本等终端产品、测温仪等医疗电子设备为集成电路产品带来了极大的市场需求，深圳集成电路产业规模继续保持增长势态。统计数据显示，2020 年深圳集成电路产业整体销售收入约为 1624.5 亿元，同比增长 11.84%（见图 2）。

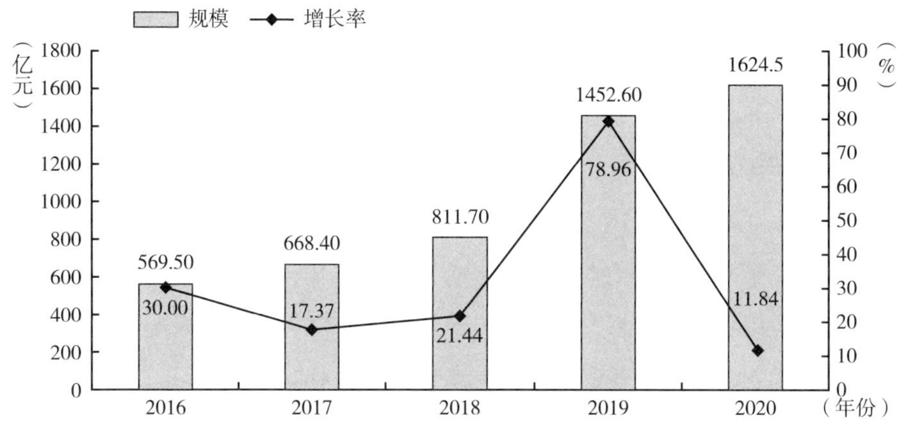

图 2　2016 ~ 2020 年深圳市集成电路产业规模和增长率

资料来源：深圳 IC 基地，深圳市半导体行业协会。

二　深圳集成电路产业结构

从集成电路产业结构的发展情况来看，深圳长期处于产业结构失衡的局面，表现为设计环节强，其他环节薄弱。在 2020 年深圳市集成电路产业整体销售收入的 1624.5 亿元中，设计业连续 9 年位于全国首位，销售收入为 1300 亿元，同比增长 14.94%，占集成电路产业整体销售收入的比重高达 80.02%；制造业销售收入为 16.5 亿元，同比下降 14.46%，占集成电路产业整体销售收入的比重为 1.02%；封测业销售收入为 155 亿元，同比下降 12.26%，占集成电路产业整体销售收入的比重为 9.54%；设备及材料业销售收入为 153 亿元，同比增长 21.85%，占集成电路产业整体销售收入的比重为 9.42%（见表 1）。

表1　2019～2020年深圳集成电路产业销售收入及增长率

单位：亿元，%

产业链	2019年销售收入	2020年销售收入	2020年产业占比	增长率
设计业	1131.06	1300	80.02	14.94
制造业	19.29	16.5	1.02	-14.46
封测业	176.65	155	9.54	-12.26
设备及材料业	125.56	153	9.42	21.85
合计	1452.56	1624.5	100.00	11.84

资料来源：深圳IC基地，深圳市半导体行业协会。

在集成电路设计领域，深圳已形成了以海思、中兴、比亚迪、汇顶等为代表，具有相当规模的IC设计与应用企业聚集基地，构建了5G、物联网、通信、汽车电子、人工智能、显示驱动与触控等IC设计与应用优势产业链。在集成电路制造领域，深圳仅有中芯国际深圳分公司、方正微电子以及深爱半导体三家集成电路制造企业，技术水平处于相对低端的状态。为补齐深圳在制造领域的短板，中芯国际和深圳政府拟以建议出资的方式，投资153亿美元，建设一条月产能为4万片12寸晶圆的生产线，重点生产28nm及以上的集成电路和提供技术服务，预计2022年开始生产。在集成电路封装测试领域，深圳处于相对劣势的地位，但是在存储模块产品封装方面，深圳聚集了江波龙、记忆科技、沛顿科技、佰维存储、时创意等优秀企业。在集成电路设备和材料领域，深圳也处于劣势地位，因为集成电路的生产制造和封测主要集中在华东地区，深圳较为突出的企业有深圳先进微电子科技、大族激光、深南电路、中科飞测等。

三　深圳集成电路产业面临的挑战

（一）集成电路人才匮乏

深圳市一直存在高等院校资源紧缺、人才匮乏问题。虽然众多国内一流

高校都在深圳设立了研究生院或研究院，但集成电路相关学科的培养人数和力度不够，培养的人才数量不能满足产业需求，而同等能力要求的岗位与互联网等行业相比薪酬竞争力不足，加剧了人才的外流。集成电路高端人才严重稀缺，导致很多国内空白的集成电路蓝海领域深圳无法进入，许多优质项目无法开展。贸易摩擦加大了海外高层次人才引进的难度。南方科技大学微电子学院在一定程度上开始缓解人才匮乏的局面，但是与深圳集成电路产业需求相比，缺口依然很大。

（二）产业承接力度不够

首先，深圳作为国内一线城市，需要综合考虑整个城市的产业协调发展，不能像合肥、南京、无锡等城市，把集成电路作为当地发展的重中之重。其次，生物制药、集成电路为科创属性最强的两个领域，由于科创板的推出，上海这个本身在集成电路行业就布局完整和优势明显的城市，又将集成电路放到了更高的地位去支持。这就导致高端产品的创业公司可能首选上海落地，接地气、需要直接支持的创业公司选择在合肥、南京、成都、无锡落地，深圳处于中间的尴尬位置，对于直接落地集成电路产业的企业承接力度不够。最后，这些企业在芯片产品推广的过程中，才来到深圳设立办事处、分公司或者子公司，对深圳整体集成电路产业支撑力不足。

（三）企业落地深圳面临选择困难

众所周知，深圳有全国最好的创业环境和创业氛围，但具体分析，在创业环境最好的南山，一般的企业很难得到支持。福田、罗湖地理区位较好，但又缺乏高科技行业发展的氛围。龙岗、坪山、光明推出了较好的集成电路发展政策，但地理位置又相对偏远。宝安把集成电路当作重点发展方向，但支持力度和合肥、成都、南京等城市相比存在差距。集成电路企业在深圳落地会面临困难，有规模的对物业有需求的企业拿不到合适的土地，初创的企业又得不到在外地能够得到的直接政策支持。

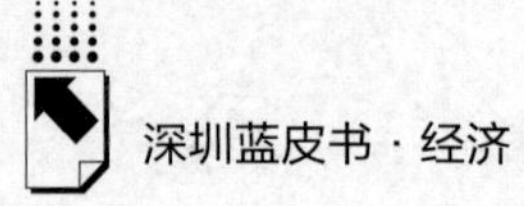

（四）高社会成本易使企业外迁

深圳市房价、生活成本、员工薪酬等生产要素成本都较高，尤以房价最为突出，高房价对平均薪酬为20万～30万元每年的集成电路公司来说，很难留住人才长期发展。虽然目前深圳IC设计业处于国内领先地位，但由于IC设计业属于轻资产型产业，企业外迁较为容易。近年来，包括海思、芯海、江波龙、开阳等多家深圳IC设计公司已在向其他城市布局和迁移。若不能留住集成电路人才，很可能会促使IC设计企业加速向其他城市布局和迁移，最终导致深圳IC产业空心化。

（五）生产制造环节布局偏低端

深圳以集成电路设计业为主，晶圆制造和封测业都偏低端。之前，国内晶圆制造和封装比较有优势的就是上海、苏州、无锡周边，但这些地域的晶圆制造和封装与国际最先进水平也有较大差距，深圳的产业配套劣势十分明显。而且随着近年来产业的快速发展，一方面涌现出南京（台积电生态）、成都（软件生态）这样的后起之秀，另一方面上海（中芯国际）、苏州（江阴长电、晶方科技、苏州纳米所）等地区的制造封装能力不断进步，接近国际先进水平。这时，深圳的劣势就变得更加明显了。

（六）缺乏下游应用行业带动

虽然深圳地区下游应用行业发达，但下游的选择多年来基本上是市场行为，很少受政府影响，因而在关键替代环节缺乏下游应用行业带动。深圳乃至我国国产芯片的设计与最终系统应用长期脱节。一方面，国内芯片厂商主要根据客户的需求进行研发，由于存在行业壁垒，芯片产品不能与其他行业的解决方案有机结合，推广应用方面严重受限；另一方面，国内工业系统级厂商对国产芯片采购意愿不足，更倾向于采购性能更加稳定可靠的进口芯片，国产芯片难以获得在系统端进行验证和迭代升级的机会。以华为为例，在中美贸易摩擦升级的背景下，在华为国产供应链体系中，很少能够找到深圳集成电路企业的身影。

四　深圳集成电路产业发展建议

（一）加强规划布局

把握粤港澳大湾区和中国特色社会主义先行示范区建设机遇，以科技创新和技术进步为动力，按照“主体集中、区域集聚”的发展原则，加强自主芯片研发，强化创新、创业、创投、创客“四创联动”，加快“基础研究、核心技术、成果转化、金融支持”全链条创新，培育骨干企业逐步增强自主发展能力，努力建成现代化、国际化、创新型集成电路集聚区。

（二）设立产业投资基金

设立以市财政资金为主，国有企业、投资机构、整机企业、集成电路企业共同出资的深圳市集成电路产业投资基金，基金募集资金目标规模为500亿元，实施市场化运作、专业化管理。对获得国家大基金支持的企业，给予相应比例的配套投入，促进大基金对深圳集成电路产业投资项目的落地；解决企业融资需求，帮助企业提升研发能力，支持企业并购重组，做大做强；针对引进的集成电路产业相关重大项目，按照补助和投资相结合的模式，解决项目的启动资金问题。

（三）注重人才储备

积极探索“政产学研用”合作办学模式，支持深圳高校全面提升微电子与集成电路专业人才培养能力，为解决我国芯片“卡脖子”问题和区域产业发展做出积极贡献。同时，促进本地其他高校以及科研机构扩大集成电路设计相关专业的招生规模，加大人才培养力度，为深圳市的集成电路产业发展储备人才。在“引人、留人”方面，制定各类集成电路人才认定和资助标准，全面覆盖高、中、低三个人才层次，确保集成电路人才队伍向阶梯式可持续发展。

（四）完善产业链条

完善的集成电路产业链有助于吸引产业聚集，深圳半导体产业强在设计，弱在制造、封装，然而并非没有制造、封装基础。一方面可以针对产业薄弱环节积极引进新生力量，另一方面也可以激活现有的产业资源，尤其是制造、封装资源。帮助深圳既有企业解决发展中遇到的政策性问题，同时积极帮助企业技术升级、客户升级，做大做强，使半导体产业链均衡发展。

（五）支持公共服务平台载体建设

加快新一轮重大科技创新平台布局和优化创新资源配置，打通技术与市场之间的沟通桥梁，搭建适合集成电路企业创业、创新和发展壮大的生态圈，推动集成电路产业集聚。支持高校和科研机构搭建涵盖 EDA 工具、SoC 芯片设计服务、MPW、测试验证等服务功能的公共服务平台。支持行业协会为产业链各环节创造更多价值，为各企业提供更全面和完善的服务。

双区建设篇

Construction of “Two Areas”

B.13
“两个大局”下深圳建设先行示范区的思考和建议

欧阳仁堂*

摘　要：本报告采取聚焦重点、突出要点，宏观与微观相结合，国际与国内相结合，个人观察与权威分析相结合的研究方法，认为未来全球将面临科技革命和产业变革、经贸格局、力量对比等的深刻变化，我国将进入新发展阶段、构建新发展格局，深圳既要面临“双区驱动”和综合改革试点等重大机遇，也要面对供应链安全威胁、资源约束趋紧、区域竞争加剧等挑战，建议从增强创新能力、提升供给质量、优化资源配置、拓展两个市场、强化物流保障等方面，大力补短板、强弱项、堵漏洞，着力打造全球创新的高地、智能制造的中心、现代物流的枢纽、双循环的支

* 欧阳仁堂，深圳市政府发展研究中心经济处处长，经济师，主要研究方向为区域经济、产业经济。

点、优质资源的集聚地。

关键词： 双区建设 先行示范区 深圳

一 “两个大局”的理解

习近平总书记在多次重要场合强调：“领导干部要胸怀两个大局，一个是中华民族伟大复兴的战略全局，一个是世界百年未有之大变局，这是我们谋划工作的基本出发点。”党的十九届五中全会也明确指出，“全党要统筹中华民族伟大复兴战略全局和世界百年未有之大变局”。“两个大局”体现了机遇意识和风险意识的辩证统一、战略思维和底线思维的辩证统一、立足国内和放眼世界的辩证统一。中华民族伟大复兴战略全局是世界百年未有之大变局的重要组成部分，世界百年未有之大变局为实现中华民族伟大复兴既提供了条件和机遇，也带来了风险和挑战。

（一）世界百年未有之大变局：主要体现在三个“深刻变化”

1. 新一轮科技革命和产业变革面临深刻变化

从技术革命“拐点”来看，以新一代信息技术、新能源技术、新材料技术、新生物技术为主要突破口的新技术革命，将从蓄势待发进入群体迸发的关键时期。移动互联网、物联网、大数据、量子计算机、区块链、5G等正在重塑信息科技及产业的发展格局。能源科技向绿色低碳、智能、高效、多元方向发展。材料技术发展趋向结构功能一体化、材料器件智能化、制备过程绿色化。生命科学研究向定量、精确、可视化、交叉汇聚方向发展，脑科学、结构生物学、系统生物学、合成生物学等兴起和发展。从产业革命“拐点”来看，传统的农业、工业、服务业等产业的生产过程逐渐趋同，边界越来越模糊，甚至融为一体。生产过程将更关注个性化定制，消费者将在更大程度上参与设计和制造过程，甚至成为生产过程中的一个重要环节。生

产方式将从大规模生产向个性化生产转变，制造商、供应链的地理格局可能发生根本改变。通过价值链和价值网络实现横向集成，建立横跨价值链的端对端工程、垂直集成和网络化的制造系统。

2. 世界经济和金融贸易格局面临深刻变化

新冠肺炎疫情影响了全球政治与经济秩序，产业链、供应链的区域化、本土化趋势将进一步加强，全球经济陷入新一轮衰退，世界经济系统性风险上升，贸易保护主义、单边主义可能进一步抬头，地缘政治冲突进一步加剧。随着《区域全面经济伙伴关系协定》（RCEP）的签订，再加上已经生效的《全面与进步跨太平洋伙伴关系协定》（CPTTP）、《美国—墨西哥—加拿大协定》，未来全球贸易格局将更趋向集团化、区域化发展，世界贸易组织（WTO）将有被边缘化的危险。虽然美元的全球金融霸主地位在短期内很难被撼动，但随着各国央行开展数字货币竞争，未来国与国之间的金融竞争正逐步进入数字金融竞争，数字货币可能会成为这场新竞争的关键与主角，这意味着谁掌握了全球性的数字货币，谁就能在很大程度上拥有全球支付与货币体系的影响力，谁就掌握了国际金融的话语权。

3. 国际政治格局和力量对比将会出现深刻变化

疫情防控常态化时期一超多强的多元全球治理体系不会发生根本性变化，但全球政治格局会更趋多极分化。随着美国国内新保守主义的抬头，美国在全球的领导地位可能有所下降。随着英国退出欧盟，疑欧派与保守右翼势力的扩大，疫情发生后的欧盟团结进一步受到考验，但欧洲作为全球重要一极的地位不会被动摇。俄罗斯与其他西方大国相比，虽然经济实力相对较弱，但综合国力和全球影响力仍然居全球前列。作为疫情发生后表现突出的国家，中国正处在“两个一百年”的历史交会期，站在开启全面建设社会主义现代化国家新征程的新起点，在国际舞台上的作用将会越来越重要。印度、巴西等其他新兴国家虽受疫情影响较大，经济在短期内有所下滑，快速发展的势头被暂时打断，但随着疫情发生后经济的恢复和发展，未来在世界治理格局中的作用仍然不可小觑。

（二）中华民族伟大复兴的战略全局：新发展阶段的三个“新”

1. 新的发展起点

“十三五”末，我国全面建成小康社会，经济实力、科技实力、综合国力跃上新的大台阶。经济方面，2020年我国GDP超过100万亿元，初步核算达到101.59万亿元，人均GDP突破1万美元，全年货物进出口总额达到32.15万亿元，居民人均可支配收入超过3.2万元。科技方面，研发投入强度增长到2.23%，PCT国际专利申请量达到近6万件，在量子信息、干细胞、铁基超导等方面取得重大原创成果，“嫦娥探月”工程进展顺利，北斗导航全球组网，“天眼”望天，“蛟龙”探海，C919首飞，核电与高铁技术与装备“走出去”等，我国已迈入创新型国家行列。进入“十四五”，我国发展站在了新的历史起点，建立了较为完善的社会主义市场经济体系，构建了门类最为齐全的工业制造体系，拥有世界上最丰富的人力资源，建成了全球规模最大的社会保障体系，创造了人类减贫史上的伟大奇迹。雄厚的经济基础、强大的科技实力、完善的产业体系，为新发展阶段高质量发展奠定了坚实基础。

2. 新的发展使命

进入新发展阶段，我国的历史任务已从实现第一个百年奋斗目标——全面建成小康社会，迈向第二个百年奋斗目标——建成富强民主文明和谐美丽的社会主义现代化强国。这意味着，发展的要求更高、发展的任务更艰巨，要推动经济、政治、文化、社会、生态现代化，全面提升物质文明、政治文明、精神文明、社会文明、生态文明；要推动国家治理体系和治理能力现代化，不断完善和发展中国特色社会主义国家制度和法律制度；要用新发展理念引领经济社会发展，实现更高质量、更有效率、更加公平、更可持续、更为安全的发展，综合国力和国际影响力全球领先，中华民族将以更加昂扬的姿态屹立于世界民族之林。党的十九届五中全会把握全面建设社会主义现代化国家的目标要求，从九个方面明确了到2035年基本实现社会主义现代化的远景目标，并且提出了“十四五”时期经

济社会发展“六个新”的主要目标和重点任务，体现了我们党和国家战略谋划的系统性与前瞻性。

3. 新的发展模式

进入新发展阶段，我国经济社会发展重心将从注重经济规模的“高增速”转到注重质量效率的“高质量”，发展模式将加快从粗放型外延式发展转向集约型内涵式发展。“高质量”发展成为新的发展主题，这意味着未来的发展能够满足人民日益增长的美好生活需要，使创新成为第一动力、协调成为内生特点、绿色成为普遍形态、开放成为必由之路、共享成为根本目的，是充分体现新发展理念的发展。从供给侧看，高质量发展要求产业基础高级化和产业链现代化，生产组织方式更加网络化、智能化、数字化，提升供给体系对国内需求的适配性。从需求侧看，高质量发展要求不断满足更加个性化、多样化的需求，以高质量供给满足日益升级的国内市场需求。从投入产出看，高质量发展要求不断提高全要素生产率，不断提升科技进步贡献率。从经济循环看，高质量发展要求实现生产、分配、流通、消费循环畅通，经济重大比例关系和空间布局科学合理，经济发展相对平稳。

二 “两个大局”下深圳面临的重大机遇和挑战

（一）重大机遇

1. 双区叠加效应逐步显现

“十四五”及未来更长一段时期，一方面，随着粤港澳大湾区建设深入推进，粤港澳大湾区“9+2”城市间的协同发展水平将显著提高，区域在全球的整体竞争力将明显提升，预计到2025年粤港澳大湾区地区生产总值将达到15万亿元，将给作为粤港澳大湾区核心城市的深圳参与全球竞争、服务，形成更高水平开放格局提供更为广阔的舞台。另一方面，深圳先行示范区将进入加快建设期，各项政策红利和重大平台项目将加快落地，特别是一批重大科技设施平台、高水平大学、重点产业项目的建设，将为深圳的综合竞争力和城市创新能级提升提供强大的支撑。另外，随着深圳都市圈规划编制的推进，深莞惠河汕一体化发展趋势加快，交通、产业、创新、市场等互联互通水平进一步提高，将为深圳的高质量发展提供更大的空间。

2. 综合改革试点展现活力

党中央赋予深圳实施综合改革试点的新使命、新任务，是新时代推动深圳改革开放再出发的重大举措，是深圳建设先行示范区的关键一招，也是全国创新改革方式方法的全新探索。这意味着深圳在重点领域和关键环节改革上，被赋予更多改革自主权，首批 40 条授权事项清单已发布实施。随着要素市场化配置、营商环境、科技创新体制、对外开放等领域的改革试点项目深入推进，深圳发展的动力、创新的活力、城市的吸引力将大大增强。未来将有更多的授权事项清单逐步推出，在新经济准入监管、成果快速转化、知识产权保护、营商环境优化、法治城市建设等领域的重大改革探索突破，将大幅提升深圳在服务国家新一轮改革开放中的能力。

3. 新发展格局孕育巨大机遇

站在“两个一百年”的历史交汇点，党中央提出加快构建以国内大循环为主体、国内国际双循环相互促进的新发展格局，既是对我国进入新发展阶段的深刻认识，也是对客观发展规律的充分把握，对推动经济高质量发展会产生重要而深远的影响。在构建新发展格局的大逻辑中，以高水平外循环促进高质量内循环，以高质量内循环带动高水平外循环，即通过高水平对外开放促进国内消费升级和产业升级、提升内循环质量，以高质量供给体系促进高水平对外贸易、提升外循环水平。深圳处于“双循环”的枢纽位置，在实现国内国际“两个市场”协同发力、“两种资源”综合运用、“两类规则”协调联动方面具有独特优势。

（二）重大挑战

1. 产业链区域化、集团化态势影响经济安全可控

受国际政治经济环境不确定性增大及新冠肺炎疫情的影响，跨国公司为

了提高产业链安全性、稳定性和灵活性，将大幅压缩供应商数量，提高区域化生产比例，近岸采购的比例也将大幅提高。未来东亚、欧洲、北美三大区域供应链体系中的“散户”特征将弱化，国家团体内的集团化趋势将越发明显。受疫情的冲击，欧美等国家将可能重新审视全球产业布局的危害性，有可能以医药和汽车为先导，加快推动产业回流，在相近的区域内部整合产业链供应链，改变全球产业链格局。这些都将给深圳的产业安全乃至经济安全带来较大挑战。

2. 应用导向的基础研究滞后影响产业创新能级

深圳产业的成功主要依赖企业主体、市场导向的技术创新，但由于缺乏大企业，在原创技术、原始创新、前沿技术方面比较薄弱，技术储备和研发后劲存在短板。应用导向的基础研究如不进一步突破，深圳产业很难形成新的引领优势，发展潜力将会进一步受限。比如在生物医药方面，缺乏像辉瑞、罗氏、药明康德、科兴等国内外医药巨头，虽然深圳拥有 1000 多家生物医药企业，但除了华大基因、迈瑞医疗等少数企业具有较强的创新能力之外，大多数生物医药企业无论是规模还是研发能力都不强，难以支撑与信息技术（IT）齐头并进的生物技术（BT）产业发展。

3. 优质资源的竞争白热化影响城市可持续发展

进入新发展阶段，我们将进入“万马奔腾”的大竞争时代。未来城市间的竞争，越来越体现在对企业、人才、资金、技术、信息、数据等资源要素的吸引力，谁能集聚更多优质资源要素，谁能成为资源要素的配置中心，谁就能掌握更多话语权，谁就能在城市较量中胜出。由于优质资源的稀缺性，全国各大城市在优化营商环境、提高奖励补贴、提供便利服务等方面将会不断推出更具吸引力的政策，围绕高端人才、创新资源、优质企业、重大平台等的竞争将更加激烈。

三　深圳建设先行示范区的几点建议

进入“十四五”，深圳建设先行示范区将进入加速推进阶段，面对深刻复杂的发展环境和艰巨繁重的改革创新任务，要牢记新时代党中央赋予深圳的历史使命，认真落实习近平总书记对深圳提出的“6+2”要求，以战略的眼光、创新的手段、过硬的举措在更高起点上推进改革开放创新，全力建设深圳先行示范区，努力打造全球标杆城市。除了推进一般性、常规性工作外，建议实施五大行动，打造全球科技创新的高地、智能制造的中心、现代物流的枢纽、双循环的支点、优质资源的集聚地。

（一）实施“创新能力大跨越行动”，打造全球重要的科技产业创新中心

一是打造一批服务国家战略的科技力量。突出开放式、国际化、创新型，面向产业需求，争取国家支持布局若干国家实验室和国家重点实验室，将鹏城实验室、深圳湾实验室、光明实验室等打造成汇聚全球顶尖人才、开展前沿领域研究的重大战略科技平台。突出系统性、先进性、协同性，争取国家支持构建世界领先的“IT+BT+N”的大科学装置集群，在微观科技和基因工程领域逐步构建全球领先优势。二是增强信息技术的引领能力。瞄准人工智能、6G、量子信息、生命健康、金融科技等前沿领域，依托龙头企业和科研院所，牵头或参与国际大科学计划与工程，积极参与国家重大科技项目，组织实施一批战略性技术攻关，力争取得一批重大的技术突破。三是提升生物技术的创新能力。打造深圳脑科学与类脑研究中心，争取中国科学院在深圳增设脑科学或生命科学卓越创新中心，谋划建设基因工程、精准医学、转化医学等应用型医学研究机构，支持企业建立技术中心、工程研究中心、院士工作站等创新载体，鼓励企业建设从新药研发、药物分析测试到临床前药效和安全性评价、中试转化的各类公共技术服务平台，支持医药企业联合国内外科研机构、高校、企业等开展新药研发。

（二）实施“供给体系大提质行动”，打造全球重要的制造业中心

一是提高供给体系质量。支持企业导入卓越绩效、六西格玛、精益生产

等先进质量管理方法，全面推行首席质量官制度，打造一批质量标杆企业。组织实施消费品、战略性新兴产业质量提升工程，综合运用标准化研究、知识产权孵化、工业计量与智能化改造、新兴检测认证、第三方评价、区域互认等手段，指导企业创新业务流程和价值创造模式。二是打造国际标准高地。借鉴香港“Q 唛”认证、“德国制造”认证等先进标准认证制度，建立健全“深圳标准”自愿性认证体系和“深圳标准”标识制度。搭建具有全国公信力的“深圳标准”认证信息平台，公开认证信息，向全社会发布深圳优质优价产品信息。鼓励产学研联合开展新技术新产品标准研制，引导行业龙头企业组织标准联盟，牵头或参与国际、国家、行业等标准制定。三是建立“深圳制造”品牌培育机制。筛选行业“单打冠军”“隐形冠军”及高成长企业，建立“深圳制造”品牌重点培育库，实施动态管理，在政府采购、资金融通、品牌拓展等方面给予政策支持。四是实施“设计赋能”计划。支持企业以工业设计推动黄金珠宝、服装、钟表、眼镜等优势传统产业向时尚产业转型；支持发展众创设计、众包设计、用户参与设计、云设计、网络协同设计等新型模式，鼓励工业设计企业实现线上转型。

（三）实施“要素市场化配置大优化行动”，打造全球重要的资源集聚配置中心

一是探索土地高效利用机制。深化产业用地市场化配置改革，健全长期租赁、先租后让、弹性年期供应、作价出资（入股）等工业用地市场供应体系，建立不同产业用地类型合理转换和兼容机制。在符合国土空间规划和用途管制要求的前提下，调整完善产业用地政策，创新使用方式，推动不同产业用地类型合理转换，探索增加混合产业用地供给。充分运用市场机制盘活和利用存量工业用地和低效用地。二是构建灵活弹性的用工制度。开展特殊工时管理改革试点，加快修订《深圳经济特区和谐劳动关系促进条例》等地方法规，扩大特殊工时制度适用行业和工种岗位范围，探索适应新技术、新业态、新模式发展需要的特殊工时管理制度。三是推进资本要素市场化配置。支持深圳证券交易所创新发展，优化新股发行制度，完善创业板发

行上市、再融资和并购重组制度。稳妥开展自由贸易账户分账核算业务，推进人民币国际化、金融业对外开放先行先试，推动构建与国际接轨的金融规则体系。加快开展数字人民币、供应链金融创新试点和应用。四是大力发展技术要素市场。开展科技成果权属改革试点，建立市场化社会化的科研成果评价制度，赋予科研人员职务科技成果所有权或者长期使用权，完善科技成果尽职免责制度。修订技术合同认定规则及科技成果登记管理办法。制定技术转移体系激励政策，培育发展技术转移机构和技术经理人，支持高校、科研机构和科技企业设立技术转移部门。

（四）实施“国内国际市场大拓展行动”，打造全球重要的消费中心

一是支持深圳企业参与全球新基建项目。抓住全国掀起新基建浪潮和全球以5G、AI为引领的新一轮的机遇，出台专门政策支持企业参与5G通信网络、新能源设施、智慧城市、大数据中心、工业互联网等异地新基建项目。二是支持深圳产品开拓国内外市场。可发挥深圳产品和服务的质量、品牌优势，鼓励行业协会、商会等组织企业在全国重点城市开展集中品牌营销、商品展销等活动。对企业参加国内外各类专业展会、项目竞投标、发布宣传广告、质量管理体系认证和注册商标、举办各类促销和产品补贴等活动，给予专项支持。三是提升华强北等专业市场对外的辐射力。充分发挥电子、机器人、无人机、智能手机、女装、黄金珠宝等产业优势，加快推进华强北电子、东门服装、水贝珠宝等专业商品市场的转型升级，打造一批5G、智能终端、VR、高端女装、黄金珠宝等产品展示体验中心，吸引全国客商来深圳采购消费。

（五）实施“现代物流体系大升级行动”，打造全球重要的物流枢纽中心

一是构建深圳都市圈物流配送网。利用商业模式在凤岗、塘厦等临深片区，布局一批物流仓储、配送基地。建设连接主要产业基地与港口、机场的

专用货运物流通道。二是支持深圳物流企业全球布局。支持顺丰等物流企业在国内外重要地区和城市布局，构建覆盖全球重点城市的配送体系，培育若干大型跨国物流企业集团，鼓励跨境电商推进海外仓建设。三是大力发展国际航空货运。提高国内航空线路密度，构建覆盖全国主要城市的货运航线网，打造国内重要的航空货运枢纽。争取在2025年开通100条国际客货运航线，吸引国际知名航空货运企业在深圳设立基地。四是提升物流行业智能化水平。支持物流企业运用物联网、RFID、AI等新一代信息技术进行智能化改造，鼓励发展智慧物流、智能仓储、无人配送。

参考文献

《习近平谈治国理政》（第三卷），外交出版社，2020。

本书编写组编著《党的十九届五中全会〈建议〉学习辅导百问》，党建读物出版社、学习出版社，2020。

《中共中央　国务院关于支持深圳建设中国特色社会主义先行示范区的意见》，中华人民共和国中央人民政府网站，2019年8月18日，http：//www.gov.cn/zhengce/2019－08/18/content_ 5422183.htm。

《中共深圳市委关于制定深圳市国民经济和社会发展第十四个五年规划和二〇三五年远景目标的建议》，深圳政府在线网站，2020年12月22日，http：//www.sz.gov.cn/cn/xxgk/zfxxgj/zwdt/content/post_ 8386242.html。

世界银行：《全球经济展望》，2021。

《后疫情时代的全球经济与世界秩序》，中国社会科学出版社，2020。

B.14

粤港澳大湾区创新监测与评估

——基于A股上市公司年报数据的分析

董晓远　陈雪乔*

摘　要：　本报告以粤港澳大湾区九市A股上市公司为样本，从区域与行业角度深入分析粤港澳大湾区九市研发投入的主要特点，详细描述了2019年粤港澳大湾区九市上市公司研发投入的区域分布、行业分布、企业分布特点及研发强度，按可比口径进行了2015~2019年研发投入的变动趋势分析。在此基础上提出了相关对策建议，包括以深圳为主阵地，共筑世界级粤港澳大湾区科技创新圈层；全力推进企业上市和并购重组，支持上市企业做大做强；加大政府科技经费支出力度，鼓励上市公司加大研发投入；打造一流营商环境，推动上市公司提高经营水平；完善研发人才引进培育机制。

关键词：　粤港澳大湾区　研发投入　产出弹性

上市公司是推动粤港澳大湾区经济高质量发展和产业结构优化升级的重要力量。A股上市公司是社会研发活动的主力，对A股上市公司开展创新投入研究，掌握其研发投入规模、研发强度、研发投入变动趋势等，对加快建设粤港澳大湾区国际科技创新中心具有重要意义。

* 董晓远，深圳市社会科学院经济所研究员；陈雪乔，深圳市深财研究咨询有限公司总经理。

一 粤港澳大湾区九市研发投入现状

根据 Wind 数据库，截至 2020 年 9 月底，粤港澳大湾区九个城市（深圳、东莞、惠州、广州、佛山、肇庆、珠海、江门、中山）A 股上市公司有 593 家[①]，约占全国的 15%，其中公布研发投入经费的上市公司共 549 家，2019 年研发投入经费总额达 1549.0 亿元，约占广东省研究与试验发展（R&D）经费（3098.5 亿元）的 50%，占全国 A 股上市公司研发投入经费总额的 17.4%。

（一）区域分布

从区域分布来看，粤港澳大湾区九市 549 家有研发投入的 A 股上市公司中，深圳有 293 家，占 53.4%；深圳之外八个城市有 256 家，占 46.6%，其中，广州 107 家，佛山 39 家，珠海 26 家，其余五市合计 84 家。2019 年，深圳、广州、佛山、珠海四个城市的上市公司研发投入均超过了百亿元，其中深圳接近千亿元，占粤港澳大湾区九市 A 股上市公司研发投入总额的 59.4%。对粤港澳大湾区九市研发投入贡献排名第二的城市是广州，占研发投入总额的 14.1%（见表 1）。

表 1 2019 年粤港澳大湾区九市 A 股上市公司数量及其研发投入

单位：家，亿元

城市	深圳	广州	佛山	东莞	珠海	中山	江门	惠州	肇庆
数量	293	107	39	32	26	21	12	11	8
研发投入	920.3	218.4	145.4	29.8	103.9	31.1	18.7	75.0	6.4

① 参见 Wind 数据库和《2019 年广东省科技经费投入公报》。

从上市公司研发投入占各市 R&D 经费的比例来看，珠海占比最高，高达 96%[①]；其次是深圳和惠州，占比约为 70%；佛山占比约为 51%，其余城市占比都在 50% 以下，广州和东莞占比较低，分别为 32% 和 10%（见图 1）。

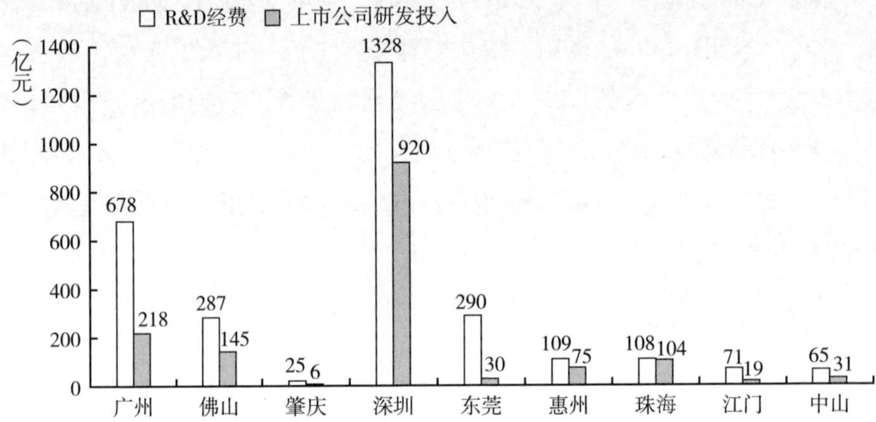

图 1　2019 年粤港澳大湾区九市上市公司研发投入及各市 R&D 经费

资料来源：Wind 数据库；《2019 年广东省科技经费投入公报》，广东统计信息网，2020 年 10 月 29 日，http://stats.gd.gov.cn/tjgb/content/post_3117173.html。

（二）行业分布

上市公司的行业分类方法有许多种。本报告采用中国证监会“一级行业”及“二级行业”（分别对应国民经济统计行业分类中的门类与大类）对上市公司进行分类。根据这一分类，粤港澳大湾区九市上市公司广泛分布于制造业，信息传输、软件和信息技术服务业，建筑业等 16 个一级行业（门类）及其细分的 55 个二级行业（大类）中。

从一级行业看，上市公司主要集中在制造业，达 386 家，占粤港澳大湾

① 应当指出，许多上市公司在全国多个地区都有布局和研发投入，上市公司的研发投入总计是其各地研发投入的总和，这一数额可能会远远超过其公司总部所在地发生的研发投入。举例来说，如按在地统计，深圳某区 2018 年经济普查时 15 家上市公司研发费用合计占全区 800 多家有研发活动的公司“研发费用合计”的 6.9%，而这些上市公司公布的“研发费用合计”却占该区“研发费用合计”的 91.4%。

区九市A股上市公司总数的70%，其中深圳194家，其他八市总计192家（见表2）。从研发投入份额来看，制造业研发投入占据绝对主导地位，占上市公司研发投入总额的85%。

表2　2019年粤港澳大湾区九市各行业上市公司数量分布

单位：家，%

一级行业(门类)	上市公司数			占粤港澳大湾区九市同行业比重		
	深圳	其他八市	合计	深圳	其他八市	合计
制造业	194	192	386	50.3	49.7	100
信息传输、软件和信息技术服务业	35	19	54	64.8	35.2	100
租赁和商务服务业	11	7	18	61.1	38.9	100
建筑业	16	2	18	88.9	11.1	100
批发和零售业	11	3	14	78.6	21.4	100
交通运输、仓储和邮政业	3	10	13	23.1	76.9	100
其他行业(10个)	23	23	46	50	50	100
合计	293	256	549	53.4	46.6	100

资料来源：Wind数据库。

从二级行业看，上市公司主要集中在计算机、通信和其他电子设备制造业，电气机械和器材制造业，汽车制造业，软件和信息技术服务业，医药制造业，专用设备制造业六大行业，这六大行业研发投入占研发投入总额的近80%。其中计算机、通信和其他电子设备制造业上市公司研发投入所占份额最大，占研发投入总额的40.5%。研发高度集中于计算机、通信和其他电子设备制造业，电气机械和器材制造业，汽车制造业，三大行业研发投入占研发投入总额的近2/3（见表3）。

表3　2019年粤港澳大湾区九市重点行业上市公司数量及其研发投入所占比重

单位：家，%

二级行业(大类)	上市公司数	占2019年粤港澳大湾区九市研发投入的比重	行业累计占比
计算机、通信和其他电子设备制造业	138	40.5	40.5
电气机械和器材制造业	54	16.4	56.9
汽车制造业	10	9.5	66.4
软件和信息技术服务业	45	4.7	71.1

续表

二级行业(大类)	上市公司数	占2019年粤港澳大湾区九市研发投入的比重	行业累计占比
医药制造业	22	4.1	75.2
专用设备制造业	42	4.0	79.2
邮政业	1	1.7	80.9
电力、热力生产和供应业	8	1.7	82.6
金属制品业	10	1.5	84.1
橡胶和塑料制品业	14	1.2	85.3
其他行业(45个)	205	14.7	100
合计	549	100	

资料来源：Wind数据库。

从九大城市在六大行业的研发投入经费看（见图2），在计算机、通信和其他电子设备制造业，汽车制造业，软件和信息技术服务业，医药制造业，专用设备制造业五个行业，深圳市占九大城市研发投入经费的比重分别为76.1%、58.7%、67.9%、51.1%、73.0%，占比都超过了50%，仅有电气机械和器材制造业的研发投入占比低于佛山（46.3%）和珠海（24%），而汽车制造业方面，广州研发投入占比紧随深圳之后，占九市研发投入总额的34.4%（见图2）。

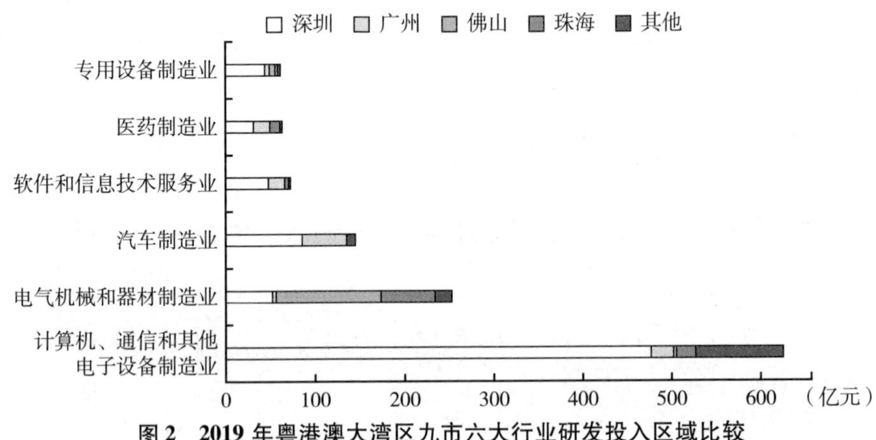

图2 2019年粤港澳大湾区九市六大行业研发投入区域比较

资料来源：Wind数据库。

从深圳、广州、佛山、珠海四个城市研发投入的行业占比看，珠海上市公司研发投入行业集中度最高，六大行业研发投入占比为97.4%，佛山和深圳六大行业研发投入占比分别为87.0%和80.7%，广州相对较低，六大行业研发投入占比为56.3%。其中，深圳计算机、通信和其他电子设备制造业研发投入占主导地位，占深圳研发投入总额的52.0%；佛山和珠海均是电气机械和器材制造业研发投入占主导地位，分别占佛山和珠海研发投入总额的80.8%和58.7%，两市上市公司均在汽车制造业领域没有研发支出。广州上市公司研发投入行业分布相对比较分散，研发投入最大的行业为汽车制造业，占比为23.1%；其次是计算机、通信和其他电子设备制造业，占比为12.2%；再次是医药制造业，占比为8.2%（见图3至图6）。

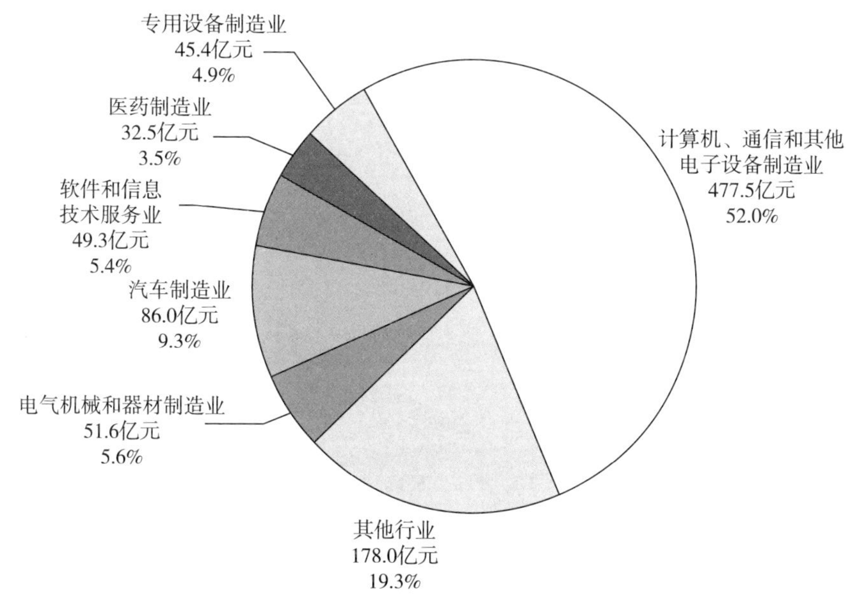

图3　2019年深圳各行业研发投入及占比

资料来源：Wind数据库。

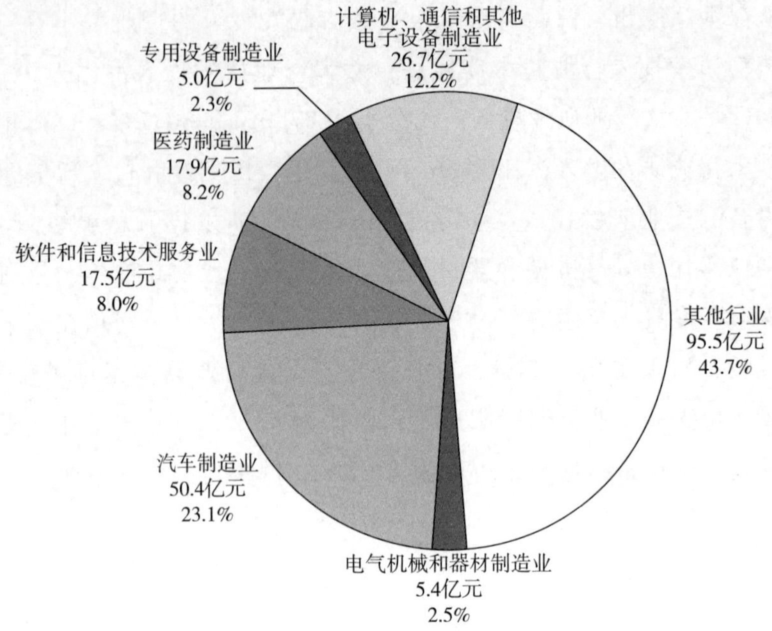

图 4　2019 年广州各行业研发投入及占比

资料来源：Wind 数据库。

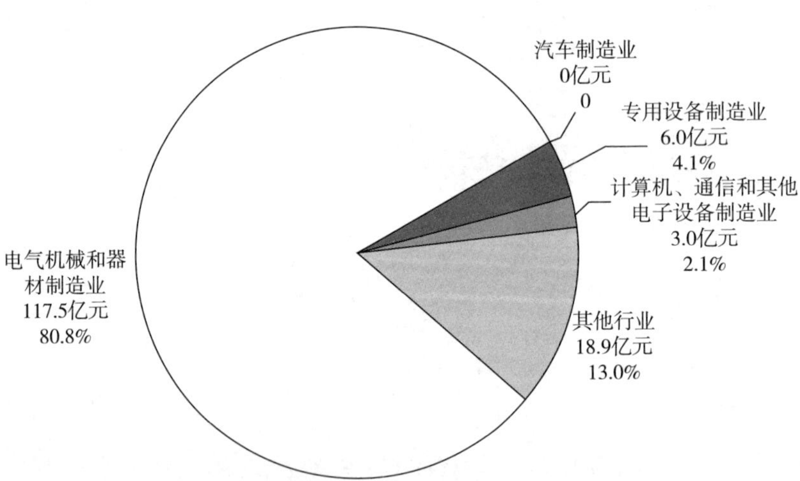

图 5　2019 年佛山各行业研发投入及占比

注：佛山上市公司在医药制造业、软件和信息技术服务业、汽车制造业的研发投入均为 0。

资料来源：Wind 数据库。

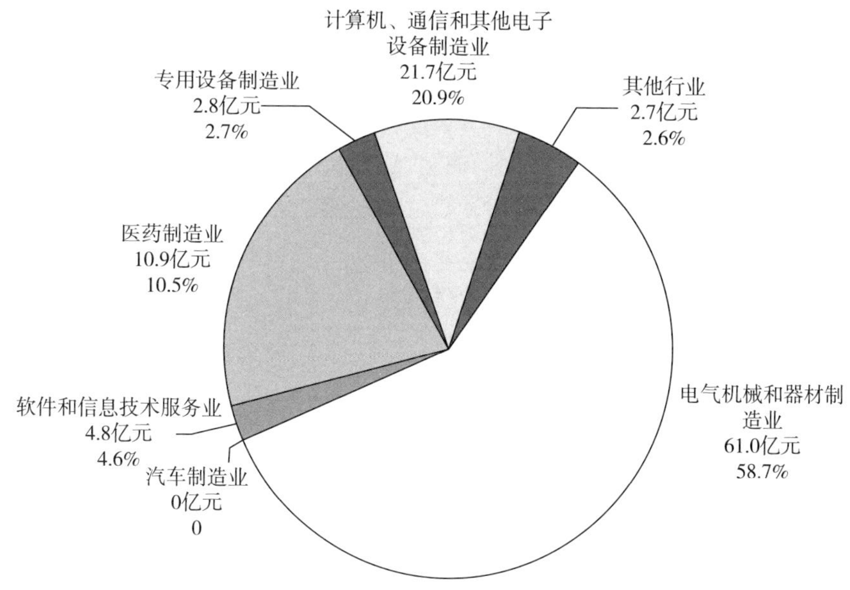

图 6　2019 年珠海各行业研发投入及占比

资料来源：Wind 数据库。

（三）企业分布

从研发投入规模来看，粤港澳大湾区九市 A 股上市公司研发投入超过 100 亿元的有 1 家（中兴通讯），超过 10 亿元的有 27 家，超过 2 亿元的有 124 家，超过 1 亿元的有 226 家。研发投入超过 1 亿元的上市公司中有 125 家来自深圳、45 家来自广州。中兴通讯（深圳）、美的集团（佛山）、工业富联（深圳）研发投入位列粤港澳大湾区九市上市公司研发投入前三名（见表 4）。

表 4　2019 年粤港澳大湾区各行业九市上市公司研发投入前三名及其所在地

单位：亿元

计算机、通信和其他电子设备制造业			电气机械和器材制造业		
中兴通讯	深圳	125.5	美的集团	佛山	96.4
工业富联	深圳	94.3	格力电器	珠海	60.1
TCL 科技	惠州	54.6	欣旺达	深圳	15.2

续表

汽车制造业			软件和信息技术服务业		
比亚迪	深圳	84.2	深信服	深圳	11.4
广汽集团	广州	50.4	金证股份	深圳	6.8
德赛西威	惠州	6.6	高新兴	广州	5.5
医药制造业			专用设备制造业		
健康元	深圳	10.7	迈瑞医疗	深圳	16.5
丽珠集团	珠海	8.3	大族激光	深圳	10.5
信立泰	深圳	7.8	科达制造	佛山	2.7

资料来源：Wind 数据库。

上市公司研发投入10强累计投入占研发投入总额的43.9%；研发投入50强累计投入占研发投入总额的67.4%；研发投入100强累计投入占研发投入总额的近80%（78.4%），这体现了经济学上的“二八效应”。

50强主要分布在计算机、通信和其他电子设备制造业，电气机械和器材制造业，软件和信息技术服务业三大行业，大多数公司来自深圳，其次是广州和佛山。

（四）研发强度

2019年粤港澳大湾区九市549家A股上市公司的平均研发强度（研发投入/营业收入）为3.2%，高于全国A股上市公司研发强度平均水平（2.6%），与江苏省（3.2%）和浙江省（3.1%）差不多。其中，惠州和江门研发强度较高，分别为7.3%和4.5%，其次是中山（3.8%）和珠海（3.6%），深圳为3.3%，广州最低，为2.2%。

参照《2019欧盟产业研发投资计分牌》关于研发强度的分类标准：研发强度达5%以上为“高”；2%～5%（含5%）为“中高”；1%～2%（含2%）为“中低”；1%以下为“低”。粤港澳大湾区九市上市公司中计算机、通信和其他电子设备制造业，仪器仪表制造业，专用设备制造业，汽车制造业，软件和信息技术服务业以及专业技术服务业等行业的研发属于高强度；

医药制造业，资本市场服务，建筑装饰、装修和其他建筑业等行业的研发属于中高强度；互联网和相关服务，纺织服装、服饰业的研发属于中低强度；木材加工和木、竹、藤、棕、草制品业，农副食品加工业，房地产业等传统行业的研发属于低强度（见表5）。其中软件和信息技术服务业、专用设备制造业、汽车制造业三个行业研发强度明显较高，分别为10.4%、7.5%和7.2%。

表5　2019年粤港澳大湾区九市各行业上市公司的平均研发强度

单位：家，%

研发强度	二级行业(大类)	上市公司数	占总数的比重
高 (>5%)	计算机、通信和其他电子设备制造业，软件和信息技术服务业，专业技术服务业，仪器仪表制造业，专用设备制造业，汽车制造业，开采专业及其辅助活动，通用设备制造业，卫生，研究和试验发展	268	48.8
中高 (2%，5%]	医药制造业，资本市场服务，废弃资源综合利用业，电信、广播电视和卫星传输服务，非金属矿物制品业，印刷和记录媒介复制业，酒、饮料和精制茶制造业，造纸和纸制品业，家具制造业，电气机械和器材制造业，化学原料和化学制品制造业，文教、工美、体育和娱乐用品制造业，橡胶和塑料制品业，化学纤维制造业，综合，铁路、船舶、航空航天和其他运输设备制造业，生态保护和环境治理业，食品制造业，建筑装饰、装修和其他建筑业，皮革、毛皮、羽毛及其制品和制鞋业，纺织业，邮政业，金属制品业，装卸搬运和仓储业，土木工程建筑业	195	35.5
中低 (1%，2%]	互联网和相关服务，纺织服装、服饰业，电力、热力生产和供应业，商务服务业，水的生产和供应业，有色金属冶炼及压延加工业，燃气生产和供应业	46	8.4
低 (≤1%)	木材加工和木、竹、藤、棕、草制品业，农副食品加工业，房地产业，水上运输业，广播、电视、电影和录音制作业，道路运输业，航空运输业，零售业，其他金融业，住宿业，批发业，新闻和出版业	40	7.3
总计		549	100

注：表中分类考虑了粤港澳大湾区九市A股所有上市公司的平均研发强度，按行业大类汇总。为简化起见，在本报告中，研发强度高低不同的四个类别分别为高技术类（高技术领域）、中高技术类（中高技术领域）、中低技术类（中低技术领域）和低技术类（低技术领域）。

资料来源：Wind数据库。

二　粤港澳大湾区九市上市公司研发投入的变动趋势

2015~2019年，粤港澳大湾区九市A股上市公司研发投入总额大幅增长，从706.2亿元增长到1549.0亿元，年均增长21.7%（见图7）；营业收入从27490亿元增长到48694.5亿元，年均增长15.4%；平均研发强度从2.6%增长到3.2%，总体上支撑了粤港澳大湾区科技实力不断增强、经济持续高质量发展。

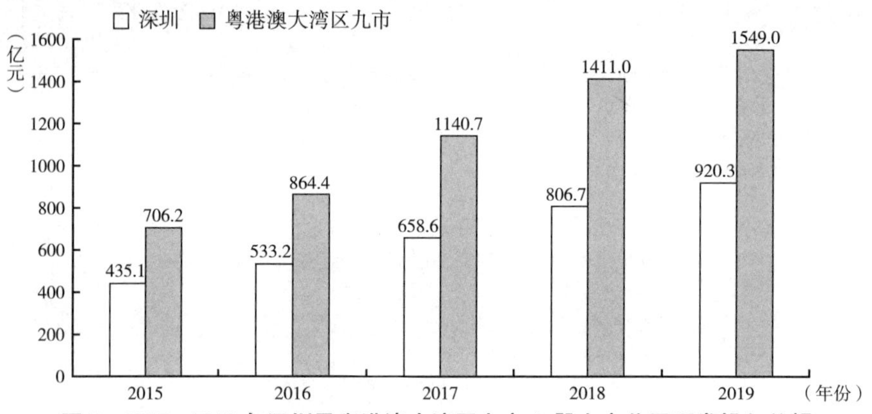

图7　2015~2019年深圳及粤港澳大湾区九市A股上市公司研发投入总额

资料来源：Wind数据库。

在2019年粤港澳大湾区九市有研发投入的549家A股上市公司中，连续五年都有研发投入、营业收入以及研发人员数据的公司有288家[①]，这288家公司研发投入占549家公司研发投入的68.8%，营业收入占比为52.9%，具有较强的代表性。为反映粤港澳大湾区九市上市公司研发投入五年持续变动趋势，按可比口径，笔者选取这288家（深圳150家[②]、广州53

① 粤港澳大湾区每年都会新增A股上市企业，计算研发投入等指标的可比增长时，应剔除新上市企业研发投入等指标的影响。2015年，粤港澳大湾区九市上市公司披露了研发投入数据的共有296家。2016年，未披露研发投入数据的2家被剔除，余294家；2017年，同样又剔除4家，余290家；2018年，余289家；2019年，余288家。

② 为求数据可比，150家为2015~2019年均有研发投入数据的公司数。其他五市数据同理。

家、佛山27家、珠海14家以及其他五市44家）上市公司作为样本，分析粤港澳大湾区九市研发投入的趋势和特点。

（一）粤港澳大湾区九市A股上市公司研发投入总额增长近一倍

2015~2019年，粤港澳大湾区九市A股上市公司研发投入增长了93.7%，五年时间增长了近一倍。按研发强度划分，高技术领域增长156.3%，中高技术领域增长27.4%，中低技术领域增长64.7%，低技术领域增长307.8%，呈现两头增长快、中间增长慢的特点。按地区划分，珠海上市公司研发投入增长最快，增长173.4%，其次是广州，增长106.2%，深圳和佛山分别增长90.6%和82.2%，其他五市平均增长90.0%（见图8）。

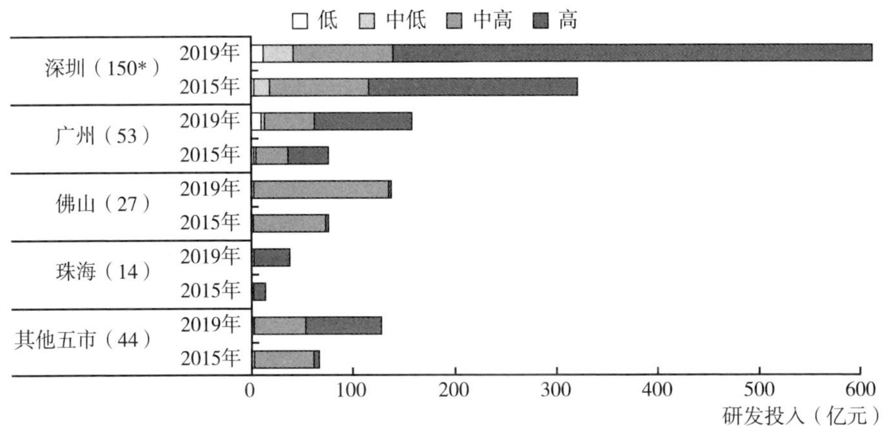

图8 2015年与2019年粤港澳大湾区九市上市公司的研发投入（按主要城市与技术领域分组）

资料来源：Wind数据库。

2015~2019年，深圳上市公司研发投入始终保持两位数的稳定增长态势；广州在2015~2018年基本保持20%左右的研发投入增速，2019年研发投入增长减缓；珠海则表现出大起大落的特征，2018年甚至呈现负增长（见图9）。

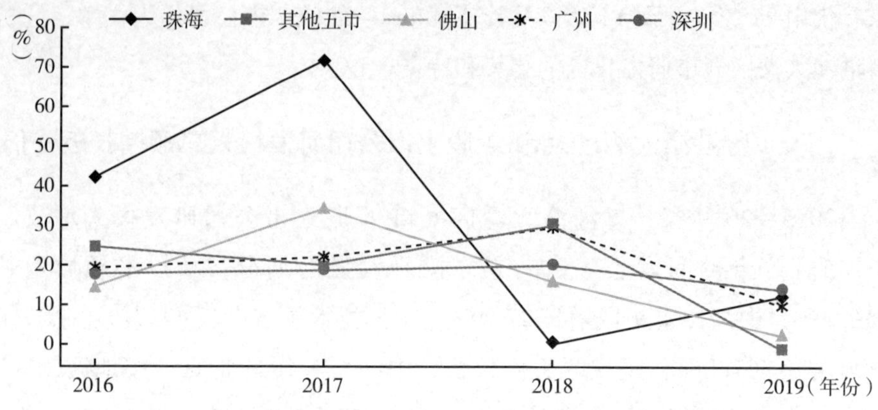

图9　粤港澳大湾区九市上市公司分区域的研发投入增长率

注：计算增长率时以 2015 年为基年。
资料来源：Wind 数据库。

（二）各市上市公司研发投入总额在粤港澳大湾区九市研发投入总额的占比相对稳定，深圳占比始终保持在55%左右

从区域分布来看，各市研发投入占总额比重变化不大，深圳上市公司的研发投入在粤港澳大湾区九市研发投入总额中的占比略有下降（从 57.7% 下降到 56.7%，下降了 1 个百分点）；广州、珠海研发投入份额略有提高（广州从 14.0% 上升到 14.9%，提高了 0.9 个百分点；珠海从 2.5% 提高到 3.6%，提高了 1.1 个百分点）；佛山及其他五市研发投入份额略有下降（佛山从 13.7% 下降到 12.9%，下降了 0.8 个百分点；其他五市从 12.1% 下降到 11.9%，下降了 0.2 个百分点）（见表6）。

表 6　2015～2019 年粤港澳大湾区九市上市公司研发投入份额

单位：%

城市	2015 年	2016 年	2017 年	2018 年	2019 年
深圳	57.7	57.1	55.1	54.5	56.7
广州	14.0	14.0	13.9	14.9	14.9
佛山	13.7	13.2	14.4	13.8	12.9
惠州	7.1	6.9	6.4	6.4	5.8

续表

城市	2015 年	2016 年	2017 年	2018 年	2019 年
珠海	2. 5	3. 0	4. 2	3. 5	3. 6
东莞	1. 9	2. 3	2. 3	2. 2	2. 0
中山	1. 9	2. 0	2. 0	2. 2	1. 9
江门	0. 6	1. 0	1. 2	1. 8	1. 6
肇庆	0. 5	0. 5	0. 5	0. 7	0. 5

注：①所列数字仅指 2015 ~2019 年可提供研发投入、营业收入和营业利润数据的 288 家上市公司（150 家深圳公司；53 家广州公司；27 家佛山公司；14 家珠海公司；44 家属于“其他五市”的公司）。

②分项合计非 100% 为四舍五入所致。

资料来源：Wind 数据库。

（三）粤港澳大湾区九市上市公司研发投入行业集中度一直较高，六大支柱行业研发投入占上市公司研发投入总额的80%以上

从整体上看，粤港澳大湾区九市六大重点行业研发投入所占比重有升有降。变化较大的是计算机、通信和其他电子设备制造业，其研发投入在粤港澳大湾区九市上市公司研发投入总额中所占的比重由 46. 8% 下降到 39. 6%，下降了 7. 2 个百分点；其次是汽车制造业，其研发投入份额由 10. 4% 上升至 12. 9%，上升了 2. 5 个百分点；电气机械和器材制造业、软件和信息技术服务业、医药制造业的研发投入份额分别提高了 0. 9 个、0. 8 个和 0. 5 个百分点；专用设备制造业的研发投入份额基本保持在 2. 8% 左右（见表 7）。

表 7　2015 ~2019 年粤港澳大湾区九市上市公司重点行业研发投入份额变化情况

单位：%

行业	2015 年	2016 年	2017 年	2018 年	2019 年
专用设备制造业	2. 8	2. 8	3. 0	2. 9	2. 8
医药制造业	3. 6	3. 7	3. 5	4. 0	4. 1
软件和信息技术服务业	3. 3	3. 6	3. 9	3. 9	4. 1
汽车制造业	10. 4	10. 8	11. 8	14. 2	12. 9
电气机械和器材制造业	15. 9	16. 1	18. 1	17. 6	16. 8
计算机、通信和其他电子设备制造业	46. 8	45. 3	41. 8	38. 5	39. 6
总计	82. 8	82. 3	82. 1	81. 1	80. 3

资料来源：Wind 数据库。

按区域划分，深圳上市公司除电气机械和器材制造业研发投入占粤港澳大湾区研发投入比重较低之外，其余五大重点行业研发投入占比均在50%以上。2015～2019年，深圳增大了在电气机械和器材制造业、专用设备制造业和医药制造业的研发投入力度，其在粤港澳大湾区上市公司研发投入总额中的占比分别提高了8.2个、4.8个和3.3个百分点；另外，在软件和信息技术服务业，计算机、通信和其他电子设备制造业等行业的研发投入所占份额明显减少，分别下降了9.2个和4.5个百分点；汽车制造业所占比重下降了2.9个百分点（见图10）。

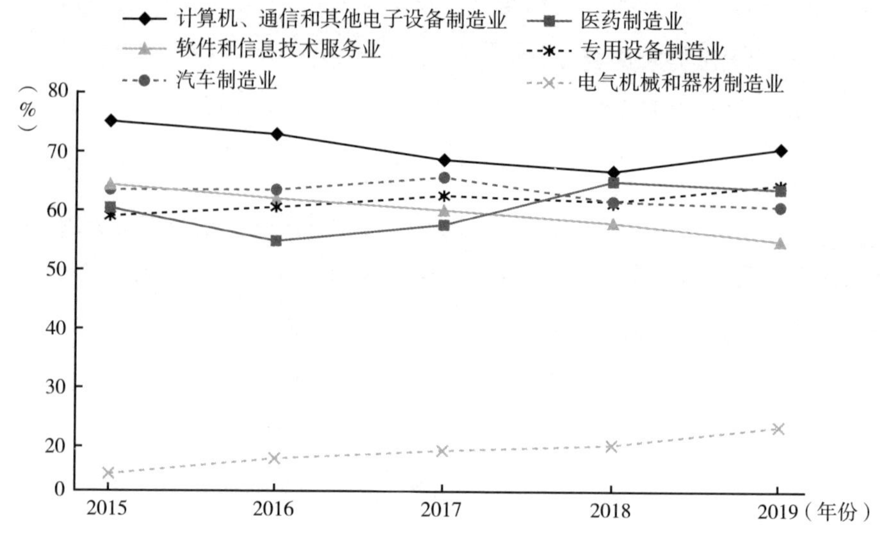

图10 深圳占粤港澳大湾区九市同行业研发投入的份额及其变化

资料来源：Wind数据库。

一方面，广州软件和信息技术服务业在粤港澳大湾区研发投入总额中的比重大幅增加（提高了14.7个百分点），其支柱产业——汽车制造业的研发投入比重从33.3%提高到36.5%，提高了3.2个百分点。另一方面，广州专用设备制造业在粤港澳大湾区九市的研发投入份额减少了8.8个百分点，医药制造业减少了2.5个百分点（见图11）。

佛山上市公司在电气机械和器材制造业的研发投入在粤港澳大湾区九市

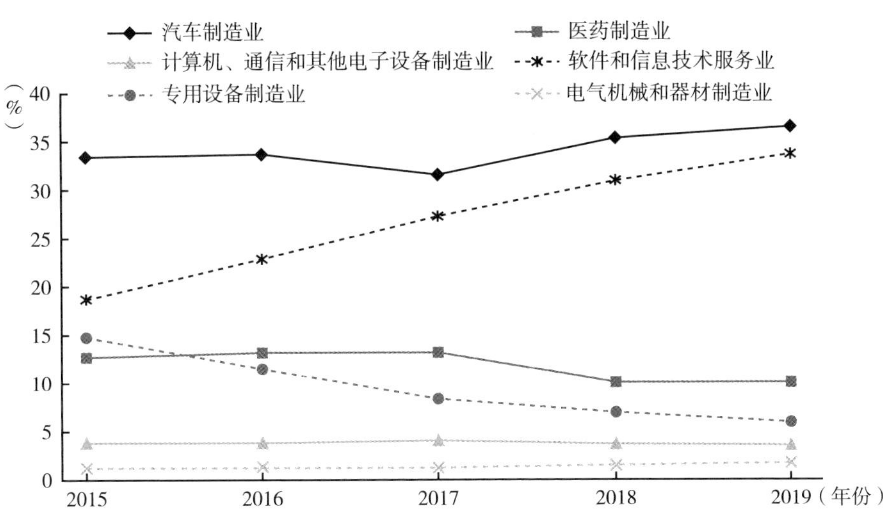

图 11　广州占粤港澳大湾区九市同行业研发投入的份额及其变化

资料来源：Wind 数据库。

居于绝对主导地位，但五年间比重有所下降，从 73.4% 下降到 64.6%，下降了 8.8 个百分点；计算机、通信和其他电子设备制造业，专用设备制造业所占研发投入份额基本保持不变（见图 12）。

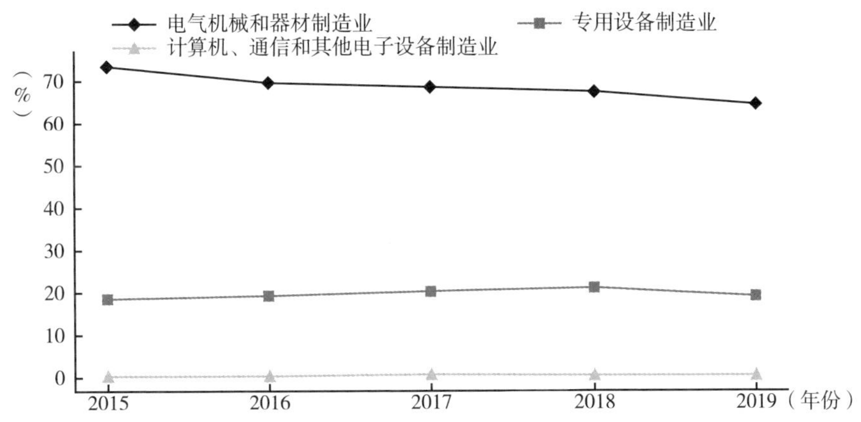

图 12　佛山占粤港澳大湾区九市同行业研发投入的份额及其变化

注：该地区没有医药制造业、软件和信息技术服务业、汽车制造业三大行业的上市公司。

资料来源：Wind 数据库。

一方面，珠海上市公司在软件和信息技术服务业的研发投入占比明显下降，从16.1%下降到10.1%，下降了6个百分点；另一方面，在计算机、通信和其他电子设备制造业的研发投入份额有所提高（提高了3.1个百分点）。电气机械和器材制造业、专用设备制造业、医药制造业三大行业占比变化不大（见图14）。

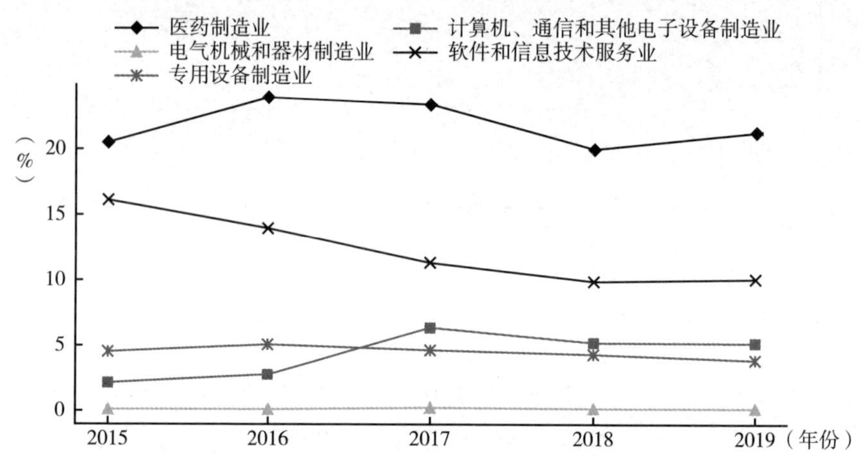

图13　珠海占粤港澳大湾区九市同行业研发投入的份额及其变化

资料来源：Wind数据库。

（四）粤港澳大湾区九市研发投入排名靠前的上市公司研发投入占比趋于下降，100强上市公司研发投入占比保持稳定态势

2015～2019年，粤港澳大湾区九市研发投入5强上市公司研发投入占比从48.6%下降至38.5%，下降了10.1个百分点；10强上市公司研发投入占比从57.3%下降至50.7%，下降了6.6个百分点；50强上市公司研发投入占比略微下降，从77.1%下降至75.9%，下降了1.2个百分点；100强上市公司研发投入占比相对稳定，基本保持了87%的占比。这说明粤港澳大湾区九市研发投入并未出现逐步向特大企业集中的态势（见图14）。

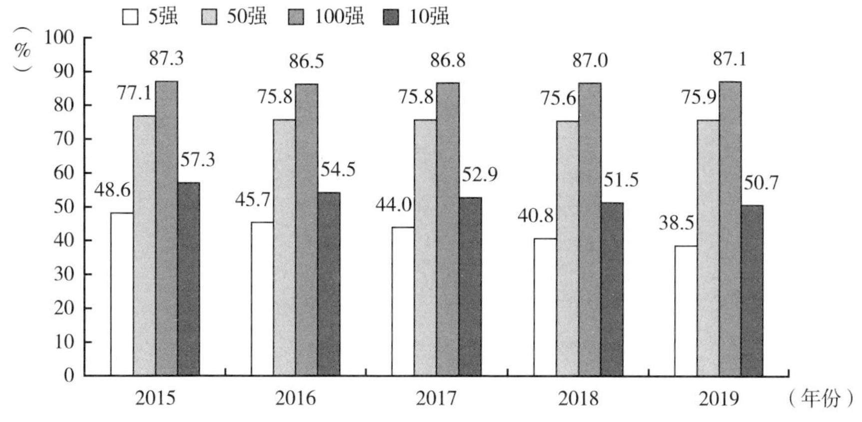

图 14　上市公司排名靠前企业研发投入占比情况

资料来源：Wind 数据库。

（五）粤港澳大湾区九市上市公司营业收入、研发人员数量增长较快，盈利能力整体趋于稳定

2015～2019 年，粤港澳大湾区九市上市公司营业收入增长了 71.3%。按研发强度划分，高技术领域增长 181.5%，中高技术领域增长 30.7%，中低技术领域增长 34.5%，低技术领域增长 84.1%，这说明研发强度高的行业营业收入表现较好；按地区划分，深圳增长 76.6%，广州增长 57.3%，佛山增长 84.3%，珠海增长 164.9%，其他五市增长 45.7%。值得一提的是，珠海市五年期间的研发投入和营业收入都大幅增长，涨幅均超过深圳（见图 15）。

2015～2019 年，粤港澳大湾区九市一直有研发数据的 288 家 A 股上市公司研发人员从 195669 人增长到 302187 人，增长了 54.4%，其中深圳研发人员数量占粤港澳大湾区研发人员总数的 60% 左右，与研发投入占比相差不大（见图 16）。

2015～2019 年，粤港澳大湾区九市上市公司整体营业利润率保持在 5%～9%。深圳上市公司盈利能力先升后降（在 5%～10% 的区间波动，

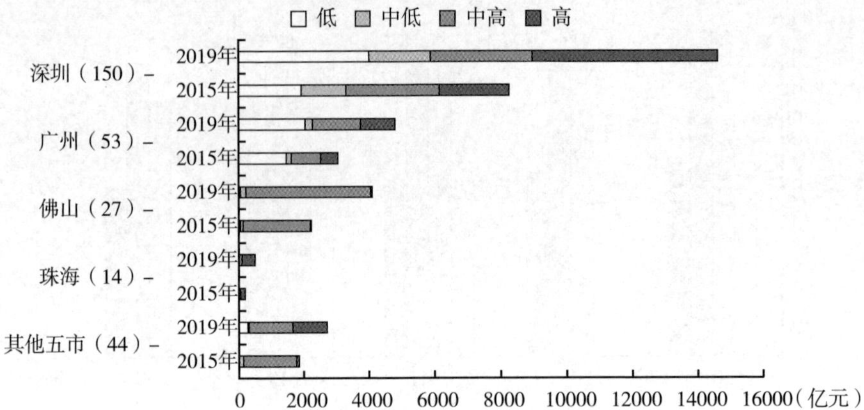

图 15　2015 年与 2019 年粤港澳大湾区九市上市公司的营业收入（按主要城市与技术领域分组）

资料来源：Wind 数据库。

图 16　粤港澳大湾区九市 288 家 A 股上市公司研发人员增长情况

资料来源：Wind 数据库。

2017 年达到峰值 9.4%），营业利润率整体曲线大致处于粤港澳大湾区九市中上游水平，与广州情况差不多，珠海和佛山上市公司盈利能力表现略强于深圳和广州（见图 17）。

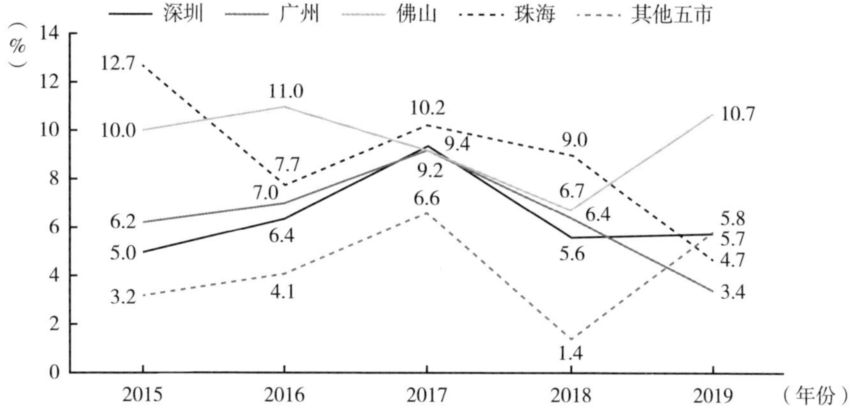

图 17　2015～2019 年粤港澳大湾区九市上市公司分区域营业利润率

资料来源：Wind 数据库。

三　对策建议

粤港澳大湾区是外向度最高的经济区域和对外开放的重要窗口，在全国加快构建开放型经济新体制中具有重要地位和作用。2019 年粤港澳大湾区九市地区生产总值占广东省的 81%，约占全国的 8.8%，其人均 GDP 几乎是广东省的 1.45 倍、全国的 1.95 倍，在全国经济发展中占有重要一席。推动粤港澳大湾区城市一体化协同发展，加快培育发展新动能、注入发展新活力，形成全方位、多层次合作格局，对加快建设具有全球影响力的国际科技创新中心具有重要推动作用，是建成世界级产业城市群的重要支撑。

（一）以深圳为主阵地，共筑世界级粤港澳大湾区科技创新圈层

要充分发挥粤港澳大湾区九市的区域综合优势，推动大中小城市合理分工、功能互补、错位发展，进一步提高区域发展协调性，梯次构建区域创新布局，提升粤港澳大湾区各市创新发展水平，形成深度融合、集约高效、全面发展的粤港澳大湾区科技创新新格局。粤港澳大湾区九市中深圳、广州、

佛山和珠海四市上市公司的研发投入占粤港澳大湾区九市研发投入总额的87%，是珠三角科技创新投入的主力军。第一，强化主阵地建设。要突出深圳创建综合性国家科学中心的创新示范作用，瞄准世界科技前沿和国家重大战略需求，依托深港科技创新合作区、西丽湖国际科教城、光明科学城等重大平台，布局重大科技设施建设，集中力量攻克一批重大科学问题，推进重大科研基础设施和大型科研仪器开放共享，促进粤港澳大湾区整体技术创新能力全面提升。第二，做强中坚力量。支持广州、佛山、珠海主动承接国家、省的重点研发计划和重大专项，鼓励企业、科研院所、高校等各类创新主体在战略性领域谋划申建一批国家实验室、技术创新中心、制造业创新中心、技术转移中心等重大创新平台，打造粤港澳大湾区科技创新的中坚力量。第三，加快重要节点城市建设。支持东莞、惠州、中山、江门、肇庆五市发挥自身优势，增强自主创新能力，提升孵化能力，强化与先进地区的互助合作，努力形成特色产业集聚、竞争力强的科技创新重要节点城市。

（二）全力推进企业上市和并购重组，支持上市企业做大做强

企业通过资本市场进行并购重组，不但可以增大规模，还可以提升对上下游产业链的控制能力。浙江省支持上市公司并购重组，助推企业形成全产业链布局，借力资本市场促进地方经济高质量发展，取得了令人瞩目的成效。粤港澳大湾区要充分借鉴浙江省经验，以上市公司为平台，以并购重组为手段，进一步强链补链延链，从而提高核心竞争力。重点加强政策激励，优化上市阵容，及时出台并完善更具力度、更加精准的上市激励政策，培育更多上市企业后备军，优化拟上市企业结构；支持上市公司开展境内外并购重组，发挥上市公司“以大带小”作用，推动优势产业集聚发展，形成“培育一个龙头企业，带动一个产业链，打造一个产业集群”的发展格局。

（三）加大政府科技经费支出力度，鼓励上市公司加大研发投入

2015~2019年粤港澳大湾区九市研发投入增长率呈下降趋势，其营业收入增速随之收窄。同时，与北京、上海相比，深圳、广州上市公司的人均

研发投入偏低（见图 18），深圳仅为 27.6 万元，低于北京、上海、广州。因此，一方面，政府要切实加大公共研发投入力度，提高科技投入在全市公共预算支出中的比例，以政府科研资金撬动全社会研发投入，进一步激发企业自主创新活力；另一方面，政府要有针对性地采取鼓励创新的措施办法，鼓励上市企业自主加大研发投入，支持企业开展研发机构建设，积极搭建科技孵化平台，争取大中型企业研发机构全覆盖，切实提升企业研发创新后劲。鼓励国家科研院所、大中型国有企业与中小型科技企业共同提升技术成果转化水平，提升研发投入效率，切实增强科技支撑经济高质量发展的作用。

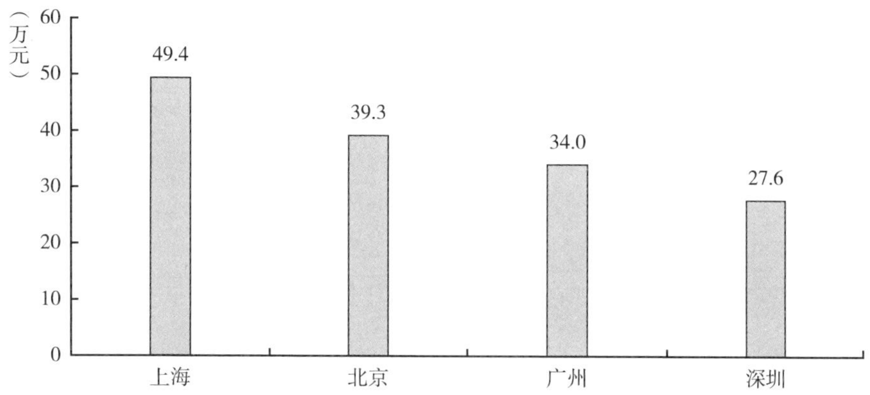

图 18　北京、上海、广州、深圳 A 股上市公司人均研发投入情况

资料来源：Wind 数据库。

（四）打造一流营商环境，推动上市公司提高经营水平

与北京、上海相比，深圳和广州 A 股上市公司的人均营业收入和人均营业利润相对较低，特别是深圳，人均营业收入（80.6 万元）不足北京的 1/3，人均营业利润不足北京的 1/2（见图 19）。因此，要进一步完善上市企业服务工作机制，组建股改上市服务专家团队，深入开展对接资本市场服务工作，妥善解决企业改制上市以及发展过程中面临的困难和问题，助力企

业“轻装上阵”。推动组建股改上市和并购重组引导基金，形成以区域股权市场、股权投资基金、创投基金为核心的上市服务平台体系。积极搭建并购服务平台，高标建设集信息、项目、资本、人才、服务等于一体的并购服务平台，为上市公司提供政策解读和服务。支持发展会计、股改、并购等专业性中介服务机构，提升社会化服务水平。开展“银企对接”活动，帮助企业降低融资成本，提升盈利水平。

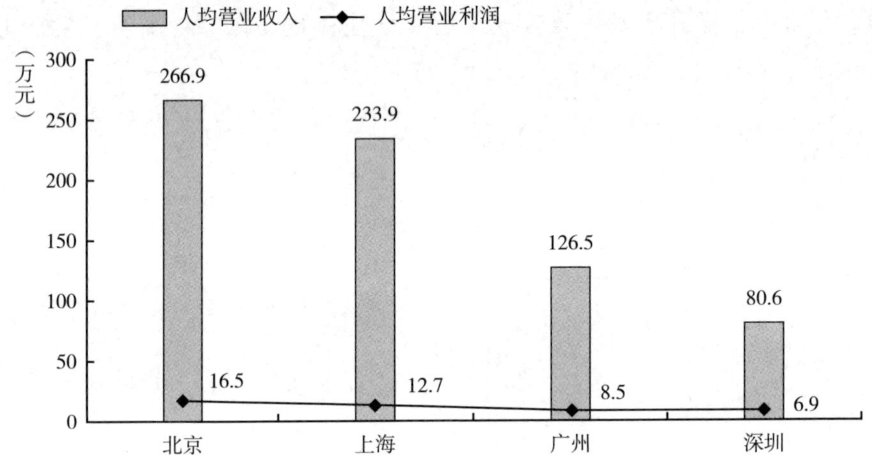

图 19　北京、上海、广州、深圳 A 股上市公司人均营业收入及营业利润

资料来源：Wind 数据库。

（五）完善研发人才引进培育机制

研发人才的引进培育是提高自主创新能力的关键，因此要研究制定出台针对不同类型研发创新人才的引人留人之策，完善“招人引人”的人才机制。创新人才发展机制，出台所需各类型人才的补助政策，积极推动探索“悬赏制”招募高端人才团队、科研事业单位特聘岗位等创新政策举措。整合科研院所、企业、社会组织等机构资源，打造人才综合服务平台和人才前哨站，创新科研项目管理体制机制。设立人才专项基金，切实提高研发类优秀人才的工资薪酬，以优厚的经济待遇留住人才。完善人才职称评定、晋职晋级、住房补贴、绩效工资等，提供宽松的发展环境，为地方经济发展提供强有力的人才支撑。

参考文献

宋慧勇：《中国工业企业研发创新效率评价与比较分析》，《科技和产业》2018 年第 10 期。

王书华、李曼宁：《研发资本及其空间溢出效应对知识创新的影响研究》，《软科学》2021 年第 5 期。

柳剑平、程时雄：《中国 R&D 投入对生产率增长的技术溢出效应——基于工业行业（1993—2006 年）的实证研究》，《数量经济技术经济研究》2011 年第 11 期。

王铮、郑钦月、王利赞等：《R&D 投入对中国经济的影响研究》，《科学学研究》2018 年第 10 期。

European Commission-joint Research Centre: EU R&D Scoreboard, "The 2019 EU Industrial R&D Investment Scoreboard," https://iri.jrc.ec.europa.eu/sites/default/files/2020-04/EU%20RD%20Scoreboard%202019%20FINAL%20online.pdf.

Zvi Griliches, *R&D and Productivity: The Econometric Evidence* (Chicago: University of Chicago Press, 1998), https://www.nber.org/system/files/chapters/c8347/c8347.pdf.

Pierre Mohnen, "R&D, Innovation and Productivity," working paper, Maastricht University and UNU-MERIT, http://www.growinpro.eu/wp-content/uploads/2019/05/working_paper_2019_07.pdf.

Shuichiro Nishioka and Marla Ripoll, "Productivity, Trade and the R&D Content of Intermediate Inputs," May, 2012.

Albert G. Z. Hu, Gary H. Jefferson, "R&D, Productivity, and Profitability in Chinese Industry," http://people.brandeis.edu/~jefferso/R&D%20paper,%20April%202010%202001%20version.pdf.

B.15
国内先进城区创新发展比较

廖明中*

摘　要： 创新型城区是区域创新体系的重要节点，也是落实创新驱动国家战略的关键空间载体，结合创新资源配置、创新服务环境、创新政策机制等方面对城区创新发展模式进行剖析和梳理，有助于更深入地理解城区创新动力机制，为创新策略制定和规划决策提供支撑。本报告结合创新空间和创新城区相关理论和实践经验，从京津冀、长三角、珠三角三大城市群选取11个综合发展水平较高、创新能力较突出的先进城区，围绕创新主体、创新投入、创新平台和创新产出等方面，从多维视角对创新要素集聚特征进行比较，总结得出融合驱动型、市场驱动型、平台驱动型和服务驱动型等四类城区创新发展模式。

关键词： 创新要素　先进城区　创新发展模式　创新动力机制

一　引言

创新是推动实现高质量发展的核心动力。党的十九大报告提出加快建设创新型国家的发展要求，强调创新是引领发展的第一动力，是建设现代化经济体系的战略支撑。《中华人民共和国国民经济和社会发展第十四个五年规

---

* 廖明中，深圳市社会科学院经济研究所研究员，主要研究方向为区域经济、国际经济。

划和 2035 年远景目标纲要》提出，要坚持创新在我国现代化建设全局中的核心地位，把科技自立自强作为国家发展的战略支撑，同时提出布局建设综合性国家科学中心和区域性创新高地，支持北京、上海、粤港澳大湾区形成国际科技创新中心。

经济增长的动力机制来源于多种关键要素，传统的理论主要关注土地、矿产、能源等自然资源要素，以及劳动力和资金等社会经济要素。以新增长理论为代表的理论观点强调科技和制度等方面的创新对经济增长的核心动力作用①。尤其是在知识经济时代，创新对经济增长的贡献越发凸显②。创新的产生和创新活动的开展须依托于宏观制度环境和经济体制、鼓励创新的社会文化环境，以及促进面对面交流进而鼓励思想碰撞与知识溢出的建成环境，因此创新在空间上往往具有集聚特征，创新集聚的区域成为鼓励创新发展的一个关键③。

目前，北京、上海、深圳和杭州等中心城市正在成为创新驱动战略的重要空间载体。围绕这些城市的创新空间结构、要素集聚特征、创新服务环境等话题也成为研究热点。汤海孺围绕创新生态系统和创新空间组织，论述杭州与北京、上海、深圳等主要创新型城市的创新生态系统特色及影响因素④。黄亮等从研发创新产出的视角解读上海研发创新空间的结构特征及演化过程⑤。熊杰、余炜楷以广州为例研究了高等院校、科研院校和企业三类创新主体的空间分布特征⑥。关于创新空间的比较研究，目前以宏观的城市尺度、都市圈或城市群尺度的对比居多。张鸿武、李涛采用空间面板杜宾模型，探讨

---

① 〔美〕查尔斯·I. 琼斯、迪特里奇·沃尔拉特：《经济增长导论》（第三版），刘霞译，格致出版社，2018。

② Organisation for Economic Co-operation and Development（OECD），"The knowledge-based Economy，" Paris：OECD，1996.

③ 王缉慈等：《创新的空间：产业集群与区域发展》，科学出版社，2019。

④ 汤海孺：《创新生态系统与创新空间研究——以杭州为例》，《城市规划》2015 年第 S1 期。

⑤ 黄亮、黄建中、徐剑光：《上海研发创新的空间演化与趋势研究：基于专利的分析视角》，《城乡规划》2020 年第 4 期。

⑥ 熊杰、余炜楷：《广州市创新主体构成及空间分布特征研究》，活力城乡美好人居——2019 中国城市规划年会论文集（16 区域规划与城市经济），重庆，2019 年 10 月。

长三角和珠三角城市群创新活动的空间分布及其驱动因素，发现长三角城市群创新活动空间集聚特征明显，珠三角城市群创新活动空间相关性弱，创新极化特征突出[①]。刘彦、赵佩佩结合 POI 数据对深圳和杭州的创新空间业态、分布、集聚等特征进行比较研究[②]。刘树峰等选取了京津冀、长三角、珠三角三大城市群，对企业创新发展阶段、空间分异、蔓延形态与等级结构进行剖析[③]。

在城市内部城区尺度下，创新要素布局、创新服务支撑、体制机制应对等方面也表现出一定的空间分异，同时也存在一些共性特征。城区的创新发展以创新要素为载体，通过创新要素在空间上的合理配置和相互作用，形成稳定健康的创新生态环境，从而产生持续迭代的创新动力，推动创新的可持续发展[④]。目前已有一些研究着手于城市内部创新型城区的相关比较和分析。池向东从动力机制视角定性分析了北京海淀区、深圳南山区和杭州滨江区，概括了“国家驱动 + 学院创新”、“科技创新 + 民营经济”、阿里巴巴龙头带动三种创新驱动模式[⑤]。万敏、郭尚鑫同样以这三个创新型城区为样本，针对创新政策的演进路径和演进特征开展比较分析[⑥]。王承云等刻画了北京海淀区、天津滨海新区、上海杨浦区、重庆沙坪坝区研发产业空间分布格局，探讨了研发产业集群类型及驱动因素[⑦]。总体而言，对于不同城市的创新突出城区之间的比较研究样本相

① 张鸿武、李涛：《长三角和珠三角城市群创新的空间效应及影响因素研究——基于空间面板杜宾模型的比较分析》，《湖南科技大学学报》（社会科学版）2018 年第 4 期。

② 刘彦、赵佩佩：《杭州和深圳城市创新空间结构特征比较》，活力城乡美好人居——2019 中国城市规划年会论文集（05 城市规划新技术应用），重庆，2019 年 10 月。

③ 刘树峰、杜德斌、覃雄合等：《中国沿海三大城市群企业创新时空格局与影响因素》，《经济地理》2018 年第 12 期。

④ 任俊宇：《创新城区的机制、模式与空间组织研究》，博士学位论文，清华大学，2018。

⑤ 池向东：《阿里上市背后的硅谷竞赛：南山、海淀、滨江三城演义》，《时代经贸》2014 年第 11 期。

⑥ 万敏、郭尚鑫：《区域创新政策演进的特征及其重要启示——源自北京海淀区、深圳南山区、杭州滨江区的创新政策比较》，《上海经济》2019 年第 5 期。

⑦ 王承云、秦健、杨随：《京津沪渝创新型城区研发产业集群研究》，《地理学报》2013 年第 8 期。

对偏少，视角相对单一，综合性比较、梳理和总结创新城区发展情况的学术研究较少。

本报告从京津冀、长三角、珠三角三大城市群分别选取创新能力较为突出的若干先进城区，从创新投入、创新主体、创新平台、创新产出等多元化视角，分析梳理创新先发地区发展特征、创新氛围及动力模式等，探讨不同创新模式下的发展策略应对，为处在创新突破阶段的其他城市和地区的规划与建设提供经验借鉴及发展参考。

二　研究区域和数据来源

（一）研究区域概况

本报告从北京、上海、广州、深圳、杭州、佛山 6 个城市中选取了 11 个区域创新能力较强、创新要素集聚特征较为突出的代表性城区，作为创新发展比较的样本地区（见表 1）。这 6 个城市均位于我国经济最发达的三大城市群——京津冀、长三角和珠三角城市群，是我国经济发展水平高、科技水平和创新能力突出的中心城市，在创新发展方面具有代表性，进行创新城区比较研究能够提炼出有借鉴价值的经验模式。

这 11 个城区都具有全国领先的创新发展水平，又各具特色。北京市海淀区是北京市的科技高地和一流高校聚集地，在以高校和科研院所为主体的基础创新以及以企业为主体的应用创新方面都处于领先水平。北京市朝阳区是北京以及全国的金融产业高地，社会经济发展水平全国领先。上海市浦东新区作为全国第一个国家级新区，经过近 30 年发展，已经成为上海市乃至长三角地区的核心增长极。上海市闵行区拥有虹桥商务区核心板块以及诸多高校，正在成为上海南部科创中心。广州市天河区目前承载了广州中央商务区等核心职能，综合实力和现代化水平居全市首位。深圳市作为粤港澳大湾区核心引擎之一，创新氛围浓厚、创新包容性强。其中，南山区是重要的创新策源地和创新企业集聚地；福田区集聚众多科技金融服务产业；龙岗区以华为为引领的通信技术创新生态正在形成；宝安区作为传统制造大区，是粤港澳大湾区硬件创新的重要支撑。杭州市余杭区是阿里巴巴总部所在地，围绕阿里系企业和未来科技城建设，创造资源正在加速聚集。佛山市顺德区作为曾经“广东四小虎”之一，目前形成了家电、机械装备两个三千亿级的产业集群，连续八年蝉联全国百强区之首，是广佛都市圈重要的智造高地和全国制造业向智能制造转型的先行探索区。

表1 各区域基本情况

城市	城区	GDP（亿元）	人口（万人）	面积（km^2）	人均GDP（万元/人）	地均GDP（亿元/km^2）
北京市	海淀区	7962	323.7	431	24.60	18.47
	朝阳区	7116.4	347.3	470.8	20.49	15.12
上海市	浦东新区	12734.2	556.7	1210.41	22.87	10.52
	闵行区	2520.8	254.93	370.75	9.89	6.80
广州市	天河区	5047.39	178.85	96.33	28.22	52.40
深圳市	南山区	6103.69	154.58	187.53	39.49	32.55
	福田区	4546.5	166.29	78.66	27.34	57.80
	龙岗区	4685.78	250.86	388.22	18.68	12.07
	宝安区	3853.58	334.25	396.61	11.53	9.72
杭州市	余杭区	2824.02	189.1	1228	14.93	2.30
佛山市	顺德区	3523.18	278.32	806	12.66	4.37

资料来源：各区《2019年国民经济和社会发展统计公报》。

（二）数据来源与处理

本报告选择数据均来源于政府公开数据，包括各区统计局或政府网站公开的统计年鉴、统计公报、政府工作报告以及知识产权白皮书等。此外，“2020年（第27批）新认定及全部国家企业技术中心名单”来源于国家发

展和改革委员会网站①，国家级科技企业孵化器数据来源于科学技术部火炬高技术产业开发中心网站②，而独角兽企业名单来源于长城战略咨询发布的《2019 年中国独角兽企业研究报告》③。根据上述名单及地址，通过调用高德 API（Application Programming Interface，应用编程接口）检索其地理坐标，并转换为标准地理坐标系，从而将上述创新主体进行空间化处理。在此基础上，通过统计分析分别汇总得到各区的创新资源数量。

三　先进城区创新要素发展特征和差异

（一）创新主体

高新技术企业是面向市场应用的技术创新主力，也是创新活动的主要动力源，是城市创新实力的重要体现。目前北京市海淀区已有国家级高新技术企业过万家，总量上在所有城区中遥遥领先（见表 2），积累了强大的应用创新基础。从各区 2019 年新增高新技术企业数量上看（见图 1），深圳市宝安区年均增加超过 2000 家，不仅新增数量在所有城区中位列首位，高新技术企业总量也处于领先地位。作为深圳市的传统制造大区，宝安区展示出强劲的产业转型动力和创新潜力。其次是广州市天河区和上海市浦东新区，2019 年新增高新技术企业近千家，分别作为城市中心区和综合型新区代表，展示出很高的市场创新活力。

---

① 《关于发布 2020 年（第 27 批）新认定及全部国家企业技术中心名单的通知》，中华人民共和国国家发展和改革委员会网站，2020 年 12 月 28 日，https：//www. ndrc. gov. cn/xwdt/tzgg/202012/t20201228_ 1260482. html。

② www. ctp. gov. cn/fhq/index. shtml.

③ 《长城战略咨询：2019 年中国独角兽企业研究报告》，“资鲸”微信公众号，2020 年 8 月 1 日，https：//mp. weixin. qq. com/s？ src = 11×tamp = 1621995029&ver = 3091&signature = e2Jpz7dINFyEThFwcmqAhPoKWmqkjKl7f8niEZiLPVF4JeJdbYjbWiknoPV * FNGMbuu * IzzFwZmZ - UvALNHd78 - ygp * UHIZlXYA4HMzimJ * i5xSpBhuxsuhlJXtnV04X&new = 1。

表2　各区高新技术企业数量情况

单位：家

城市	城区	高新技术企业数量	国家级高新技术企业数量
北京市	海淀区	—	>10000
	朝阳区	—	3985
上海市	浦东新区	2902	—
	闵行区	1239	—
广州市	天河区	—	3406
深圳市	南山区	—	4008
	福田区	1293	—
	宝安区	—	4885
	龙岗区	—	2215
杭州市	余杭区	1590	>1000
佛山市	顺德区	1772	—

注：因各区统计口径差异，故将高新技术企业和国家级高新技术企业分开统计。

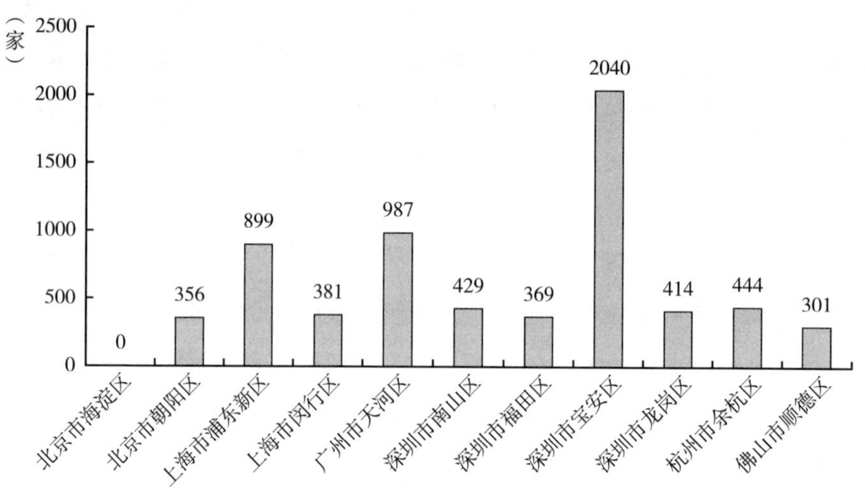

图1　各区2019年新增高新技术企业数量

“独角兽企业”指创办时间较短（一般为10年内）、尚未上市但估值较高（一般为10亿美元以上）的企业，能够体现地区新经济发展活力和创新生态环境品质。根据长城战略咨询研究报告，截至2019年我国共有218家独角兽企业，其中有80家位于北京市，占比近四成，北京市海淀区和朝

阳区分别有31家和27家（见图2），展示出北京市强大的新经济培育氛围。深圳市南山区位列第三，拥有14家独角兽企业。前三位先进城区拥有独角兽企业72家，占总数的比重达33%，表现出较强的创新吸引力和竞争力，也说明独角兽企业这类创新主体在空间上具有很强的集聚特征。

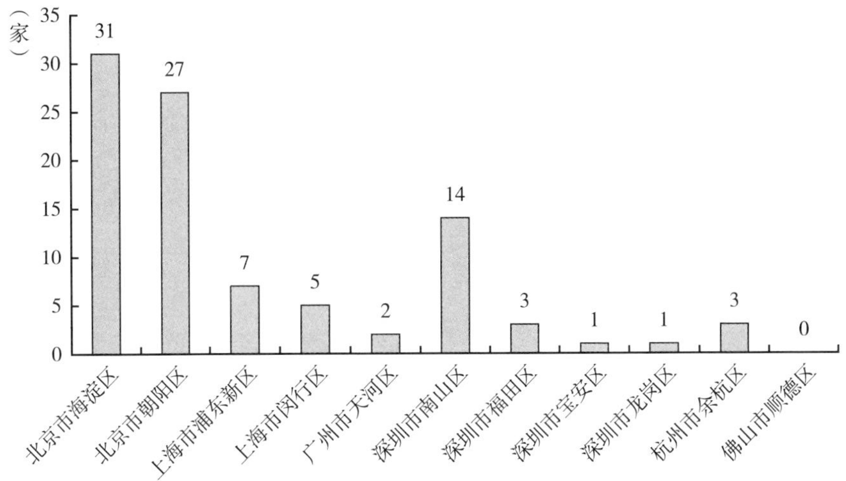

图2　各区独角兽企业数量

（二）创新投入

在创新投入方面，通过全社会研发投入强度反映地区对创新活动的支撑投入力度，具体指标为全社会研发经费支出占GDP比重。2019年全国全社会研发支出为2.17万亿元，占GDP的比重为2.19%。基于图3展示的全社会研发投入占比的对比分析，发现除北京市朝阳区和深圳市福田区以外，其他9个城区研发投入强度均显著高于全国平均水平，大部分处于3%~5%的强度水平。其中深圳市龙岗区和北京市海淀区的全社会研发投入占比分别达到11.20%和9.80%，遥遥领先于全国平均水平和其他9个区，已达到国际领先的水平。深圳市龙岗区的高研发投入强度与华为公司超千亿的研发投入密切相关，体现出华为这类科技巨头企业对于当地创新生态系统构建的巨大贡献率。北京市海淀区凭借多元化高度集聚的科研机构和研发企业，也呈现出高水平的创新投入。

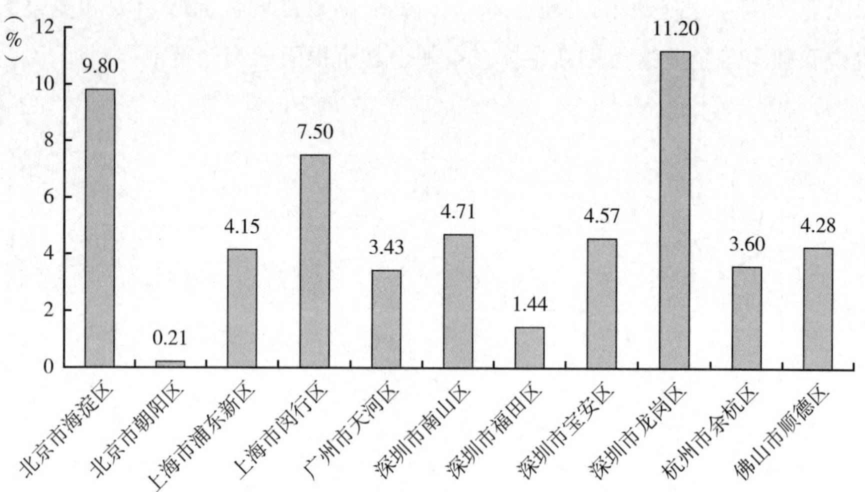

图 3　各区域全社会研发投入占 GDP 比重情况

注：除海淀区和福田区为 2018 年数据外，其余均为 2019 年数据。

（三）创新平台

在创新平台方面，选取国家发改委认定的国家企业技术中心和科技部火炬中心认定的国家级科技企业孵化器为参照，能够较好地反映城区创新产业化生态的完善程度及创新转化能力。在国家企业技术中心方面，截至 2020 年底，全国共有国家技术企业中心 1636 家，通过企业名称进行空间落位，统计出研究关注的 11 个城区共拥有国家企业技术中心 127 家（见图 4），其中北京市海淀区和上海市浦东新区分别有 30 家和 28 家，两区之和占全国总量的 3.5%、占研究区域总数的近 45%，这说明北京市海淀区和上海市浦东新区在企业创新培育和转化环境方面具有巨大优势。

孵化器数量也是衡量地区创新孵化转化能力的重要指标。根据科技部火炬中心公布的国家级科技企业孵化器统计数据，国家级科技企业孵化器在三大城市群中的分布较为均衡。从各区来看，北京市海淀区拥有 17 家，在研究的11个城区中依然位居第一。其次是上海市浦东新区、广州市天河区、深圳市南山区和深圳市宝安区，均有14家国家级科技企业孵化器，与居第一位的北京市海淀区差距很小，总体上这5个区的创新孵化环境吸引力相当。相比之下，深圳市福田区、深圳市龙岗区、杭州市余杭区、佛山市顺德区、北京市朝阳区和上海市闵行区的孵化器数量较少，均为个位数。其中，深圳市龙岗区和佛山市顺德区的制造业著名，在孵化器方面的不足会限制两区向智能制造转型的创新孵化能力，而杭州市余杭区和上海市闵行区作为科研与科技并重的城区，也应着重加强其对新技术应用转化的孵化能力培育。

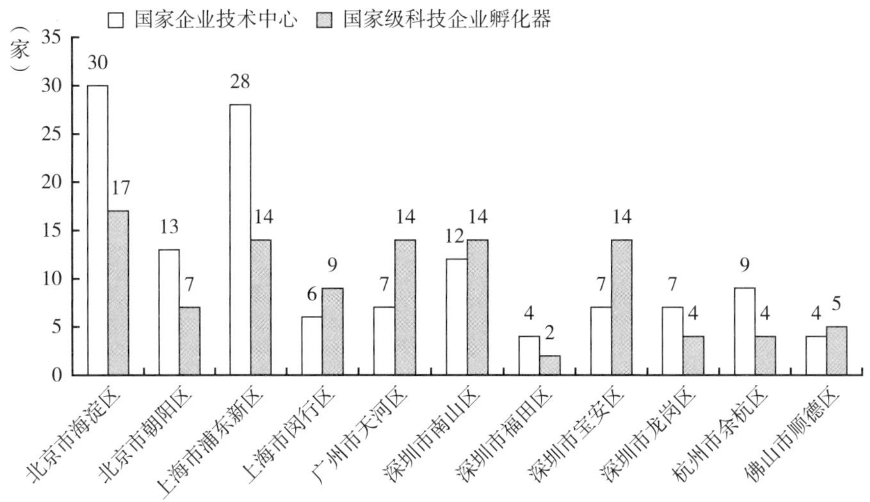

图4 国家企业技术中心和国家级科技企业孵化器分布情况

（四）创新产出

创新产出是对地区创新质量、效率和发展绩效的衡量，通常通过专利、科技论文、技术成果交易额等指标反映。在综合考虑数据相关性和可获取情况的基础上，本报告选取专利成果和战略性新兴产业工业总产值两个指标进行考察。从专利总量上看，北京市海淀区专利申请量和专利授权量都位居第一，创新成果多、效率高，创新产出优势明显（见表3）。其次是深圳的南山区和宝安区，南山区的万人发明专利是所有城区中最高的，创新产出密度大。宝安区则在专利授权量上高于南山区，更具创新效率。佛山市顺德区和深圳市龙岗区紧随其后，得益于两区强大的制造业实力。值得注意的是，以服务业为主的北京市朝阳区和深圳市福田区的万人发明专利拥有量也处于全国领先水平，这说明创新发展不仅与制造业基础和研发实力相关，金融商务等现代服务业也具有一定的支撑作用。相比之下，杭州市余杭区和上海市闵行区在专利申请量和授权量方面与其他各区相比还存在一定差距。

战略性新兴产业工业总产值可以从侧面反映创新向规模化、产业化延伸的发展绩效。可以看出，上海市浦东新区和深圳市南山区在战略性新兴产业发展上表现出强大实力，产值分别超过4000亿元和3000亿元，以创新为驱动的现代产业体系的构建和集聚已经较为完善（见表3）。深圳市龙岗区紧随其后，战略性新兴产业工业总产值也达到2692.35亿元。其他各区的表现则较为接近，大部分产值在1000亿元左右。

表3　研究区域创新产出相关指标比较

城市	城区	专利申请量（件）	专利授权量（件）	万人发明专利拥有量(件/万人)	战略性新兴产业工业总产值(亿元)
北京市	海淀区	85975	48778	150.69	1654.25
	朝阳区	40219	23665	68.14	1370.82
上海市	浦东新区	37000	23300	41.85	4320
	闵行区	18257	11249	44.13	1329.14
广州市	天河区	32549	17481	97.74	—
深圳市	南山区	69084	36600	236.77	3389.09
	福田区	22558	13765	82.78	659.39
	宝安区	60833	41461	124.04	1181.27
	龙岗区	40480	27851	111.02	2692.35
杭州市	余杭区	19949	11485	60.74	139.45
佛山市	顺德区	37928	29535	106.12	—

四　先进城区创新发展模式总结

在创新投入、创新主体和创新平台等方面表现出的多元化和差异化特征，结合地方创新政策和市场环境等因素，可以对不同城区的创新发展动力机制进行识别，总结出具有可借鉴意义的先进城区创新发展模式。综合上述对 11 个城区的创新主体、创新投入和创新产出等方面的比较分析，可以总结出 4 种具有不同特点的创新发展模式。

（一）融合驱动型城区

北京市海淀区作为全国著名的科教中心，拥有 170 家科研院所和众多知名科技创新企业，在“名校 + 名企”集聚优势的共同驱动下，不管是在创新主体的多元化还是创新平台的集聚度方面都领先于其他城区。高校和科研院所提供了其他城区无法比拟的基础创新动力，而以中关村科技园为核心的众多科技企业亦展现了极其活跃的技术创新能力，城区内产学研密切互动，形成遍布整个创新链的创新发展模式。在“校区 + 园区 + 城区”融合驱动下，北京市海淀区形成了最为成熟的创新生态系统，成为全国创新发展先进城区的“领头羊”。

（二）市场驱动型城区

与北京市海淀区相比，上海市浦东新区和深圳市南山区的科研院所相对较少，创新主体和平台在规模和多样性上也相对较弱。但上海和深圳作为两个经济发展活力充沛的超大城市，上海市浦东新区和深圳市南山区更多以高效的市场响应和高端资源要素的优化配置为路径，培育出面向市场的、以应用创新为主要驱动力的创新发展模式，在市场力量的推动下产生了高效、高质量的创新产出。大量的创新型企业成为地区创新主体，在不断完善的市场机制和营商环境下，创新企业积极参与国内国际的创新合作与竞争，形成了敢于创新投入、通过市场收获创新产出、再反馈于创新投入的企业创新良性循环。

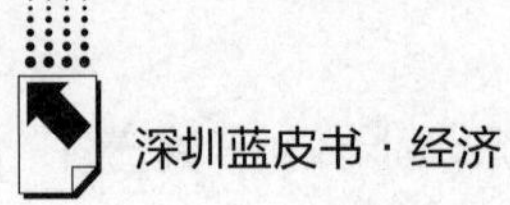

（三）平台驱动型城区

平台驱动型城区包括深圳市龙岗区、深圳市宝安区、杭州市余杭区、上海市闵行区和佛山市顺德区，在创新动力机制上呈现出创新平台突出、极点带动的模式特征。杭州市余杭区、上海市闵行区和佛山市顺德区在整体创新环境支撑和氛围营造方面还处于后发追赶阶段，创新要素快速集聚增长但在空间上仍相对集中，在基础创新、配套服务等方面相对薄弱。这类城区内的孵化器、众创空间、技术中心等创新载体分布得较为密集，创新发展动力主要来源于城区内部以创新园区为核心的小尺度创新生态。例如，深圳市龙岗区和深圳市宝安区都是珠三角的传统工业大区，拥有强大的制造业基础，产业链布局完善，因而主要依托于产业链部署应用创新，面向市场需求端推动技术创新和产品创新，从而实现向现代产业体系的转型。华为是深圳市龙岗区创新发展的龙头企业，每年研发投入超过千亿元人民币，远超同类企业。深圳市龙岗区的创新驱动力主要来自华为及其衍生企业的创新高投入，在坂雪岗科技城形成向外辐射的创新极核。深圳市宝安区在电子信息、装备制造等领域具备雄厚基础，目前正在从“工业大区”向“智创高地”转型，创新投入和高新技术企业数量都在深圳市处于领先，高新技术企业增量位居全市第一，体现出依托于企业创新平台的强劲创新动能。杭州市余杭区在阿里巴巴总部回归之后，以未来科技城为中心集聚人才、信息、资本等创新要素，成为杭州市余杭区最重要的创新策源地。上海市闵行区目前拥有虹桥商务区和大学城两大区域级科技创新热点，以此为突破口，加速培育创新孵化和技术转化。佛山市顺德区拥有碧桂园、美的两个世界500强企业，目前在北滘地区形成了以美的为主导的家电家居创新集群，布局了具有一定规模的研发孵化空间，技术创新需求和活力较大，创新投入和产出都处于中上水平。虽然平台驱动型城区的创新投入较大，但城区内的创新主体类型仍较为单一，高校和科研机构等基础创新主体相对缺乏，产学研联动协同创新的动力不足，在城市服务配套上仍难以很好地满足创新需求，尚未构建起健全完善的创新生态，创新发展能级有待进一步提升。

（四）服务驱动型城区

服务驱动型城区以北京市朝阳区、广州市天河区和深圳市福田区为代表，三者分别为北京、广州、深圳三个城市的中心区，拥有完善的城市服务和政策环境，是城市金融资本和商务服务业最为密集的地区，为创新孵化转化提供了更加便捷多元的空间资源和资本基础。科技创新不仅与科研资源和科技企业密切相关，也离不开服务于创新的生产性服务业的支持。服务驱动型城区的创新发展更多受到内部服务环境和外部政策环境的驱动，在创新中需与其他地区合作，进行联合创新，在吸引新经济产业和创新孵化空间方面的表现较为突出。

五　结语

创新在我国现代化建设全局中处于核心地位，也是推动城市发展的核心动力。在城市内部，不同城区在创新资源配置、创新服务环境、创新政策机制等方面呈现一定差异，从而形成差异化的创新发展模式。本报告结合创新空间和创新城区相关理论和实践经验，从京津冀、长三角、珠三角三大城市群选取 11 个综合发展水平较高、创新能力较为突出的先进城区，围绕创新主体、创新投入、创新平台和创新产出等方面，从多维视角对创新要素集聚特征进行比较，识别和梳理了融合驱动型、市场驱动型、平台驱动型和服务驱动型四类创新城区发展模式，总结了这些模式的创新动力与创新主体等特点，可以为创新型城区的规划建设和政策制定、创新驱动发展战略的推进落实提供参考。

B.16
粤港澳大湾区金融科技产业的发展机遇与挑战

吴燕妮*

摘　要：　经过改革开放40多年的发展，粤港澳大湾区已经成为我国创新经济最为活跃的区域之一，技术和资金等重要生产要素呈现积聚的趋势，使粤港澳大湾区成为发展金融科技产业的理想区域。金融科技也是粤港澳大湾区与世界一流湾区实现差异化竞争、错位发展的重要机遇。对标世界顶尖湾区，粤港澳大湾区的金融科技发展仍有一定差距。但粤港澳大湾区金融科技已具备一定基础，下一步需要从法律、人才以及创新机制等各方面予以支持，包括完善顶层设计、探索建立大湾区监管沙盒机制、完善金融科技基础设施、建立人才流动共享机制等。

关键词：　粤港澳大湾区　金融科技产业　数字经济

党的十九大报告明确提出，要“着力加快建设实体经济、科技创新、现代金融、人力资源协同发展的产业体系”。习近平总书记多次提出，“数字经济是全球未来的发展方向”，要“加快数字产业化、产业数字化”。金融科技（Fintech）作为金融与科技融合的最新形态，其发展就成了应有之

* 吴燕妮，法学博士，深圳市社会科学院经济研究所研究员，主要研究方向为金融监管、自贸区制度。

义。经过改革开放40多年的快速发展，粤港澳大湾区已经成为我国开放程度最高、创新活力最强、经济要素流动最快的区域之一。在这样的基础条件下，粤港澳大湾区发展金融科技具有国内其他区域少有的要素协同和创新的比较优势。技术和资金等重要生产要素呈现在粤港澳大湾区积聚的趋势，使粤港澳大湾区成为发展金融科技产业的理想区域。《深圳建设中国特色社会主义先行示范区综合改革试点实施方案（2020—2025年）》明确指出，“支持在资本市场建设上先行先试……成立金融科技创新平台”。站在新时代的起点上，粤港澳大湾区推进科技和金融的融合是实现经济高质量创新发展和跨越世界一流湾区的破题之笔。

一　粤港澳大湾区金融科技的重大发展机遇

（一）金融科技是粤港澳大湾区领先世界的下一个风口

1. 金融科技是推进湾区对标国际一流的重要抓手

从世界范围看，一流湾区往往基于不同的要素禀赋，其核心定位各不相同。湾区的早期形成往往依赖自身的资源和港口群，但在随后的发展过程中，一些湾区抓住了重要的历史发展机遇，使经济高速发展的必备要素快速集聚，推动产业不断升级，进而形成了以中心港口城市为核心、以周边城市各产业为辅助支撑的城市群或城市圈格局，纽约湾区、旧金山湾区、东京湾区等三大世界级湾区的发展无不如此。例如，旧金山湾区在第三次科技革命中快速形成了以硅谷为核心的高科技与互联网产业聚集区，在搜索引擎、电子商务、社交平台、半导体、电动汽车、无人驾驶、智能终端、网络安全等应用领域有着较强优势。同时，旧金山湾区及湾区周边知名高校众多，风险资本集聚、创业服务链发达，形成了先进的科技生态。

当前，移动支付、互联网金融、智能投顾等金融科技的出现，正在重新定义人们对待金融的方式，重塑人们的金融理念，金融业态开始出现革命性的新形式。因此，从外部竞争的角度看，粤港澳大湾区基于自身禀赋优势，借助金融科技这一新的历史机遇，有助于实现与世界顶尖湾区的差异化竞争，最终实现“弯道超车”。这一方面说明粤港澳大湾区具有国内其他区域不具备的高科技产业基础，另一方面说明粤港澳大湾区内同时拥有深圳、香港两大区域金融中心，这不仅在国内绝无仅有，在世界范围内也并不多见。因此，粤港澳大湾区适合以金融科技为切入点，以金融和科技产业促进金融科技的发展，同时金融科技的发展反哺金融和科技产业，形成产业良性循环和完整生态，有助于推动粤港澳大湾区建设实现“弯道超车”和跨越式发展，走向世界湾区发展前列。

2. 金融科技是粤港澳大湾区实现城市群融合发展的重要推动力量

从粤港澳大湾区内部城市群建设发展的角度看，金融科技是实现粤港澳城市群互联互通、产业融合的重要切入点。从内部环境看，粤港澳大湾区“9+2”发展并不平衡，资源禀赋差异较大，存在一定的协同发展难度。特别是如制造业、旅游业、金融业等传统行业已经形成了较为深厚的行业积累和竞争壁垒，不同城市难以直接借鉴其他地区的发展经验。因此，作为新兴产业，金融科技通过在粤港澳大湾区搭建基础设施、构建数据网络，促进资金、数据等生产要素在湾区内快速流动，容易形成产业发展的突破口和行业机遇性风口，对跨行政区划大湾区的意义重大。

（二）粤港澳大湾区具有发展金融科技的独特优势和基础

作为全国的金融和科技领域创新的排头兵，粤港澳大湾区在探索金融科技创新方面具有良好的基础；作为全国深化改革开放的先行者和探索科学发展的实验区，粤港澳大湾区客观上需要有条件率先推动金融科技发展走在全国前列。一方面，粤港澳大湾区城市群具有全国领先的金融基础。深圳、香港作为世界知名的区域金融中心，有望带动粤港澳大湾区成为世界领先的金融高地。另一方面，粤港澳大湾区科技创新活跃。深圳、广州商业创新和技术创新的追求活跃，产业链丰富完整，有着国内最为完整的科技创新生态。同时，广深创新科技走廊的建设更是有望带动粤港澳大湾区成为全球顶尖的

金融科技和学术研究互动中心。基于此，大湾区因其丰富的创新因子、成熟的资本市场、完备的产业体系，成为金融科技及业务创新的港湾。[①]

1. 粤港澳大湾区城市群具有全国领先的金融基础

位于珠三角的粤港澳大湾区，在金融领域一直处于全国领先地位，具有优良的金融基础和生态环境。2020 年，广东金融业实现增加值 9907 亿元，同比增长 9.2%，拉动 GDP 增长 0.8 个百分点，占 GDP 的比重近 9%[②]；本外币存款余额、贷款余额、上市公司总数、直接融资额、原保费收入等主要金融指标均居全国第一[③]。近年来，广东在全国率先推出金融服务创新驱动发展一揽子政策，探索设立科技金融综合性服务中心等新模式，取得良好成效。与此同时，2020 年"金融支持粤港澳大湾区建设的 30 条意见"落地见效，深交所创业板注册制改革成功实施，广州期货交易所正式获批，64 家农信社改制任务全面收官，涉众金融风险显著降低。

整体来看，粤港澳大湾区拥有香港交易所、深圳证券交易所两大资本市场枢纽，大湾区正在成为中国的创新金融中心。与国内其他城市群相比，粤港澳大湾区在一小时经济圈内同时拥有深圳、香港两大区域金融中心，集合了大量专业服务和国际人才，是跨国企业进入亚洲及中国市场的理想平台。而作为全球知名的国际金融中心，香港发展历史悠久，资本市场稳健成熟，有着巨大的市场吸引力和影响力，聚集了来自世界各国的知名金融机构，是全球重要的资本配置中心，也是世界重要的产品贸易中心，在营商环境、金融体系、基础设施、城市声誉等方面竞争力强。作为全球金融中心，香港在股票市场、债券市场、大宗商品市场和外汇市场优势突出。即使在 2019～2020 年受多重不稳定因素的影响，香港作为国际金融中心的地位依然稳定，银行体系保持稳健，存款总额稳步上升。港交所 2020 年 IPO 融资规模已超

① 华德莉等：《广东金融科技发展环境分析》，《广东金融科技发展报告（2018）》，2017 年 12 月，https://www.pishu.com.cn/skwx_ps/databasedetail?contentType=literature&subLibID=&type=&SiteID=14&contentId=9223363&wordIndex=3。

② 广东省地方金融监督管理局，http://gdjr.gd.gov.cn。

③ 《省政府召开 2021 年全省金融工作会议》，广东省人民政府办公厅网站，2021 年 2 月 2 日，http://www.gd.gov.cn/gkmlpt/content/3/3219/post_3219132.html#43。

过320亿美元，同比增长66%；香港与内地间的金融联动也在不断加强，互联互通机制的交投量稳步上升："深港通"2020年日均交易量达1100亿元人民币，"债券通"近200亿元人民币，按年增长均超过115%，充分体现了香港作为内地市场引进国际资本的桥梁角色。[①] 香港在金融方面的优势为粤港澳大湾区金融科技的发展提供了重要的支撑。

2. 粤港澳大湾区城市群区域创新优势突出

粤港澳大湾区金融创新活跃、高新技术产业发达、供应链完整，城市群产业结构和分工在长期的发展中已趋合理，区域创新优势突出。例如，深圳坚持创新驱动，推进以科技创新为核心的全面创新，创新能力雄厚，拥有腾讯、华为、中兴通讯、大疆创新、华大基因、比亚迪、平安科技、金蝶软件、大族激光、迅雷网络、普联科技等一大批高科技企业。另外，微软、英特尔、甲骨文和三星等一批跨国公司研发中心也落户深圳。

同时，深圳市政府高度重视金融科技的发展，相继出台多项政策措施，推动了全市金融科技的发展。2016年12月，深圳成立了全国首个金融科技数字货币联盟及中国（深圳）金融科技研究院，探索推进中国数字货币的科技研发和市场运用。2017年4月，深圳启动了金融科技创客大赛，旨在推动深圳金融科技行业发展、发掘金融创新机构及人才、吸引高质量的金融科技项目落户，宣传深圳金融业发展成果、提升深圳金融中心形象；6月，中国科技金融联盟在深圳正式挂牌成立，旨在促进科技和金融的紧密结合；2017年12月，由深圳证券交易所承建的证券期货业金融科技研究发展中心（深圳）成为国内顶尖的行业金融科技发展和公共研究平台。此外，深圳是全国首个推出"金融创新奖"评选的城市，自2005年起，先后约有2000个项目参与评选，颁发奖金超过1亿元。从2017年起又增设"金融科技专项奖"，有效地强化了金融科技领域的激励引导。

2020年，深圳率先在全国试点发行数字人民币，并率先在《深圳市数

① 香港金融管理局，https：//www.hkma.gov.hk/chi/data-publications-and-research/data-and-statistics/。

字经济产业创新发展实施方案（2021—2023)》中明确提出要开展“基于云计算、大数据、机器学习等技术的金融产品创新”，为金融科技的发展提供了强有力的政策支持。

除深圳外，湾区内其他城市也拥有较为丰富的创新因子，例如以东莞松山湖基地为代表的新技术中心，以其完整的供应链创新、上下游整合、生产体系优势等，共同构成了粤港澳大湾区的科技创新基础。在这一基础上，层出不穷的创新理念和愿意试错的产业链正在越来越多地发挥优势，推动湾区金融和科技生态不断改善，并将创新效应一直向外延伸，成为金融科技创新的理想港湾。

3. 粤港澳大湾区金融科技创新优势特色明显

从金融科技创新能力上看，粤港澳大湾区的金融科技技术能力已经逐步向国际一流湾区靠拢。粤港澳大湾区在金融科技领域的代表性企业腾讯、平安科技、招商银行等已经成为国际金融科技相关联盟成员，许多方面都走在世界前列。

具体而言，以深圳为核心的湾区城市借助良好的互联网和科技创新基础，金融科技发展较快，呈现 B2C 业务类型繁多、创新活跃、产业链分布较广的特点。大湾区是国内最早形成由互联网支付、互联网保险、互联网理财以及大数据征信、金融云平台等业态组成的金融科技与互联网金融格局的地区。以智能投顾为例，广州、深圳智能投顾企业全国占比超过 22%，在以北、上、深、广四个城市为第一梯队的战略格局中大湾区城市就占据两席。美国 CBInsights 发布的 2020 年全球金融科技 250 强榜单中，中国有 3 家企业上榜，全球排名第九，来自深圳前海的联易融数字科技在国内排名第一。① 头部企业不仅对整个金融科技产业发展有强大的带动作用，也有助于推动产业链上下游诞生更多创新创业企业，促进湾区金融科技形成产业行业集聚。

香港特区借助全球金融中心和离岸自由港的优势，金融科技的发展以服务业及 B2B 为主，呈现出国际化程度高、本地化服务突出的特点。借助国际金融中心的优势，香港特区不仅聚集了大量的金融和科技人才，同时基础设施优异，特区即时支付结算系统（RTGS）是全球唯一同时支持四种货币

① CBInsights，The Fintech 250：The Top Fintech Companies of 2020.

（港元、美元、欧元和人民币）运作的支付系统，能处理每天逾万亿港元及人民币的交易。凭借这些优势，香港金管局多管齐下推进金融科技发展。在机构业务（B端业务）方面，香港特区是在全球率先开展监管沙盒试验的地区之一。自2016年启动监管沙盒运作以来，截至2020年12月底，香港特区共有199项金融科技项目获准沙盒试行，其中超过150项是监管科技项目[①]，走在世界前列。此外，香港本地金融科技也发展迅速。

澳门特区的金融科技起步晚、体量小，但也逐渐形成了鲜明的差异化发展特色。2017年澳门特区政府成立跨部门电子商贸工作小组，大力拓展金融科技业务，开展金融区块链、加密货币等相关探索。同时借助金融市场开放的优势，2019年积极引入虚拟银行（蚂蚁银行）落户澳门，目前第二家本土虚拟银行——澳门发展银行也已经营业。此外，2018年澳门移动支付业务也继"澳门通"之后发展迅速。[②] 澳门特区政府还计划于2021年全面推行创新聚合支付工具"聚易用 Simple Pay"，打通包括支付宝（澳门）、澳门中银手机银行、工行e支付、澳门钱包、Luso Pay、丰付宝等在内的8种境内外移动支付工具，助推金融科技业务发展。四大湾区金融科技产业发展情况及特色见表1。

表1　四大湾区金融科技产业发展情况及特色

	粤港澳大湾区	纽约湾区	旧金山湾区	东京湾区
基础设施	三地金融结算设施独立、数据不共享；内地9市数据在大企业内共享且较为完善、政府层面数据割裂，属于中小企业的信用情况并未建立起来	个人及企业信用信息较为完善，信用信息的收录与使用较为市场化。三大征信局和FICO等征信系统降低了成本	与纽约湾区类似	企业征信由东京商工和帝国银行垄断，政府对于信息的披露走向开放

① 香港金融管理局，https：//www.hkma.gov.hk/gb_ chi/key-functions/international-financial-centre/fintech/fintech-supervisory-sandbox-fss/。

② 《澳门移动支付统计（2020年第4季）》，澳门金融管理局网站，2021年1月21日，https：//www.amcm.gov.mo/zh/news-and-announcements/mobilepaymentstat。

续表

	粤港澳大湾区	纽约湾区	旧金山湾区	东京湾区
金融产品创新	内地受外汇管制以及各类分业监管要求,金融产品较为单一,跨境跨国投资渠道受限;香港金融产品全面,可全球进行配置	多样化、全球配置,目前出现了针对新中产的智能投顾型新产品	多样化、全球配置,目前出现了针对新中产的智能投顾型新产品	多样化、全球配置
金融科技技术创新能力	内地尤其是深圳技术创新能力发展迅速,向硅谷看齐	传统式的金融机构联盟,通过投资并购相应的科技公司以发展相应的能力	硅谷聚集了一批世界上首屈一指的科技公司	在东京湾区的大企业带领下,AI、大数据等技术得到长足发展
监管制度	内地与港澳地区监管差异较大,KYC、AML 以及数据隐私处理、创新产品的接受、监管方式均不同;目前内地与港澳地区监管协调机制并未建立。香港的监管沙盒初有成效	州、联邦双层、多极监管框架与跨界的金融科技业务不相适应;法律强调公平可能成为金融科技的隐性制约	与纽约湾区类似	日本的资本管制与海外不同,具体制度上 P2P 项目受日本利息法制约;是世界首个对虚拟货币进行立法规定的国家

二　粤港澳大湾区金融科技发展面临的挑战

从历史的角度看，纽约、旧金山、东京等世界著名湾区的发展均经历了港口经济主导、工业经济发展、服务经济壮大、创新经济引领的阶段。科技创新可以说是后现代湾区发展的主要引擎，是湾区保持蓬勃发展的原动力。与世界级先发湾区相比，粤港澳大湾区也面临较大的挑战。

（一）行业发展规模未能形成集聚效应

以粤港澳大湾区的深圳为例，深圳是国内最早形成由互联网支付、互联网保险、互联网理财以及大数据征信、金融云平台等业态组成的金融科技与互联网金融格局的地区。尽管如此，从规模和体量上说，与境外一些城市相比，仍有差距（见表2）。例如，2020年深圳金融科技企业总融资规模为49.1亿美元，不仅远低于旧金山的195.1亿美元，也大大低于国内金融科技中心北京的180.8亿美元和上海的69.7亿美元（见图1），其中深圳未上市金融科技企业融资额仅占城市融资总额的27.7%，远低于包括旧金山、纽约、伦敦在内的全球八大中心48.2%的平均值。①

表2 世界级湾区金融科技投资情况对比（2019年）

湾区	投资总额（百万美元）	投资数（起）	退出（起）	其他（起）
东京湾区	578.80	110	9	1
旧金山湾区	29300.00	2436	410	174
纽约湾区	13200.00	1231	231	66
粤港澳大湾区	2317.50	129	13	4

资料来源：CBInsights。

注：鉴于数据可得性，四大湾区的数据做了一定简化。东京湾区采用东京地区，纽约湾区采用纽约州，旧金山湾区采用加州，粤港澳大湾区采用香港、广州和深圳的加总。

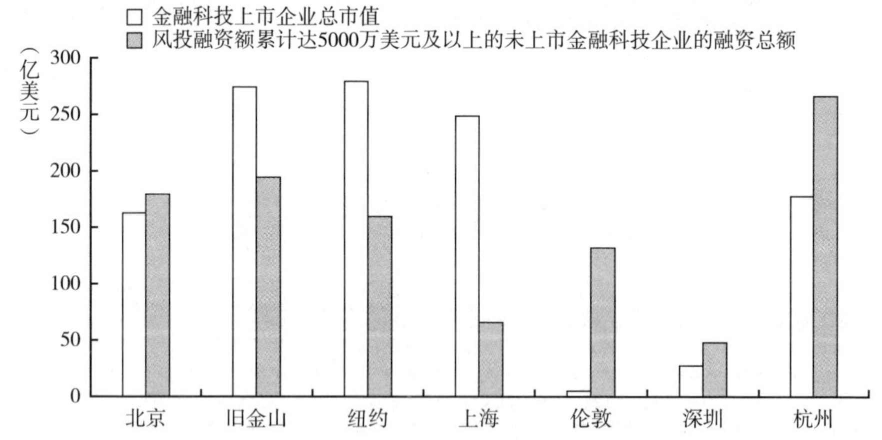

图1 全球主要中心城市金融科技企业融资情况

① Sinai Lab, "Global Fintech Hub Report 2020," Beijing, China September, 2020, http://www.aif.zju.edu.cn/en/upload/at/file/20200916/1600234015528344 9C7B.pdf.

（二）金融数据互联互通仍存在一定障碍

在数据共享方面，整个粤港澳大湾区内的金融数据还未能实现完全整合，港澳地区与内地数据存储隔离不利于湾区金融科技的统筹协调。深圳在金融科技基础数据，尤其是本土头部企业的数据优势未能全面体现，不利于发挥对整个大湾区的辐射带动作用。在监管层面，整个粤港澳大湾区跨境金融监管问题也有待解决。

反观其他世界级湾区，在金融数据方面均有大量的市场机构参与共享，美国方面主要包括普通企业金融数据机构、个人金融数据机构，以及资本市场金融数据机构（如标普、穆迪、惠誉等评级机构，以及彭博、晨星等市场数据机构）。市场化金融数据的存在意味着重要生产要素的自由快速流动，从而能够有效降低金融科技企业的成本，进而推动金融科技产业的快速创新和市场化发展。

（三）金融监管协同机制尚不完善

与世界其他湾区不同，粤港澳大湾区不仅涉及“一国两制”，在金融监管领域的不同法域和法系，也给金融科技的监管带来了较大的挑战。一方面，金融监管执法标准在湾区内无法统一，监管机构各不相同，在金融监管合作方面刚刚起步，尚有较大的完善空间；另一方面，不同法域带来的监管实践难题在金融科技这一新兴领域更为突出，特别是深圳在创新跨境监管机制、对接最新国际规则和惯例等方面发挥的引领作用还不够。例如，深圳监管沙盒、监管科技的应用尚未完全开展，监管经验不足，风险控制标准和合规管理的法律依据尚待进一步明确，与金融科技快速发展的实践不相匹配。

（四）国际化金融科技人才储备不足

与其他世界级湾区相比，粤港澳大湾区在国际化金融科技人才方面的储备明显不足。与单纯的金融和科技行业不同，金融科技行业对人才素质的要求更高，特别是既懂金融又懂科技的人才，国内发展与国外相比起步较晚，人才资源紧缺。调查显示，2020 年现有的金融科技人才中，有 0 ~ 5 年经验的人才占比超过 40%，具有 10 年以上经验的人才不足 20%。[①] Michael Page（中国）的调查报告显示，92% 的受访金融科技企业发现中国目前正面临严重的金融科技专业人才短缺。[②]

这一点甚至在粤港澳大湾区内部也并不均衡。香港依托其国际化金融人才优势，金融科技发展能够紧跟国际最新实践步伐，特别是对接国际金融规则的监管沙盒试验已经进入 2.0 阶段，而深圳金融科技创新监管试点应用目前仅有两批 8 项应用，跨境及国际化项目较少。此外，香港特区在教育、科研及高等院校方面的优势显著，人才引进、税收、医疗等领域的配套机制完善，国际化金融科技人才储备相对更为充足。

三　粤港澳大湾区金融科技发展进路

从长远发展的角度看，世界级金融科技中心往往依赖于价值创造、技术驱动和监管保障三大因素，粤港澳大湾区仅仅依靠先天优势和禀赋基础是远远不够的，下一步，粤港澳大湾区可以有效利用自身驱动力，率先发展金融科技，为数字经济有效赋能。

（一）发挥头部企业带动作用，形成行业发展集聚效应

从企业发展的规律来看，头部企业对整个金融科技产业发展有强大的带动作用，特别是头部企业在整合上下游产业链、创新溢出等方面的推动力，是整个行业良性发展的重要一环。在这一方面，粤港澳大湾区有着较大的发

① 《金融科技人才流动趋势报告（2020）：保险和银行成为互联网人才转行首选》，零壹财经，2020 年 11 月 3 日，http：//www. 01caijing. com/article/270850. htm。

② Michael Page，“Is China facing an acute Fintech talent shortage？”，https：//www. michaelpage. com. cn/sites/michaelpage. com. cn/files/Michael_ Page_ China_ Fintech_ Employment_ 2018_ Report_ EN. pdf.

展空间。美国 CBInsights 发布的“2020 年全球金融科技 250 强榜单”中，中国有 3 家企业上榜，全球排名第九，来自深圳前海的联易融数字科技在国内排名第一。[①] 下一步，可以鼓励 VC/PE 等机构积极参与金融科技企业投融资，实现“科技赋能金融，金融反哺科技”的双线驱动，既加强对金融科技企业，特别是金融科技领军企业的支持与培育，也鼓励持牌金融机构运用科技手段优化业务，推进企业数字化转型。借助创业板注册制重大机遇，重点扶持一批金融科技优质企业率先实现公开市场融资，引领、带动金融科技产业上下游业务聚集，进一步完善深圳金融科技产业链。

（二）深化粤港澳大湾区金融科技市场互联互通

粤港澳大湾区可依托深圳国家金融科技测评中心，与港澳地区共建全球领先的金融科技基础设施。港澳地区金融科技的基础设施发展均有内地城市不可比拟的优势。以香港为例，截至 2020 年 12 月，香港移动支付账户总数已超过 4200 万，平均每人绑定 5.4 个支付工具。2018 年推出的快速支付系统“转数快”，2020 年 12 月已有超过 600 万登记账户，累计交易金额约 18000 亿港元。[②] 澳门尽管金融科技起步晚、体量小，但发展势头迅猛。仅 2020 年澳门移动支付总交易笔数 6549 万笔，总交易金额 63.3 亿澳门元，分别是 2018 年的 48 倍及 71 倍。[③] 深圳可以充分研判港澳地区的优势，率先探索湾区范围内共享部分经过脱敏处理的数据，如税收、征信等，充分利用人工智能和大数据等金融科技手段，推动大湾区内金融监管信息系统与法律法规的对接和数据交换，综合应用区块链、多方安全计算等技术，健全资金融通保障机制与金融风险管控机制，实现政府数据、金融机构数据和社会数据融合应用。

---

① CBInsights：The Fintech 250：The Top Fintech Companies of 2020.

② 香港金融管理局，https：//www.hkma.gov.hk/gb_chi/news-and-media/speeches/2020/12/20201214-1/。

③ 《澳门移动支付统计（2020 年第 4 季）》，澳门金融管理局网站，https：//www.amcm.gov.mo/zh/news-and-announcements/mobilepaymentstat。

（三）构建与香港金融科技产业融合和监管协调的新机制

粤港澳大湾区可借助内地与香港特区良好的合作基础，充分发挥“1+1大于2”的金融科技协作优势。以前述金融监管为例，香港特区是在全球率先开展监管沙盒试验的地区之一，截至2020年12月底，香港特区共有199项金融科技项目获准使用沙盒进行试行，其中超过150项是监管科技项目。① 深圳可以联合香港、澳门金融监管机构，整合两地金融科技产业发展力量和监管力量，设立金融科技专项协调小组。在粤港澳大湾区范围内统筹协调金融科技发展政策需求，就内地与港澳地区共同关注的事项开展定期讨论，并协调两地不同的金融科技政策，实现金融科技监管的标准化和市场化。

（四）创新与港澳金融科技人才共享机制

在激励和吸引金融科技人才方面，可以尝试探索将先行示范区、自贸区等有关外汇、子女教育、医疗等优惠政策复制或推广至粤港澳大湾区范围内适用。积极吸纳在金融科技领域取得优秀成果的项目团队或个人落户粤港澳大湾区，对于大湾区较为紧缺的金融科技人才，尝试采用柔性引进策略，尽可能吸纳世界顶尖人才为粤港澳大湾区金融科技发展服务。同时，还可以充分利用粤港澳大湾区内已有的高等院校、科研机构、企业金融博士后工作站和流动站、创新实践基地，支持内地与港澳地区相关教学、研究资格互认，鼓励金融科技人才在粤港澳大湾区内交流互换。构建粤港澳大湾区人才诚信体系，建设粤港澳大湾区信用机构数据共享平台，在信用记录归集、信用大数据分析、信用风险预警等方面开展合作，跟踪评估金融科技人才，服务大湾区金融科技企业发展。

---

① 香港金融管理局，https：//www.hkma.gov.hk/gb_chi/key-functions/international-financial-centre/fintech/fintech-supervisory-sandbox-fss/。

B.17
创新驱动高质量发展的深圳实践与探索

陈望远*

摘　要： 习近平总书记在深圳经济特区成立40周年庆祝大会上高度肯定了深圳40年来所取得的发展成就，指出实现了5个历史性跨越。深圳依靠创新驱动的内涵型增长，率先走出了一条高质量发展的成功之道，创造了现代化、工业化、城市化的奇迹，成长为具有重要影响力的创新型城市。本文通过系统梳理深圳创新发展历程，提出适应新发展阶段、贯彻新发展理念、融入新发展格局的建议对策。

关键词： 创新驱动　高质量发展　深圳

习近平总书记指出，必须坚持创新是第一动力，在全球科技革命和产业变革中赢得主动权，并强调“必须倍加珍惜、长期坚持，在实践中不断丰富和发展”。回顾 40 年来的发展历程，深圳依靠创新驱动的内涵型增长，大致经历了五个发展阶段，形成了五个方面的特色与优势，率先走出了一条高质量发展的成功之道，创造了现代化、工业化、城市化的奇迹，成为具有重要影响力的创新型城市。

---

* 陈望远，博士，深圳市科技创新委员会政策法规处副处长，主要研究方向为科技体制改革、创新驱动发展战略规划及科技政策。

一 深圳创新发展的五个阶段

（一）第一次转型升级，“三来一补”加工制造业发展期（20世纪70年代末到80年代）

这一时期，深圳牢牢抓住改革开放和国际产业转移两个重大机遇，大力发展劳动密集型的“三来一补”加工制造业，全方位参与国际分工，逐步融入全球产业链和市场体系，全面启动以产业发展为主的现代化进程，迅速完成了原始积累，奠定了坚实的工业基础。

（二）第二次转型升级，模仿创新发展期（20世纪80年代末到90年代）

这一时期，全球电子信息产业飞速发展，深圳顺势提出“抓高新、上规模、重效益”，明确以电子信息产业为龙头的高新技术产业前瞻布局。1985年创办了科技工业园。1987年出台了《深圳市人民政府关于鼓励科技人员兴办民间科技企业的暂行规定》，培育了华为等一批高科技民营企业。出台加快高新技术及其产业发展暂行规定，于1998年率先拉开了大力发展高新技术产业的序幕。

（三）第三次转型升级，引进消化吸收再创新发展期（20世纪90年代末到21世纪初）

1998年2月出台《关于进一步扶持高新技术产业发展的若干规定》（又称“22条”），直接引发了深圳新一轮高新技术产业发展热潮。第一届高交会（中国国际高新技术成果交易会）于1999年在深圳成功举行，并发展成具有重大影响的国内科技第一展。高新技术产业从1991年的22.86亿元增长到2008年的8710.95亿元，年均增长41.83%，占工业总产值的比重从7.26%增加到53.5%。[①]

---

① 本报告所有资料来源于深圳市科技创新委员会，特此说明。

（四）第四次转型升级，自主创新发展期（21世纪前十几年）

2009 年，率先布局七大战略性新兴产业，包括新一代信息技术、新能源、生物医药、新材料、互联网、节能环保、文化创意。2013 年，深圳明确五大未来重点发展产业，包括生命健康、海洋经济、航空航天、军工、智能装备。

（五）第五次转型升级，原始创新发展期（2010年至今）

2017 年，实施创新“十大行动计划”。2018 年 12 月，印发加强基础研究实施办法。2019 年，推出深圳科改“22 条”，建立具有深圳特色的“一类科研资金、五大专项、24 个类别”完备的科技计划体系。2020 年，出台《深圳经济特区科技创新条例》，是国内覆盖创新全生态链的地方性法规；科技部、深圳市人民政府联合印发《先行示范区科技创新行动方案》，大湾区综合性国家科学中心先行启动区获批，鹏城实验室成为国家级重大科研平台，这是深圳建市以来，国家在深圳布局的第一个国家级重大科研机构。

二　深圳创新发展的特色与优势

（一）高新技术产业发展成为全国的一面旗帜

2015 年，深圳高新技术产业增加值为 5847.91 亿元，2019 年为 9231 亿元，增长了 57.85%。印发实施《深圳国家高新区扩区方案》（深府函〔2019〕123 号），将南山、坪山、龙岗、宝安、龙华等 5 个园区纳入深圳国家高新区范围，形成“一区两核多园”的发展新格局，扩区后面积达 159.48 平方公里，约为扩区前的 14 倍。深圳国家高新区综合实力连续多年位居全国前列，高新技术企业突破 1.8 万家，仅次于北京。世界 500 强企业达 8 家，5G、新能源汽车、无人机、8K、人工智能、基因测序、3D 显示等领域的技术创新能力处于并跑、领跑，连续 16 年 PCT 申请量居全国城市首

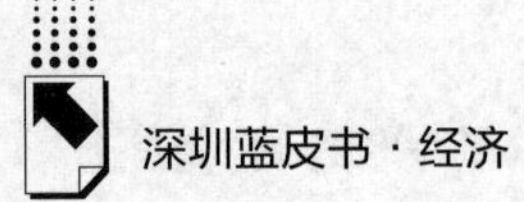

位。近4年累计获得国家科技进步特等奖、技术发明一等奖等国家科技奖项51项，获广东省科技奖120项。获批国家新一代人工智能创新发展试验区。

（二）科技体制机制改革深入推进

出台支持科技创新的若干措施、提升企业竞争力的若干措施、促进人才优先发展的若干措施，集中推出200多条创新举措。出台高新技术产业高质量发展决定，大力实施包括科技体制机制攻坚在内的“七大工程”。颁布科技创新条例、自主创新示范区条例等，为创新驱动发展战略的全面实施提供强有力的法治保障。制订深圳市科技计划管理改革方案，推进科研项目组织模式创新，推行项目推荐“悬赏制”、项目评审“主审制”、项目经费“包干制”。印发《创新行动方案》，推动在科技创新治理体系上率先破题。

（三）国家级战略创新平台取得重大突破

第四个综合性国家科学中心全速推进，光明科学城集中布局建设一批大科学装置。深港科技创新合作区制度创新取得实质性进展，推动130多个高端科研项目对接或落地。西丽湖国际科教城进展步伐加快，成为“部省市”共建平台。鹏城实验室、深圳湾实验室等建设提速，首批国家应用数学中心、肿瘤化学基因组学国家重点实验室获批建设，累计建成基础研究机构12家、诺奖实验室11家、各类创新载体2700多家。成功获批首批国家可持续发展议程创新示范区，创新引领超大型城市可持续发展取得显著成效。

（四）深化完善全过程创新生态链

聚焦基础研究和应用基础研究，持续发力冲锋，出台加强基础科学研究的实施办法，在科研项目、科研组织、科技基础设施、科技人才和科研合作等领域提出23条举措，建立基础研究和应用基础研究市级财政科技专项资金投入长效机制，三年翻了两番多，2017年近10亿元、2019年48亿元，占比从2017年的15.7%增加到37.2%。着力打通成果产业化通道，加快推

进国家技术转移南方中心建设，拥有国家技术转移示范机构 11 家，市级备案技术转移机构 67 家；连续举办 12 届“中国深圳创新创业大赛”。实施贷款贴息贴保计划，累计对中小微科技型企业予以 1.4 亿元贴息支持。推动设立规模达 100 亿元的天使投资引导基金，累计投资近 200 个天使项目。建立从博士到诺贝尔奖获得者的全周期人才资助体系，成功举办国际人才交流大会。

（五）在全球创新版图中的活跃度大幅攀升

与广州务实推进广深港澳科技创新走廊、共建综合性国家科学中心等 6 个合作事项；5000 多万元科研资金成功跨境过港使用，首次将澳门高校纳入资助范围，更大范围、更宽领域、更强力度促进了大湾区科技创新融合发展。深圳市大型科学仪器设施共享平台上线运营，面向粤港澳大湾区开放共享。截至 2020 年 12 月底，499 家仪器管理单位在平台注册，入网仪器总数 9262 台套，开放共享仪器 5612 台套。在全球创新资源密集地区建设 10 家海外创新中心，构建了国际科技合作生态圈。成功举办全球青年创新集训营活动 UNLEASH2019。

三 深圳创新引领发展的对策建议

习近平总书记强调“改革就是点燃科技创新这个新引擎必不可少的点火系”，“科技领域是最需要不断改革的领域”。深圳以刀刃向内的改革魄力，聚焦科技创新的痛点、难点、堵点，在项目评审、科研经费、知识产权保护、创新人才等重点环节，不断深化改革，激发创新活力。面向“十四五”，迈向新征程，我们要深刻认识习近平总书记、党中央对科技创新前所未有的高度重视，胸怀“国之大者”，强化创新战略地位，加大力度推进科技自立自强。

党的十九届五中全会上，习近平总书记高瞻远瞩、把握大势，创造性地提出了新发展阶段、新发展理念、新发展格局等具有长远指导意义的重大理论，并专章部署科技创新，摆在首位。为贯彻落实总书记面向2035年的战略部署，2021年1月6日，深圳市委书记王伟中在全市科技奖励大会上，擘画了深圳科技创新“三阶段三个五年”的宏伟蓝图。

2021年是向第二个百年奋斗目标进军的开局之年，我们要把握好新趋势，下好先手棋、跑好第一程，坚持面向世界科技前沿、坚持“四个面向”（面向经济主战场、面向国家重大需求、面向人民生命健康），前瞻谋划好“十四五”科技创新的重大战略任务、重点发展领域、重大科技项目、重要发展集群，不断向科学技术广度和深度进军。

（一）推动“创新驱动发展”向“创新引领发展”转变

深圳以往从产业界的需求驱动然后再到技术知识供给的“工程（E）—技术（T）—科学（S）”单向模式，随着新的科技革命和产业变革发展，将从“ETS”向“STE”“ETS”循环共生进行模式转换，建立从“0”到“1”（基础研究）、“1”到“2.5”（技术攻关）、“2.5”到“6”（技术熟化）、“6”到“9”（产业发展），再从“9”到“10”（跟踪反馈）的创新生态新闭环，从科技创新逻辑起点到产业发展，再到产业进步，产业反馈新需求给科技供给方的完整创新模式，形成一个新的创新闭环，从而实现科技与产业的双向促进、螺旋上升。“科学（S）—技术（T）—工程（E）”双向循环共生的创新生态新闭环将推动“创新驱动发展”向“创新引领发展”的历史性跨越。

（二）推动“关键核心技术受制于人”向“科技自立自强”转变

通过不低于30%的市级科技研发资金稳定支持、省市基金联动和社会力量投入等多渠道持续深化基础研究，实现更多“从0到1”的重大成果突破。发挥各类创新主体的作用，支持主动承接一批具有前瞻性、战略性、引领性的国家重大科技项目，围绕国家需求，建立重大战略科技任务直接委托和协同攻关机制，注重目标导向，实行“军令状”“里程碑”式管理，打造一支招之能战、战之能胜、彰显先行示范的“科技王牌军”。

（三）推动“科技供给侧结构性改革”向“注重需求侧管理”转变

狠抓“全面深化改革任务”和“综合改革试点任务”两个任务，以“思想破冰”引领“改革突围”，完善科技创新环境制度。实施“悬赏制”。推进权属改革，依法保护产权和知识产权，赋予科技成果完成人或者团队所有权或长期使用权，变“分粮”为“分田”，确立公司“同股不同权”制度，保护知识产权拥有者利益不被稀释；大胆“解绑”、充分“放权”，授予高校和科研机构学术自主权和科研人员选题权，为经费管理、人才评价等“松绑”，激发创新活力。

（四）推动“科研攻关单一模式”向“创新攻关一盘棋”转变

加强科技、发改、工信等部门统筹协调，构建跨学科、跨领域、跨行业的平台、项目、人才一体化建设机制，推进企业、高校、科研机构、行业协会等协同联动，在全球科技革命和产业变革中赢得主动权。建立“创新联合体”，实施清单式排查、矩阵式布局的“链长制”，围绕产业链部署创新链、围绕创新链布局产业链，促进技术供需“两端”结合更紧密。

（五）推动“创新主体分散突进”向“多主体协同、多点带动”转变

整合科研院所、龙头企业、全球资源等各方面力量，强化境内外科技联动，建设一批联合实验室、离岸实验室，共同承担一批重大专项，共享一批研发成果，创新“科学家 + 工程专家 + 研发团队”组织模式，整合资源、集中精锐力量攻坚克难。加快推动高校、科研机构、企业、金融机构等多主体协同，实施光明科学城、西丽湖国际科教城、河套深港科技创新合作区和深圳高新区“两城两区”多点带动战略，汇聚起大学、国家实验室和基础研究机构、联合实验室和创新中心、创新型企业总部、孵化器和加速器、风险投资等创新元素的顶级组合，形成推动高质量发展的强大创新内生动力。

（六）推动“开放创新”向“融入全球网络”转变

坚持以开放应对封闭、以市场换取资源，率先探索实施大科学计划，遴

选具有潜力的项目进行重点培育，推进“以我为主”的大科学计划和大科学工程，主动融入全球创新网络。推动深港“大科创”、联通“双循环”，在河套深港科技创新合作区与香港共同制定联合政策包，从联合支持科研项目、科研人才方面招才引智，吸引国际科研人才及项目等创新资源，打造畅通国内大循环和联通国内国际“双循环”的“深圳样本”。

参考文献

《中共中央关于制定国民经济和社会发展第十四个五年规划和二〇三五年远景目标的建议》，中国共产党第十九届中央委员会第五次全体会议通过，2020 年 10 月。

《深圳建设中国特色社会主义先行示范区综合改革试点实施方案（2020—2025 年）》，中共中央办公厅、国务院办公厅，2020 年 10 月。

《中国特色社会主义先行示范区科技创新行动方案》，科技部、深圳市人民政府，2020 年 7 月。

《深圳经济特区科技创新条例》，深圳市第六届人民代表大会常务委员会第四十四次会议通过，2020 年 8 月。

《赋予科研人员职务科技成果所有权或长期使用权试点实施方案》，科技部、发展改革委、教育部、工业和信息化部、财政部、人力资源和社会保障部、商务部、知识产权局、中科院，2020 年 5 月。

B.18

金融机构信贷对粤港澳大湾区上市公司创新效率的影响

张向荣　常凯*

摘　要：　本报告运用面板数据调查广东9市和香港地区信贷资金和信贷期限结构对上市公司创新效率的传导效应。香港地区上市公司从金融机构获取信贷资金明显高于广东9市上市公司所获取的信贷资金，香港地区上市公司创新效率明显高于广东9市上市公司创新效率。金融机构所提供信贷资金和信贷期限结构均能够有效地推进香港和广东9市上市公司的创新效率，长期信贷对上市公司创新效率的促进作用明显优于短期信贷资金对上市公司创新效率的促进作用，且香港信贷资金对上市公司创新效率的促进效果略弱于广东9市信贷资金对上市公司创新效率的促进效果。与此同时，广东9市上市公司研发密度和上市年龄能够有效地推进上市公司提升创新效率，香港地区上市公司规模和上市年龄也能够有效地推进上市公司提升创新效率。

关键词：　信贷配给　短期信贷　长期信贷　GMM 面板分析法

2015 年 10 月 26 日党的十八届五中全会强调，“十三五”时期发展目标是破解发展难题，厚植发展优势，牢固树立并切实贯彻“创新、协调、绿

* 张向荣，深圳市科技开发交流中心高级工程师，主要研究方向为科技金融；常凯，浙江财经大学金融学院副教授，主要研究方向为绿色金融与绿色创新。

色、开发、共享”的新发展理念。在中美贸易摩擦环境下，“中兴事件”“孟晚舟事件”“安卓系统收费”等一系列重大事件诱使我国政府和企业对推进科技创新和提升创新效率的高度关注，更凸显出科技创新是驱动国家经济可持续发展的动力，是企业获得持久的市场竞争力和经营利润的源泉。

企业是推动科技创新的主体，金融机构信贷是企业创新活动的重要资金来源，也是激励企业推动科技创新的关键举措。企业创新活动与金融因素存在紧密的关联，股权资本、债务资本、现金持有量、现金流量以及信贷约束是影响企业创新活动的关键因素。Ayyagari 等发现企业获得外部融资能够推动企业的创新活动。[①] Czarnitzki 等认为研发资金的信贷贴息政策会给创新企业带来额外的创新产出。[②] Guariglia 和 Liu 指出中国企业创新活动受到内部融资可用性的制约。[③] Atanassov 发现银行融资能够推动美国企业的创新活动，债务和股权融资显著地增加企业的创新支出。[④] Loof 和 Nabavi 验证高科技行业的创新企业是通过利用内部现金资源来抵消负面的金融冲击。[⑤] Shi 等却发现融资会阻碍企业技术创新活动，企业专利增长率和研发资产比均会下降。[⑥]

国内学者认为企业创新需要充足的资金支持，外部和内部资金会影响企业的研发投入和技术进步。李冲和钟昌标发现国有企业具有较低的融资成

① M. Ayyagari, A. D. Kunt, V. Maksimovic, “Firm Innovation in Emerging Markets: the Role of Finance, Governance, and Competition,” *Journal of Financial and Quantitative Analysis* 46 (2011): 1545 – 1580.

② D. Czarnitzki, P. Hanel, J. M. Rosa, “Evaluating the Impact of R&D Tax Credits on Innovation: A Microeconometric Study on CanadianFirms,” *Research Policy* 40 (2011): 217 – 229.

③ A. Guariglia, P. Liu, “To What Extent Do Financing Constraints Affect Chinese Firms' Innovation Activities?” *International Review of Financial Analysis* 36 (2014): 223 – 240.

④ J. Atanassov, “Arm's Length Financing and Innovation: Evidence From Publicly Traded Firms,” *Management Science* 62 (2016): 128 – 155; M. D. Amore, S. Schneider, A. Žaldokas, “Credit Supply and Corporate Innovation,” *Journal of Financial Economics* 109 (2013): 835 – 855.

⑤ H. Loof, P. Nabavi, “Innovation and Credit Constraints: Evidence from Swedish Exporting Firms,” *Economics of Innovation and New Technology* 25 (2016): 269 – 282.

⑥ Y. Shi, L. Gong, J. Chen, “The Effect of Financing on Firm Innovation: Multiple Case Studies on Chinese Manufacturing Enterprises,” *Emerging Markets Finance and Trade* 55 (2019): 863 – 888.

本，但国有企业比私有企业具有较低的创新产出。[①] 信贷资金是企业增加创新投资的主要资金来源，银行增加信贷配给会加强企业创新能力。[②] 信贷融资、政府补贴和税收优惠政策能够推进企业的创新活动。[③] 信贷资金的错配行为、寻租行为和融资约束均会抑制企业的创新产出。[④] 吴海波和姚洪兴却发现银行贷款对企业创新投资促进作用不显著。[⑤] 徐飞发现银行信贷偏好于前期低创新企业，银行信贷强度抑制企业再创新投入。[⑥]

综合上述，金融机构信贷对上市公司创新活动产生重要的影响。在粤港澳大湾区发展战略格局下，粤港澳大湾区上市公司迎来良好的发展机遇，应加快培育上市公司创新动力，提高创新资源再配置效率，提高大湾区上市公司创新活力和市场竞争力。由于上市公司创新活动具有高风险和信息不对称性，探索金融机构信贷不仅有利于政府决策者甄别信贷政策的有效性和优化信贷政策推进公司创新，还有利于公司管理者优化创新战略决策和提高创新效率。

一　变量说明和研究设计

（一）样本来源

本报告选取广东 9 市 2011 ~2017 年 A 股上市公司为广东研究样本，删

① 李冲、钟昌标：《融资成本差异与企业创新：理论分析与实证检验——基于国有企业与民营企业的比较研究》，《科技进步与对策》2015 年第 17 期。

② 李后建、刘思亚：《银行信贷、所有权性质与企业创新》，《科学学研究》2015 年第 7 期；冯科：《信贷配给、固定资产投资水平与企业创新》，《中央财经大学学报》2016 年第 4 期。

③ 郑春美、李佩：《政府补助与税收优惠对企业创新绩效的影响——基于创业板高新技术企业的实证研究》，《科技进步与对策》2015 年第 16 期。

④ 张璇、刘贝贝、汪婷、李春涛：《信贷寻租、融资约束与企业创新》，《经济研究》2017 年第 5 期；马红、侯贵生、王元月：《短贷长投对企业创新可持续性支持的实证研究》，《科技进步与对策》2018 年第 11 期；李玉龙：《土地财政抑制了企业创新吗——基于信贷错配视角的分析》，《财经理论与实践》2019 年第 1 期。

⑤ 吴海波、姚洪兴：《银企信贷中外源性 R&D 投入与企业创新能力评价体系局限性研究——基于动态博弈视角》，《科技进步与对策》2014 年第 16 期。

⑥ 徐飞：《银行信贷与企业创新困境》，《中国工业经济》2019 年第 1 期。

除上市公司极端的财务数据以及数据缺失的企业，总共收集整理了147家上市公司；选择香港特别行政区2011～2016年（2017年数据缺失较多）A股上市公司为香港研究样本，删除上市公司极端的财务数据和数据缺失的企业，总共收集整理了57家香港本地上市公司。但是Wind数据库缺失澳门特别行政区上市公司相关的数据，因此本报告暂时没有考虑澳门特别行政区上市公司的创新效率问题。

（二）变量测度及其解释说明

金融机构信贷：此处选择上市公司从金融机构获取短期借款、长期借款和金融机构总借款占总司总资产比例来衡量金融机构信贷配置状况。

企业规模：此处采用上市公司总资产价值的自然对数。

技术机会：此处根据研发密度=研发投入/营业收入。

上市年龄：此处采用当年末日期与上市首日的差额，再除以365，测算上市的年限。

公司创新效率：此处选择上市公司全要素生产率作为公司创新效率。资本变量的处理是以资本账面价值转化为可比较的资本存量，此处选择资本存量和员工人数作为生产函数的输入要素，企业营业收入作为产出要素，根据生产函数测算全要素生产率。根据Olley和Pakes① 以及鲁晓东和连玉君②，建立资本存量与投资额之间的关系：

$$K_{i,t+1} = (1-\delta)K_{i,t} + I_{it} \tag{1}$$

此处K是企业的资本存量，采用永续盘存法测算，I代表当期投资额，折旧率δ采用陈昌兵估算的企业资本折旧率10%③。企业上市年末资本存量$K_0 = I_0/(g+\delta)$，投资增长率g采用企业上市年末投资额与2017年期末投

① S. Olley, A. Pakes, "The Dynamics of Productivity in the Telecommuications Equipment Industry," *Econometrica* 64（1996）：1263－1297.

② 鲁晓东、连玉君：《中国工业企业全要素生产率估计：1999—2007》，《经济学季刊》2012年第2期。

③ 陈昌兵：《可变折旧率估计及资本存量测算》，《经济研究》2014年第12期。

资额的差异，然后测算出在此期间投资额的平均增长率。根据 C－D 生产函数：

$$Y_{it} = AL_{it}^{\alpha}K_{it}^{\beta} \tag{2}$$

此处 K 是企业资本存量，L 是企业员工人数，A 是企业全要素生产率，将方程（2）取对数后，其转化为：

$$y_{it} = \alpha l_{it} + \beta k_{it} + u_{it} \tag{3}$$

方程（3）的残差项包含了企业全要素生产率 A_{it} 对数形式的信息。主要变量及其解释说明如表 1 所示。

表 1　主要变量及其解释说明

变量性质	符号	名称	计算方法
被解释变量	TFP	企业全要素生产率	OLS 法
解释变量	Sloan	企业短期借款资产比	短期借款/总资产
	Lloan	企业长期借款资产比	长期借款/总资产
	CRTA	金融机构借款资产比	(短期借款＋长期借款)/总资产
控制变量	Size	企业规模	企业总资产取对数
	TP	技术机会	研发密度＝研发费用/营业收入，高于行业平均研发密度为 1，反之为 0
	Age	上市年龄	(年末日期－上市日期)/365
	RD	研发密度	研发投入/营业收入

（三）实证模型设计

此处运用面板数据检验广东 9 市和香港特别行政区上市公司从金融机构获取短期借款和长期借款以及金融机构借款对公司全要素生产率的影响，构建实证模型（4）和（5）：

$$TFP_{it} = c + \alpha_1 sloan_{it} + \alpha_2 lloan_{it} + \beta_1 size_{it} + \beta_2 TP_{it} + \beta_3 age_{it} + \mu_{it} \tag{4}$$

$$TFP_{it} = c + \alpha_1 crta_{it} + \beta_1 size_{it} + \beta_2 TP_{it} + \beta_3 age_{it} + \mu_{it} \tag{5}$$

此处 TFP 是企业全要素生产率，Sloan、Lloan、Crta 分别是企业短期借款资产比、长期借款资产比和金融机构借款资产比，Size、TP、Age 分别代表企业规模、技术机会、上市年龄。

二　实证检验与结果分析

（一）统计性描述

2011 年至 2017 年期间，大湾区广州和深圳两市上市公司从金融机构获取年均信贷水平分别为 20. 5200 亿元和 17. 6000 亿元，位于广东 9 市中上市公司获取金融机构信贷的最高水平。珠海、东莞、中山、江门和佛山 5 市上市公司从金融机构获取年均信贷水平分别为 5. 8700 亿元、5. 3300 亿元、5. 3300 亿元、5. 0500 亿元和 4. 5700 亿元，是广州 9 市中上市公司获取金融机构信贷水平较高的，但惠州和肇庆两市上市公司获取金融机构信贷处于较低的水平。大湾区 9 市上市公司全要素生产率呈现较大的变化趋势。东莞、广州、深圳、中山 4 市上市公司年均全要素生产率分别为 3. 6800、3. 6000、3. 4900 和 3. 4000，略高于珠海和佛山两市上市公司年均全要素生产率，明显高于江门、肇庆和惠州 3 市上市公司年均全要素生产率，这些统计结果显示深圳和广州两市上市公司创新效率明显高于广东其他 7 市上市公司创新效率。

广东 9 市上市公司从金融机构获取的短期借款从 2011 年的 5. 8476 亿元增加到 2017 年的 15. 6502 亿元，长期借款从 2011 年的 3. 3961 亿元增加到 2017 年的 8. 5407 亿元，总借款从 2011 年的 9. 2437 亿元增加到 2017 年的 24. 1909 亿元（见表 2），这说明金融机构所提供的短期借款、长期借款和总借款呈现逐年递增趋势。从大湾区广东 9 市上市公司平均全要素生产率看，2012 年至 2014 年上市公司全要素生产率增长速度为负值，但 2015 年至 2017 年上市公司全要素生产率增长速度较快。

香港上市公司从金融机构获取短期借款水平在 2012 ~ 2016 年呈现先上

升后下降再上升的变化趋势，长期借款和总借款水平在 2011 ~2016 年也呈现先递增后递减的变化趋势，且相对于广东 9 市上市公司从金融机构获取长期借款水平，香港上市公司获取长期借款水平尤为突出。2011 年至 2016 年期间大湾区香港特别行政区上市公司从金融机构获取短期借款、长期借款以及总借款水平显著地高于大湾区广东 9 市上市公司从金融机构获取短期借款、长期借款和总借款水平。2011 年至 2016 年期间大湾区香港特别行政区上市公司年均全要素生产率分别为 6. 2749、6. 3107、6. 2874、6. 4686、6. 4304 和 6. 4883，这说明香港地区上市公司创新效率明显高于广东 9 市上市公司创新效率。

表 2　广东 9 市与香港地区上市公司获取金融机构借款及其全要素生产率的统计分析

年份	广东 9 市				香港地区			
	Sloan	Lloan	CRTA	TFP	Sloan	Lloan	CRTA	TFP
2011	5. 8476	3. 3961	9. 2437	3. 7272	25. 5252	101. 0794	126. 6046	6. 2749
2012	6. 9085	3. 2820	10. 1905	3. 4622	14. 7988	122. 9183	137. 7171	6. 3107
2013	7. 6564	3. 6513	11. 3077	3. 3927	21. 1096	131. 2421	152. 3517	6. 2874
2014	8. 3049	5. 4300	13. 7349	3. 3556	23. 7380	131. 4326	155. 1707	6. 4686
2015	10. 012	6. 8352	16. 8472	3. 2988	20. 1586	118. 5598	138. 7184	6. 4304
2016	11. 2871	7. 5293	18. 8165	3. 3715	16. 3348	101. 0727	117. 4074	6. 4883
2017	15. 6502	8. 5407	24. 1909	3. 4599				

注：Sloan，Lloan，CRTA 代表金融机构短期借款、长期借款和总借款，单位亿元，香港特别行政区上市公司 2017 年数据缺失较多，故 2017 年金融机构短期借款、长期借款、总借款和全要素生产率均未统计。

（二）上市公司获取金融机构借款与创新效率的实证分析

我们先对广东 9 市和香港地区的模型 4 和模型 5 使用 Hausman 进行检验，检验结果如表 3 所示。广东 9 市和香港地区的模型 4 和模型 5 概率值均显著小于 0. 01，*Chi-Square* 统计值均大于 19. 00，显著拒绝原假设，因此模型采用面板数据的固定效应进行模拟分析。

图1　广东9市与香港地区上市公司获取金融机构借款及其全要素生产率

表3　模型4和模型5使用Hausman检验结果

区域	模型	*Chi-Square. Statistic*	*Chi-Square. D. f.*	概率
广东9市	4	29.6858	5	0.0000
	5	19.8549	4	0.0000
香港	4	22.6813	4	0.0000
	5	22.6268	3	0.0000

表4显示了金融机构信贷对广东9市与香港地区上市公司创新效率影响的实证结果。从AR（2）和Sargan检验值看，广东9市和香港地区的模型4和模型5的AR（2）值均大于0.10，模型4和模型5不存在二阶自相关性，Sargan检验值均显著大于26.00，概率值均显著大于0.1，这说明模型不存在内生性问题，模型4和模型5模拟效果良好。广东9市和香港地区中金融机构的短期借款和长期借款均对上市公司创新效率产生显著的正相关性，且金融机构的长期借款对上市公司创新效率的推动作用明显优于短期借款对上市公司创新效率的推动作用。但是香港地区金融机构的短期借款和长期借款

对上市公司创新效率的促进作用均显著低于广东9市金融机构短期借款和长期借款对上市公司创新效率的促进作用，这说明广东9市金融机构所提供的短期借款和长期借款能够更有效地促进上市公司提高创新效率。广东9市和香港地区金融机构总借款均对上市公司创新效率产生显著的正向影响，且广东9市金融机构借款对上市公司创新效率的促进效果明显优于香港金融机构借款对上市公司创新效率的促进效果。上述实证结果说明金融机构提供信贷资金在一定规模范围内，信贷资金能够有效地推进上市公司提高创新效率，但信贷资金达到一定规模后，充裕的信贷资金将导致上市公司金融资源配置效率下降，研发投入相对密度会有所下降，因此过量的信贷资金会降低上市公司创新效率的促进作用。

此外，广东9市上市公司研发密度和上市年龄均对创新效率产生显著的正向作用，这说明上市公司投入研发资金越多，越能推进上市公司技术进步，提高市场竞争能力，成熟的上市公司具有更高的创新效率，但上市公司规模对创新效率影响并不显著。香港地区上市公司规模和上市年龄均对创新效率产生显著的正向作用，这说明香港地区上市公司随着规模增加，公司创新效率明显提升，成熟的上市公司具有更高的创新效率。

表4　广东9市与香港地区上市公司获取金融机构信贷与创新效率的实证结果（GMM法）

区域	广东9市		香港地区	
变量	模型4	模型5	模型4	模型5
$TFP_{it}(-1)$	0.5270*** (10.0624)	0.4714*** (13.9178)	0.4337*** (23.9151)	0.1054*** (15.9235)
$Sloan_{it}$	1.8955*** (3.1717)		0.6181*** (2.8121)	
$Lloan_{it}$	2.1026*** (2.6660)		1.3535*** (6.1050)	
$Crta_{it}$		0.7864*** (2.9940)		0.7410** (2.2319)
$Size_{it}$	-0.0988 (-0.8026)	-0.0170 (-0.5755)	0.3437*** (9.2024)	1.2026*** (19.3772)

续表

区域	广东9市		香港地区	
变量	模型4	模型5	模型4	模型5
TP_{it}	-0.2843 * (-1.8965)	-0.1168 * (-1.8077)		
Age_{it}	0.0404 * (1.8184)	0.0393 *** (5.6186)	0.0223 ** (2.4393)	0.0187 * (1.3061)
AR(2)	0.1505	0.1795	0.3426	0.2037
Sargan test	42.1903 (0.4627)	58.3450 (0.8162)	38.6177 (0.1092)	26.8708 (0.3624)

注：***、**、*分别代表在99%、95%、90%显著水平下表现显著，括号里的统计值是t检验值。

三　结论

本报告选择粤港澳大湾区广东9市和香港地区上市公司的面板数据，实证研究信贷结构和信贷资金对广东9市和香港地区上市公司创新效率的传导效应。广东9市中，深圳和广州2市上市公司从金融机构获取信贷资金明显高于其他7市上市公司所获取信贷资金，深圳和广州2市上市公司创新效率明显高于广东其他7市上市公司创新效率。广东9市和香港地区上市公司获取金融机构借款均呈现先上升后下降的趋势，广东9市上市公司创新效率呈现先下降后上升的趋势，而香港地区上市公司创新效率是先上升后下降的运动趋势。

广东9市和香港地区金融机构所提供的短期信贷和长期信贷均能够推进上市公司创新效率的改善，且长期信贷对上市公司创新效率的促进作用明显优于短期信贷对上市公司创新效率的促进作用，香港地区金融机构短期信贷和长期信贷资金对上市公司创新效率的促进作用明显低于广东9市金融机构短期信贷和长期信贷对上市公司创新效率的促进作用。广东9市和香港地区金融机构总信贷资金能够有效地推进上市公司创新效率的改善，且广东9市

金融机构信贷资金对上市公司创新效率的促进作用略高于香港地区金融机构信贷资金对上市公司创新效率的促进作用。此外，广东9市上市公司研发密度和上市年龄均能够推动上市公司提高创新效率，但公司规模并未对上市公司创新效率起到较好的促进作用。香港地区公司规模和上市年龄均能够推动上市公司提高创新效率。

B.19

东京大田区制造业升级的经验及启示

余臻　廖明中*

摘　要：　日本东京大田区是大都市圈制造业升级的典型样本，对于中国制造业升级有重要启示意义。本报告在深入分析发展基础及内外部环境的基础上，总结了六条制造业升级经验：坚持以技术创新驱动制造业升级、打造高精尖中小企业集群和合作网络、专注于高精尖的工匠精神、灵活的产业空间供给模式、制造企业集中化与产城融合模式、坚持对海外市场的开放。并针对经验提出了中国制造业升级的启示。

关键词：　大田区　东京都市圈　制造业升级

一　引言

自进入工业化时代以来，人类社会先后经历了工业化、去工业化和再工业化等阶段，产业存在明显的阶段性特征，处于不同发展阶段的国家或地区往往具有不同的产业结构，产业升级成为一个具有战略意义的现实命题。学界对产业升级的内涵有不同解读，有学者认为产业升级就是产业结构的升级，或是主导产业的转换过程，而波特认为产业升级是一个国家或地区通过提高资本和技术要素禀赋推动资本、技术密集型产业发展的过程。从全球价

* 余臻，管理学博士，深圳市金融稳定发展研究院高级研究员，主要研究方向为金融学、区域经济；廖明中，深圳市社会科学院经济研究所研究员，主要研究方向为区域经济、国际经济。

值链的角度，则产业升级可以理解为产业部门及生产环节从价值链中较低位置向价值链更高位置的爬升过程。

发达国家已进入再工业化阶段，制造业是经济体尤其是中国这样的大国经济体的根本所在，制造业的转型升级是中国优化产业结构、提升经济实力和竞争力的重要内容和目标。制造业转型升级及高质量发展是中国现阶段经济增长的重要动力来源。制造业升级的理论基础、升级路径及影响因素得到国内外学者广泛关注。如 Humphrey 等认为制造业升级包括工艺流程的升级、产品的升级、功能的升级以及跨价值链的升级等四个层次。也有研究强调生产者服务业发展对于制造业升级起到关键作用，如促进技术外溢、营造创新环境、打造规模经济优势、降低交易成本等方面。制造业自身在运输服务化、金融服务化、分销服务化等方面的“服务化”转型，以及创新驱动和绿色低碳发展等方面面临的“新型化”转型，也是制造业升级的重要内容。

作为经济水平最高、产业结构最先进的地区，大都市圈也亟须破解制造业升级难题。在工业化时代，制造业由于占地大、污染重和附加值低等原因，逐渐从大都市圈淘汰。但随着数字经济、人工智能、智能制造等新技术发展，制造业重新具备在大都市圈发展的条件与优势。中国将制造业转型升级提升到国家战略高度。日本是世界上制造业最发达的国家之一，而东京在大都市圈的制造业转型升级之路中进行了大量探索。本报告以东京制造业发展最具代表性之一的大田区为样板，系统梳理了大田区制造业升级的发展基础、升级过程和模式经验，结合中国制造业升级的特点提炼了可借鉴的经验，以期为中国城市尤其是深圳等特大城市的制造业升级提供科学参考。

二　东京大田区概况与产业演进过程

（一）大田区基本概况

东京都市圈是世界著名的都市圈之一，以发达的制造业和强大的科技创新能力为特点，其中大田区是大都市圈中制造业发展与升级转型的一个典型区。大田区位于东京都23区最南端，大田区中心距东京中心地区的直线距离约13公里，是京滨工业区的重要组成部分。大田辖区面积约61.86平方公里，总人口73.2万人①，平均人口密度达每平方公里1.18万人。东京羽田国际机场位于大田区境内，羽田机场2019年完成旅客吞吐量8551万人次，在全球机场排名中列第四位。此外，大田区距东京港也较近，拥有非常优越的对外交通区位优势。

（二）大田区产业发展情况

根据《2018年大田区工业统计调查报告》，大田区制造业销售总额约2043亿日元，较上一年增长0.6%，占东京都23区比重为5.3%。从东京都23区的比较来看（见图1），大田区在工厂数量、从业人数和销售额上，均居于第一位，其中工厂数和从业人员数的领先优势明显，足见其制造业基础地位。

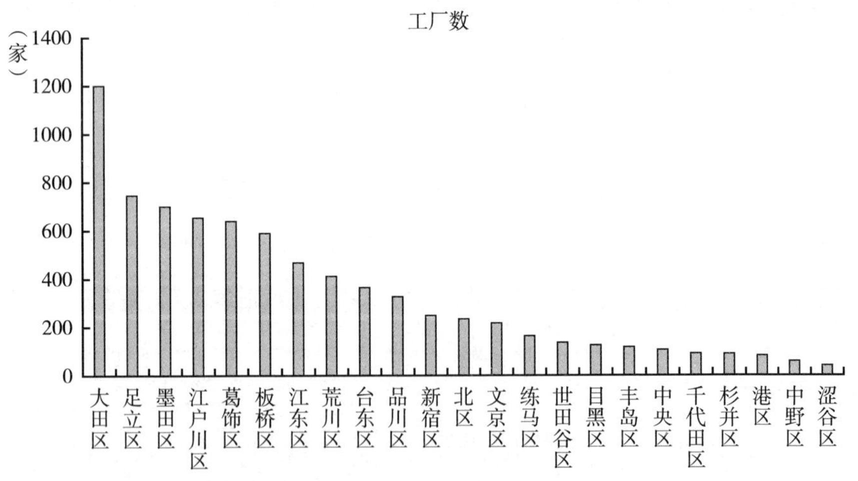

① 参见 https：//www. city. ota. tokyo. jp/kuseijoho/suuji/jinkou/setai _ jinkou/oota _ suji0303. html，最后访问时间：2021年3月1日。

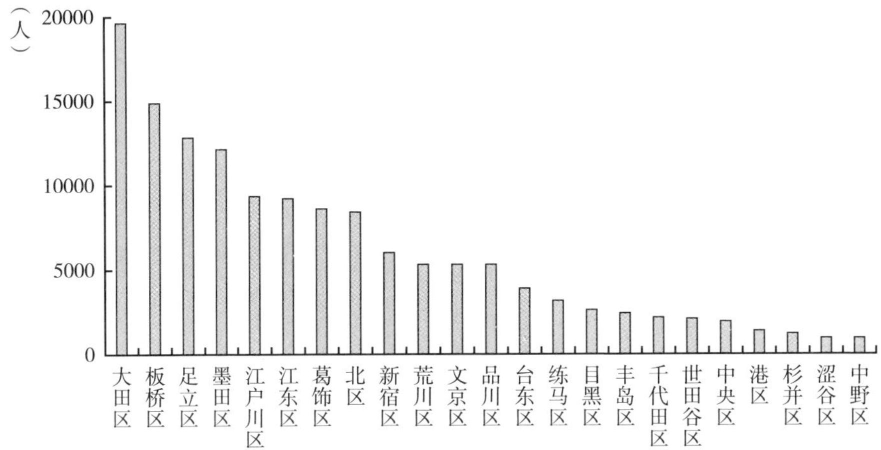

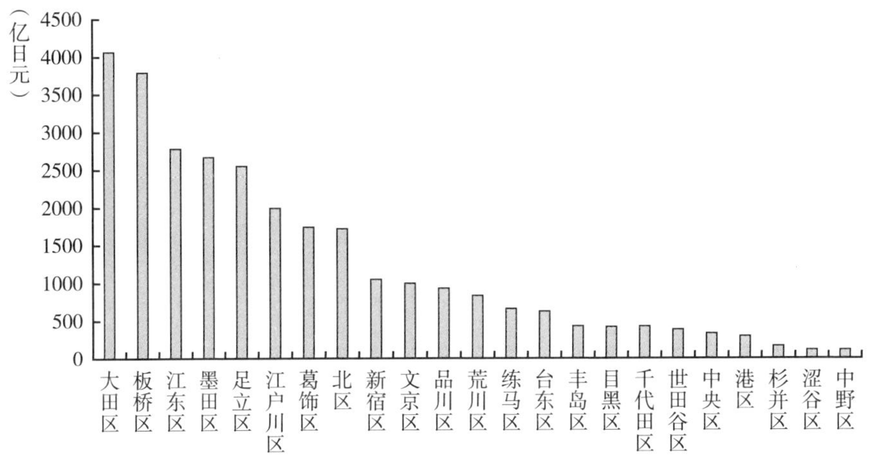

图 1　东京都 23 区工厂数、从业人数及制造业销售额比较

资料来源：《2018 年大田区工业统计调查报告》。

从大田区制造业的产业构成来看，大田区制造业中销售额前三位的产业分别是生产用机械制造业、金属制品制造业和电气机械制造业，占比分别为 15%、13% 和 9%。其次是食品制造业、多用机械制造业和化学工业制造业，占比在 7% 至 8% 之间（见图 2）。从业人员主要集中在金属制品制造业、生产用机械制造业，两者占比近四成（38%）。

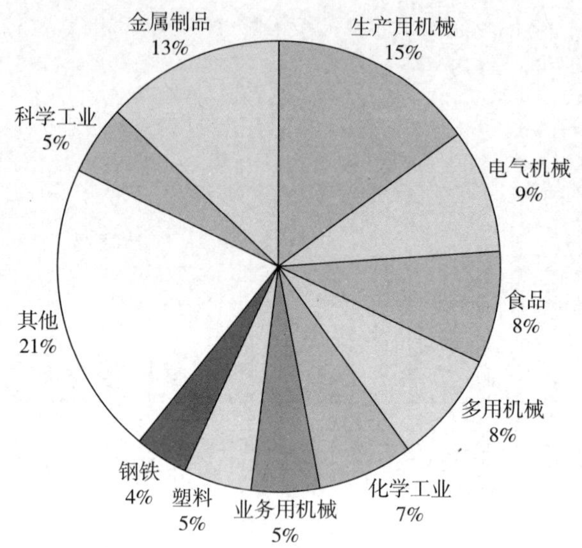

图2　大田区制造业销售额行业构成

资料来源：《2018年大田区工业统计调查报告》。

大田区以“高、精、尖”加工技术集群地而闻名世界，聚集着5000余家中小企业，专门从事个性化、小批量和试制型的生产，企业规模在20人以下的占比超过80%，从事机械金属加工的工厂数占80%以上。[①] 大田区很多中小企业是日本龙头企业必不可少的合作伙伴，是日本制造的“幕后支撑”。大田区制造业销售额占东京都5.3%，总从业人员数量占7.9%，企业数量占11.7%（见表1）。大田区在有色金属、金属制品、焊接机器、生产机器、塑料制品制造业等行业的销售额占比超过15%，更具比较优势。

（三）大田区制造业演进过程

大田区的产业结构演进是东京都产业变迁的缩影。大田区在1983年鼎盛时期有工厂9190家，到2000年急剧减少至6165家，2008年仅剩4362

① 《【七分之一】大田区：“日本制造”的“幕后支撑”》，看看新闻网，2016年4月13日，http：//www.kankanews.com/a/2016-04-13/0037468196.shtml。

家。1983～2017 年，4 人以上工厂数量从 5120 家锐减至 1207 家，产业外迁趋势明显。

表 1　2017 年大田区分行业工厂数、从业人数、制造品销售额及其占东京都的比例

行业	工厂数			从业人数			制造品销售额		
	东京都（家）	大田区（家）	占比（%）	东京都（人）	大田区（人）	占比（%）	东京都（亿日元）	大田区（亿日元）	占比（%）
总数	10322	1207	11.7	251310	19736	7.9	76283	4043	5.3
食品制造业	703	51	7.3	30903	1406	4.5	7162	333	4.7
饮料、香烟、饲料制造业	42	3	7.1	1172	83	7.1	1083	34	3.2
纺织工业	380	13	3.4	4347	168	3.9	515	17	3.5
木材、木制品制造业（家具除外）	49	2	4.1	560	24	4.3	106	—	—
家具、装备制造业	221	9	4.1	3335	102	3.1	977	18	1.9
纸浆、纸、纸制品制造业	409	16	3.9	5876	245	4.2	1356	38	2.8
印刷及关联产业	1807	52	2.9	42769	1078	2.5	7709	157	2.0
化工制造业	197	17	8.6	10767	837	7.8	3609	281	7.8
石油、煤炭制品制造业	17	1	5.9	342	46	13.5	337	—	—
塑料制品制造业（不包括附件）	600	96	16.0	8077	1400	17.3	1243	213	17.2
橡胶制品制造业	194	10	5.2	2456	225	9.2	345	48	14.0
鞣皮、同制品、毛皮制造业	236	3	1.3	3663	60	1.6	753	11	1.5
窑业、土石制品制造业	182	17	9.3	3720	295	7.9	1737	143	8.2
钢铁业	108	26	24.1	2757	379	13.7	1665	171	10.3
有色金属制造业	121	26	21.5	2503	321	12.8	907	184	20.3
金属制品制造业	1424	240	16.9	18148	3517	19.4	2754	547	19.9
焊接机械器具制造业	335	95	28.4	7531	1495	19.9	1730	319	18.4
生产机械器具制造业	968	220	22.7	16989	3308	19.5	4013	615	15.3
业务机械器具制造业	514	75	14.6	13079	1086	8.3	3181	194	6.1

续表

行业	工厂数			从业人数			制造品销售额		
	东京都（家）	大田区（家）	占比（%）	东京都（人）	大田区（人）	占比（%）	东京都（亿日元）	大田区（亿日元）	占比（%）
电子元器件、电子电路制造业	270	30	11.1	10124	425	4.2	3972	63	1.6
电气机械器具制造业	588	103	17.5	23423	1771	7.6	7447	350	4.7
信息通信机械器具制造业	120	12	10.0	8057	295	3.7	5726	59	1.0
运输机械器具制造业	278	62	22.3	21250	774	3.6	15866	126	0.8
其他制造业	561	28	5.0	9462	396	4.2	2077	61	2.9

资料来源：《2018 年大田区工业统计调查报告》（摘自《2018 年东京工业》）。

大田区的产业演变大致可以分为以下几个阶段。

（1）起步时期

大田区的大森、蒲田等东京湾沿岸地区，最早以紫菜养殖为主，整体上工业化起步较晚。大田的制造业最初起源于江户时代传承的麦秆工艺制作工厂。1908 年东京瓦斯大森制造所的建设标志着大田开始进入近代工业化。

（2）二战前发展时期

1923 年的关东大地震，使得城市中心的大量工厂陆续转入大田区，意外带动了大田的制造业发展。同时大田调整部分耕地转为工厂，各式各样的工厂陆续进驻。

（3）二战后恢复时期

二战时期，大田的工厂区变为武器工厂，因为空袭受到重创，濒临毁灭。战后工厂全力投入到工业复兴中，制造盥洗用品及两轮拖车、农具等产品。之后，大田区制造业进入了全力加速阶段。到 1960 年之后，工厂数、从业人数以及制造品销售额均位于东京都 23 区首位。1962 年，大森及其他渔业协会纷纷放弃渔业权，广阔的紫菜晒场转为工业用地，为后续制造业发展做好铺垫。

（4）结构调整带动下的工业高速发展

20 世纪 60 年代，制造业的迅速发展带来一系列环境问题，进而演变成社会问题。为此，东京都通过颁布《公害对策基本法》《公害防止条例》，制定工厂分散政策等改善区域环境。区内工厂开始外迁，大田区内以量产型机械金属加工为核心的中小企业不断增加。这些中小企业采取专业化分工策略，从多家企业接受订单，通过自身高度专业化集中优势和各领域企业间相互合作和技术补充，在区域内形成协作网络，实现较高附加值的高级成品生产，大田区作为出色的全链条高精度加工技术集聚地而受到全世界瞩目。

（5）泡沫经济之后的制造业转型升级

大田区工业发展在 20 世纪八九十年代达到顶峰。1983 年工厂数量达到 9190 家的历史峰值，1990 年制造品销售额达到 17000 亿日元。1990 年后泡沫经济崩溃，大田区内工厂数量开始走下坡路，企业开始寻找新的生存策略，部分企业积极推动生产基地向亚洲转移。

三　大田区制造业升级的经验

（一）坚持以技术创新驱动制造业升级

尽管大田区的制造业是日本工业的重要支撑，但在国内整体产业空心化加剧的趋势下，大田区以中小企业为主体的制造业面临两大挑战：一是客户向海外转移，导致订单大幅减少，中小企业难以满足客户对复合型生产工序和迅速生产响应的需求；二是数字化技术的发展带动基础技术向海外转移，数控机械替代熟练工人，中小企业订单流失。

为应对以上挑战，大田区中小企业采取以下措施。首先，将发展重点放在新产品制造和新技术开发上，制造过硬的新产品。其次，寻求生产技术的革新，对制造工艺进行改进，创造低成本的新的优质产品。最后，更关注利用高技术生产贴近消费者需求的优质产品。大田区致力于通过制造更高水准的、更有创意和魅力的高附加值产品开拓市场。2009 年日本内阁发布了

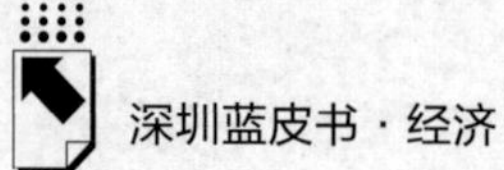

“新成长战略”，提出通过“绿色创新”和“生活创新”战略产生新需求，大田区的高新技术正好可以大显身手。

（二）打造高精尖中小企业集群及合作网络

大田区的制造业以中小企业为主体，它们大都擅长特定门类的制造技术和技能，并积极与其他企业尤其是大企业建立密切合作关系，形成紧密集群和网络。掌握不同制造技术的中小企业组成的合作网络可以自发将委托人订单进行分解和协作加工。在大田区流传着“图纸纸飞机”的说法，意思就是只需将图纸折成纸飞机投向大田区众多各怀绝技的中小企业组成的合作网络中，第二天就会转变成产品飞回到委托方手中。

（三）专注于高精尖的工匠精神

大田区以中小企业为主，企业规模在20人以下的企业超过80%，30人以下的企业占比超过96%，区内企业以个性化生产、小批量生产、试制生产为主。这和大田区作为曾经的手工制造聚集地的历史传承以及日本的“匠人精神”密不可分。大田区不少中小企业都是经过几代人经营传承下来的。经历过“产业空洞化”，中小企业被迫把发展重点转移到磨炼技术及研究开发上，存活的企业都是身怀绝技的中小科技型企业。

（四）灵活的产业空间供给模式

对于中小企业，如何以可承受的成本稳定获得产业空间供给至关重要。20世纪80年代，大田区的地价成本仍然控制在较低水平，但随后土地价格开始快速上涨，对中小企业的生存提出考验。大田区适时提出并实施租赁工厂建设计划。一方面设立了一批临时工厂，为面临工厂重建的企业提供周转性的产业空间支持；另一方面，在1997年完工的“本羽田二丁目工厂公寓”不仅为有工作场所需求的中小企业提供产业空间支持，还包含公寓功能。在2008年又建设了“大森南四丁目工厂公寓”，为掌握基础性技术并

希望进入新兴领域的企业提供优质研发环境。灵活而又价格亲民的产业空间供给模式，为大田区中小企业发展和技术创新提供了空间。

（五）制造企业集中化与产城融合模式

大田区积极推动制造企业的集中化，探索就业与居住一体化的产城融合模式。“大森南四丁目工厂公寓”等厂区与住宅区一体化的产城融合项目，采取有效措施控制了机械工厂的噪声和震动扩散，为企业运营和工人工作生活提供了便利。集中化产城融合模式有效减轻了高强度土地开发下造成的土地成本负担，在企业融资方面也能够提供有力支持。此外，大田区也积极提升整个地区的城市空间品质，在 2018 年 3 月发布《2016—2018 年大田区社会发展情况总结报告》，提出建设成“居民生活安康、面向未来的国际化都市”的总体目标，建设舒适便捷的交通网络、完善商业基础设施、建设多样化和个性化公用设施。

（六）坚持对海外市场的开放

21 世纪初爆发的金融危机让大田区以生产设备制造为主导的中小企业面临衰退的困境。除了通过政府层面创造新需求外，也通过完善与海外市场的共存环境，形成对大田区企业的支援。大田区长期与东盟和中国保持着产业信息的密切交流，羽田机场国际航站楼的开设，也为大田区加强与亚洲各国联系创造了机会。《2016—2018 年大田区社会发展情况总结报告》强调了将日本机械金属工业的高精尖加工技术和产品推广到世界各地的政策措施，体现了大田对于积极参与国际竞争与合作、面向海外市场开放的决心。

四　结论与启示

东京大都市圈是世界范围内最具产业竞争力的地区之一，走出了一条以现代制造业为基础的大都市圈产业发展道路。大田区是东京大都市圈内的一个尤为独特的样本，在经历了大都市圈制造业向外疏解、全球经济危机等内外部挑战后，探索出了以高精尖制造业和中小企业集群为主要特色的制造业转型模式。本报告对大田区制造业发展基础及转型升级的内外部环境进行了深入分析，归纳总结了6条具有重要借鉴意义的经验：坚持以技术创新驱动制造业升级、打造高精尖中小企业集群和合作网络、专注于高精尖的工匠精神、灵活的产业空间供给模式、制造企业集中化与产城融合模式、坚持对海外市场的开放。

改革开放以来，中国的工业化取得了世界瞩目的成就，极大地提升了国家经济水平和国民生活水平。然而，随着工业化进程的不断推进，国际经济竞争环境下其他后发国家工业化带来的挑战，以及数字化技术的冲击，使中国的制造业发展面临巨大困境，亟须探索面向高质量发展和未来创新的制造业转型升级路径。以深圳和珠三角地区为代表的东部沿海地区是改革开放先行区，工业化启动较早，制造业发展较为成熟，理应成为探索中国制造业转型升级的先锋。在此背景下，东京大田区的制造业转型升级发展经验具有一定的启示意义。

（1）必须坚持贯彻将技术创新作为制造业转型升级的根本动力

现代制造业的发展趋势是技术投入强度越来越大、产品工艺越来越复杂，传统规模化、批量化的产品制造难以为地区经济发展带来经济效益。当今世界正在发生数字化、信息化和智能化的科技创新革命，新技术与传统产业的深度融合，爆发出强大的创新增长动力。中国的制造业转型升级，必须紧抓“中国智造2025”战略契机，坚持以技术创新作为根本发展动力，并集中各方面力量、整合不同层次资源鼓励技术创新。

（2）应当重视和支持中小企业的发展

大田区的经验表明，中小企业同样具有强大的发展动力，并且是大型企业创新生态必不可少的元素。中小企业具有灵活性和自主性强的特点，能够积极适应市场对新型制造产品的多样化需求，快速响应市场需求探索新技术应用和产品创新。中小企业也存在抗冲击能力弱、市场拓展能力不足等弱点，国家和地方层面必须予以有力的政策支持，为中小企业的融资、产业空间供给、技术创新合作、市场拓展等提供保障和引导。此外，也应通过中小企业协会和联盟等形式，有效建立起中小企业之间的合作网络。

（3）工匠精神是制造业高质量发展的重要无形资产

虽然无形，但可以通过各方面的有形措施培育工匠精神，从大田区的政策措施和行业讨论中可以看到很多在这方面的努力。但必须注意的是，工匠精神作为一种文化形式，其形成和发展并非短期内就能完成，因此政策制定及实施需要具有耐心和一致性。

（4）坚持“引进来”与“走出去”并举的发展策略

市场是制造业转型升级的大后方，在全球化深度发展的时代，以及“以国内大循环为主体、国内国际双循环相互促进”的新发展格局中，必须积极利用好国内和国际两大市场。一方面要继续主动从海外引入先进的理念和技术，为制造业升级提供动力；另一方面要积极打通制造业产品走向海外广阔市场的通道，注重把握和快速响应海外市场产品需求。

参考文献

刘川：《基于全球价值链的区域制造业升级评价研究：机制、能力与绩效》，《当代财经》2015 年第 5 期。

王庭东：《新科技革命、美欧“再工业化”与中国要素集聚模式嬗变》，《世界经济研究》2013 年第 6 期。

金碚、吕铁、邓洲：《中国工业结构转型升级：进展、问题与趋势》，《中国工业经济》2011 年第 2 期。

李钢、廖建辉、向奕霓：《中国产业升级的方向与路径——中国第二产业占 GDP 的比例过高了吗》，《中国工业经济》2011 年第 10 期。

黄群慧：《论新时期中国实体经济的发展》，《中国工业经济》2017 年第 9 期。

郭克莎：《中国产业结构调整升级趋势与“十四五”时期政策思路》，《中国工业经济》2019 年第 7 期。

韩峰、阳立高：《生产性服务业集聚如何影响制造业结构升级？——一个集聚经济与熊彼特内生增长理论的综合框架》，《管理世界》2020 年第 2 期。

刘奕、夏杰长、李垚：《生产性服务业集聚与制造业升级》，《中国工业经济》2017

年第 7 期。

刘斌、魏倩、吕越等：《制造业服务化与价值链升级》，《经济研究》2016 年第 3 期。

徐振鑫、莫长炜、陈其林：《制造业服务化：我国制造业升级的一个现实性选择》，《经济学家》2016 年第 9 期。

李廉水、程中华、刘军：《中国制造业“新型化”及其评价研究》，《中国工业经济》2015 年第 2 期。

姜佳：《日本“东京都市圈”制造业产业结构演变研究》，硕士学位论文，吉林大学，2018。

苏宏伟：《日本制造业产业结构合理化与高级化研究》，人民出版社，2019。

雷新军、春燕：《东京产业结构变化及产业转型对上海的启示》，《上海经济研究》2010 年第 11 期。

张晓兰：《东京和纽约都市圈经济发展的比较研究》，博士学位论文，吉林大学，2013。

朱丽娜：《日本东京都市圈对我国都市圈发展的启示》，《上海房地》2018 年第 2 期。

Michael E. Porter, *The Competitive Advantage of Nations* (New York: Free Press, 1998).

J. Humphrey, H. Schmitz, “Governance in Global Value Chains,” *IDS Bulletin-Institute of Development Studies* 32 (2001): 10 – 29.

J. Humphrey, H. Schmitz, “How Does Insertion in Global Value Chains Affect Upgrading in Industrial Clusters?” *Regional Studies* 36 (2002): 1017 – 1027.

S. Z. Ke, M. He, C. H. Yuan, “Synergy and Co-agglomeration of Producer Services and Manufacturing: A Panel Data Analysis of Chinese Cities,” *Regional Studies* 48 (2014): 1829 – 1841.

城区发展篇

Urban Development Reports

B.20

深圳市福田区加快创建“湾区总部之都”引领高质量发展

庞 勤 吴国梁 陈 烨*

摘 要： 总部企业是世界一流城市的名片，福田区作为粤港澳大湾区核心城市中心区，区位条件优越、经济基础雄厚、城市治理高效、公共服务优质，发展总部经济综合优势突出、集聚效应显著。“十四五”时期，福田区将进一步突出总部经济战略地位，着力优化空间布局，完善支持服务体系，支持总部企业国际化发展，加快建成“湾区总部之都”，引领中心城区高质量发展。

关键词： 总部经济 集聚效应 高质量发展

---

* 庞勤，福田区发展和改革局副局长，主要研究方向为区域经济治理、投融资体制改革；吴国梁，福田区发展和改革局科长，主要研究方向为宏观经济、产业政策等；陈烨，福田区发展和改革局副科长，主要研究方向为宏观经济、产业政策等。

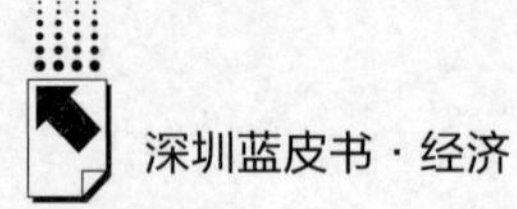

综观纽约、伦敦、东京等世界一流城市，总部企业是其闪亮名片之一，主导着全球分工的高端环节。因总部企业集聚而形成的总部经济，是城区综合竞争力的重要标志，能有效促进城区更高水平参与全球价值分配，强化城区在国际国内经济竞争中的优势地位。

一　总部经济高度集聚在都市核心区的原因

总部经济只有在经济社会发展到一定程度和规模时才能形成，它由企业利润最大化所驱动。通过研究比较国内外著名总部企业集聚地发展经验发现，发展总部经济离不开以下条件支撑。

一是良好的区位、交通和通信条件。总部企业最重要的职能是进行管理决策，它要求所在城市有良好的区位、便利的交通和高效的通信，以便公司总部与分部、子公司、加工基地等进行联系，及时发现和解决公司运营中的问题。比如纽约、新加坡、香港等港口城市，总部企业集聚于此多得益于其天然的区位条件和便利的交通基础设施。

二是丰富的人才和教育资源。公司总部集中了研发、营销、资本运作、战略管理等功能，属于全球价值链中知识含量丰富、智力高度密集的区段。因此，总部企业常要求所在城市能提供丰富的高素质人才和科研教育资源，以便公司总部以较低的成本进行知识密集型价值活动的创造。

三是优良的外部环境。总部经济发展较好的城市通常在贸易、投资、税收、金融、管理等方面有专门政策，与市场运行有关的法律制度较为健全，并且法律法规和国际通行规则接轨，政府机构也通常能提供优质、高效、公开、透明的公共服务。这些因素就像生命成长所需的空气、水分、土壤，是总部企业发展不可或缺的外部环境。

二　福田区：发展总部经济具有独特优势

福田自建区以来，谱写了从水田滩涂蝶变为现代都市中心的生动传奇。

2020年，福田区政府重磅发布《福田区发展总部经济创建“湾区总部之都”行动方案（2020年—2022年）》，获多家国家级和省市级权威媒体转载传播，“湾区总部之都”作为福田区专属品牌深入人心。同时，福田区以新政策、新空间和新服务为突破口，全年新推出10块总部企业用地和重点产业用地，整备超过100万平方米的高端产业空间，创新“政府指导、企业主导”协同模式，与企业共建国际专业服务中心、国际财富管理中心等4栋高端服务业楼宇和总部楼宇，为总部企业发展提供高品质载体。

截至2020年底，福田区集聚了招商、平安、正威、深投控等深圳本土世界500强企业；拥有深圳市级总部企业76家，占全市的1/3，区级总部企业407家。全年总部企业实现增加值2200亿元，约占地区生产总值的45%，有效发挥“增长加速器”“风险稳定器”作用。福田区发展总部经济具有以下独特优势。

一是区位条件优越，联络交往便利。福田区位于深圳经济特区中部，是深圳行政、金融、文化、商贸和国际交往“五大中心”，连通港澳、辐射华南、链接全球，区位优势明显。全市东西向3条主干道①、9条地铁线路贯穿其中，辖区轨道路网密度达1.5公里/公里^{2}②，拥有皇岗口岸和福田口岸两大未来超级口岸，广深高速公路30分钟可抵达深圳机场，亚洲最大地下高铁站福田站半小时衔接香港和广州，全区建成超过5000座5G基站，是世界5G网络覆盖率最高的中心城区，通信联络传输快、效率高。

二是高端产业集聚，经济基础雄厚。福田区拥有全市60%以上的持牌金融总部机构，深交所和深圳银保监局、证监局等重要金融基础设施和金融监管机构齐聚于此，历年培育上市企业120余家，福田CBD成为中国含金量最高的CBD③。福田区以不到深圳4%的面积，贡献了全市近1/5的地区生产总值和1/4的社会消费品零售总额、进出口总额、税收收入。预计

① 北环大道、深南大道、滨海—滨河大道。

② 按建成区面积计算。

③ 蒋三庚主编《中央商务区蓝皮书：中央商务区产业发展报告（2018）——CBD推动区域高质量协调发展》，社会科学文献出版社，2018。

2020年地区生产总值将达4800亿元左右，地均GDP将达61亿元/公里^2，超过新加坡、香港，人均GDP达到中等发达地区水平。

三是城市治理高效，营商环境优质。福田区坚持以“全域治理”为牵引，不断提升城市管理和治理效能，空气质量优良率达96%，饮用水水源水质达标率100%；拥有我国唯一位于中心城区的国家级自然保护区，是全国率先荣膺“国家生态文明建设示范区”称号的中心城区。近年来，福田区推出优化营商环境改革“十二项”行动，区级行政审批事项100%网上办理，全市试点开展政务服务信用改革，区政务服务中心获评全国“最具创新力政务服务大厅”，“放管服”改革经验做法连续3年获得国务院办公厅通报表扬。

四是公共服务优质，配套功能完善。福田区坚持把更优的资源、更好的地块、更大的投入用到民生事业上，年度财政支出80%用于民生社会事业。全区拥有各类学校（校区）261所、医疗卫生机构837家，集聚全市最优教育、医疗资源，市图书馆、市博物馆、市音乐厅、关山月美术馆、当代艺术馆等文化地标云集于此，培育出莲花山草地音乐节、郎朗·深圳福田国际钢琴艺术节等品牌项目，为总部人才扎根发展提供了高层次、高品质公共产品和服务。

三　展望未来：加快建成“湾区总部之都”

面向“十四五”时期，福田区将精准锚定新的时代坐标，围绕“首善之区、幸福福田”愿景，聚焦河套深港科技创新合作区、香蜜湖新金融中心、环中心公园活力圈“三大新引擎”，重点发展科创、金融、时尚“三大产业”，瞄准中央创新区、中央商务区、中央活力区“三大定位”，加快建成“湾区总部之都”。预计到2025年，总部企业增加值占GDP比重达到55%。

（一）坚持统筹规划，优化总部经济空间布局

围绕“三大新引擎”，全区规划布局超过20平方公里的总部经济圈，全力构建世界一流的总部经济集群。其中，河套深港科技创新合作区将发挥国家战略平台重大牵引作用，布局一批重大科研设施，集聚国际国内创新资

源，强化政产学研深度合作，打通应用转化的产业链关键环节，打造国际科研总部基地。香蜜湖新金融中心将对标国际最高标准完善金融基础设施，引进国际国内金融龙头企业，鼓励跨国公司设立资金管理中心等总部机构，推动金融与科技融合发展，加强国际交流合作及人才引进，打造现代金融总部基地。环中心公园活力圈将引入时尚科技、时尚总部、时尚媒体、顶级设计师品牌，打造时尚引领、产城融合、链接国际的时尚总部基地。福田 CBD 重点集聚“金融 + 专业服务”型总部，引入国际知名和国内领先的创投机构、会计师事务所、律师事务所、咨询机构等专业服务业总部，打造含金量最高的湾区魅力 CBD 和金融商务总部基地。车公庙片区重点发展金融数据中心及产业投资、财富管理等金融支撑产业，延伸发展科技金融、绿色金融、供应链金融、公益金融等新业态，打造金融支撑总部基地。华强上步片区重点布局智能终端、智能装备、集成电路，提升电子信息产品展销服务、信息技术服务、知识产权服务水平，打造全球智能终端创新中心和电子信息总部基地。八卦岭片区重点发展金融科技产业，加快导入数据智能、信息技术服务业总部，打造金融科技总部基地。梅林片区集聚 5G、人工智能、集成电路，发展智能装备研发、互联网电子商务、物联网与智能管理服务，推动信息科技与金融科技融合发展，打造新一代信息技术总部基地。

（二）坚持高端引领，营造总部企业发展优质生态

一是助推总部经济升维发展。加快智慧化基础设施建设，探索发展数字经济、流量经济、共享经济，培育壮大新经济形态总部，协同促进金融、科技创新、商务服务、文化创意等总部企业彼此赋能。二是引进和培育高质量总部。建立健全“准总部”企业市场发现培育机制，支持辖区总部企业改制上市，改善总部企业高管和骨干人才在福田区工作和居住的环境，在居留、落户、医疗、通行、子女入学等方面给予支持，帮助总部企业人才安心创业就业。三是建立精准服务机制和平台。健全资金、空间、人才、住房、绿色通道等资源配置机制，完善为总部企业匹配政策、推送服务等功能，提高资源和信息共享效率；完善企业诉求常态化响应和联动联办机制，提升总

部企业服务效能。四是强化总部经济品牌影响力。创立“大湾区总部经济年会”等品牌盛会，为总部企业高管和人才搭建交流合作平台，研究发布总部经济竞争力指数，邀请总部企业和相关国际组织参与区政府重大决策咨询论证，提高福田区总部企业品牌价值。

（三）坚持开放合作，提升总部经济国际化水平

一是推动双向融合发展。推动境内总部开拓国际市场，支持具有跨国经营需求的境内总部开展国际业务，培育一批具有国际竞争力的本土跨国公司。鼓励跨国总部到境内发展，支持跨国公司在福田区设立地区总部或具有总部功能的机构，重点吸引外商投资公司和具有经营决策、财务结算、研发设计、营销服务、培训支持等功能的外商管理公司落户。二是规划建设国际组织总部基地。在香蜜湖等片区规划建设优质空间，推动国际组织区域总部入驻，重点吸引国际学术组织、国际标准制定组织以及与福田区重点产业相关联的国际性行业协会、国际性基金会等，提升深圳在大湾区和国际社会上的话语权。在河套深港科技创新合作区建设国际科技交流合作平台，争取有影响力的国际科技组织在园区设立分支机构。三是完善国际化经营专业配套。支持国际资信调查、信用评级、法律维权、知识产权保护等高端专业服务业发展，发挥好海外侨商组织、国际商事调解组织作用，为总部企业国际化发展提供高水平专业服务。四是提升总部楼宇和园区国际化水平。支持总部企业集聚的商业楼宇和产业园区优化建筑设计，提升智慧、绿色、美学水准；鼓励引入具有国际运营经验的物业管理公司，通过双语标识、双语服务等方式增加国际元素、提高对外友好程度。

参考文献

赵弘：《总部经济新论：城市转型升级的新动力》，东南大学出版社，2014。

魏达志编著《中心城市总部经济成长论》，中国城市出版社，2010。

石立：《我国主要城市总部经济发展能力变化研究》，《质量与市场》2020 年第 14 期。

B.21
"十四五"时期宝安区推动海洋经济发展的路径研究

彭 云　朱东山　熊雪如*

摘　要： 发展海洋产业是我国重要的战略抉择。党的十九大明确要求加快建设海洋强国，提出通过科技创新培育海洋经济新的增长点。深圳作为我国距离南海最近的经济发达城市和"一带一路"重要枢纽，其全球海洋中心城市的建设得到了国家高度重视。宝安区作为全球海洋中心城市重要承载区，有必要进一步理清思路，明确海洋经济发展举措。为此，本报告从宝安区实际情况出发，充分借鉴了先进地区发展经验，发现培育发展特色产业、推动科技创新平台的搭建和集聚及科技创新服务体系的建立健全、塑造特色文化、推动产城融合和开放合作是海洋经济发展的关键。最终提出宝安区要构建以标志性和引领性平台为核心的海洋科技创新体系；打造高质量发展的特色现代海洋产业体系；打造海洋科技产城融合发展高地；提高海洋事业开放发展水平；加快海洋创新人才引进；塑造海洋特色文旅品牌。

关键词： 全球海洋中心城市　海洋经济　宝安区

---

* 彭云，深圳市宝安区发改局经济师，主要研究方向为海洋经济和总部经济；朱东山，博士，深圳市宝安区发展研究中心助理研究员，主要研究方向为区域经济、低碳经济和产业经济；熊雪如，博士，深圳市宝安区发展研究中心高级经济师，主要研究方向为区域经济增长和产业发展。

发展海洋产业是我国重要的战略抉择，也是维护国家主权的基础条件。深圳战略位置突出，海洋经济发达，其全球海洋中心城市建设得到了国家高度重视。2019 年《粤港澳大湾区发展规划纲要》提出“支持深圳建设全球海洋中心城市”，同年 8 月，《中共中央　国务院关于支持深圳建设中国特色社会主义先行示范区的意见》进一步明确“支持深圳加快建设全球海洋中心城市”。为加快全球海洋中心城市建设，深圳市出台《关于勇当海洋强国尖兵加快建设全球海洋中心城市的决定》及其一系列实施方案，对建设全球海洋中心城市工作进行系统部署，并提出了打造“蛇口—前海—海洋新城—光明”西部海洋科技创新走廊。宝安区作为海洋新城所在地，拥有 45 公里的海岸线，区位优势突出，产业基础雄厚，有实力以海洋新城建设为核心，巩固全球海洋中心城市重要承载区地位。

一　宝安区发展海洋经济的优劣势分析

宝安区拥有广阔的海域和丰富的岸线资源，电子信息产业等特色明显，科技创新实力持续提升。虽然从目前看，与海洋直接相关联的产业较少，但多个领域已经具备向海洋拓展业务的能力，在发展海洋科技产业方面具备较好的基础。

（一）发展优势

1. 区位和海洋资源优势明显

宝安区地处珠江入海口和伶仃洋东侧，海洋空间辽阔，海域面积约 220 平方公里，沿岸分布着海上田园、红树林西湾公园、滨海文化公园、国际会展中心、“互联网 +”未来科技城等众多资源，滨海文化科技走廊已初步成形。此外，宝安区地处粤港澳大湾区的地理中心，区位优势突出。向东，可与南山区紧密合作，共同推动电子信息产业向海洋延伸，构建深圳市海洋战略性新兴产业核心区。向西，以深中通道建设为契机，与珠江西岸紧密合作，壮大海洋装备、拓展发展腹地。向南，可与前海共同构建合作对接和协

同创新机制，共同推进海洋现代服务业发展。向北，可与东莞协同发展，共同对接南沙新区科技兴海产业示范基地。

2. 电子信息产业和先进制造业基础雄厚

宝安区已形成以战新产业（即“战略性新兴产业”）为先导、电子信息产业为龙头、装备制造业和传统优势产业为支撑的产业结构。2019 年全区新一代信息技术产业增加值超过 600 亿元，占新兴产业增加值比重超过 51%；高端装备制造业增加值达到 188 亿元，占战新产业增加值比重接近 16%。计算机、通信和其他电子设备制造业产值达到 3707.73 亿元，占规模以上工业总产值比重超过 50%。雄厚的电子信息产业和先进制造业基础成为宝安区发展海洋高端装备制造和海洋电子信息的重要支撑。

3. 立体交通网络高效便捷

宝安区已基本形成以机场为枢纽、港站相连通、公路大回环的立体交通体系。深圳宝安国际机场旅客年吞吐量超过 5000 万人次，成功跻身全球 30 强。大铲湾港是世界级国际集装箱码头，拥有深圳首个汽车整车进口海运口岸。深圳国际会展中心（一期）已建成投入运营，吸引着全球人流、物流、信息流等在此交汇。这些都让宝安区成为深圳链接全球的重要门户，在大湾区各城区中拥有无可比拟的优势。

4. 海洋产业初具规模

截至 2018 年，宝安区海洋生产总值达到 200 亿元，占深圳全市比重达 10% 左右，涉海企业数量超过 1130 家，涵盖海洋高端装备制造、海洋交通运输、海洋电子信息、滨海旅游、海洋技术服务等领域。在海洋新兴产业发展方面，集聚了亚太星通、云洲创新、中兴仪器等细分领域优势企业。随着中欧蓝色产业园、海洋新城、中国海洋大学深圳研究院等海洋重大项目相继落户，宝安区海洋经济发展迎来历史最好时期。

（二）发展劣势

1. 海洋产业发展水平不高

宝安区海洋产业发展尚处于起步阶段，经济带动作用较弱。宝安区海洋生产总值占深圳全市比重为10%左右，远低于南山区的40%，地区经济贡献率较低。此外，海洋开发总体层次不高，海洋新城尚处于围填海阶段，尚未有效开发。深圳国际会展中心周边区域的配套水平仍然较为落后，无法充分满足海洋高端会展的配套要求。

2. 海洋新兴产业占比小

尽管目前宝安区已有一定数量的涉海企业，但主要还是集中在海洋交通运输、海洋旅游等传统领域，海洋传统领域企业数量占比超过80%，海洋新兴领域企业数量少，尚未形成规模化、集聚化发展态势。2019年海洋新兴产业增加值仅为9.08亿元，占全区战新产业增加值的0.76%，海洋新兴产业规模有待进一步扩大。

3. 海洋科技创新实力薄弱

宝安区海洋科技创新实力薄弱体现在“三缺”上：一是缺乏高端的海洋科技创新研究机构，尤其是国家级海洋大院、大所；二是缺少高水平的海洋科技创新团队和人才队伍；三是缺乏一批掌握核心技术的海洋龙头企业。这些都导致宝安区海洋产业关键技术自给率低，创新能力和竞争力不强，不仅与上海、青岛等全国海洋科技领先城市存在较大差距，也无法与深圳海洋科技创新集聚区南山区竞争。

4. 企业陆转海发展缺乏积极性

尽管宝安区集聚了一批电子信息和高端装备制造等领域的优秀创新型企业，具备较大的陆转海发展潜力，但由于海洋产业具有高风险、高投入、高门槛等特点，绝大部分企业尚未开展海洋业务，中小企业在拓展海洋业务方面更缺乏积极性，也缺乏有效的引导和平台抓手，出现“不愿下海”和“不敢下海”困局。

二 全球海洋中心城市建设经验

（一）上海临港海洋高新技术产业化基地

上海临港海洋高新技术产业化基地（以下简称“临港基地”）位于中国

（上海）自由贸易试验区临港新片区的先行启动范围内，是我国首个“国家科技兴海产业示范基地”。充分依托地处临港新城、洋山国际航运中心核心区的发展优势，致力于打造海洋高新技术与人才高度集聚、特色鲜明、布局合理、配套齐全、环境优美、可持续发展的具有国际影响力的海洋高新技术产业化基地。在海洋产业发展方面，在海底观测、海洋装备、智能制造等方向集聚了100多家涉海高新技术企业；在海洋科技创新方面，集聚了上海海洋大学、上海海事大学、同济大学等涉海高等院校，拥有海洋工程、河口海岸、海洋地质等3个海洋领域国家重点实验室、1个国家级工程技术研究中心和一批国家“863”“973”海洋项目学科带头人和海洋科技专业人才，同时建设有上海海洋工程装备制造业创新中心和上海海洋高端装备研发与转化功能型平台等产业创新平台，以及国际化的产业集聚融通发展平台和创新创业生态赋能平台；在创新服务方面，临港基地积极搭建全程化企业孵化平台、科技中介平台、人才实训平台、知识产权平台、科技查新及金融服务平台等一批科技创新服务平台；在金融服务方面，针对基地中小企业和初创型企业多、股权和债权融资难的问题，探索构建园区投贷保联动金融服务体系，致力于打造开放式、社会化的创新服务支撑体系。临港基地还重视海洋文化发展，建设了中国航海博物馆、上海海昌海洋公园、冰雪之星、上海天文馆等众多海洋文化地标，连续多年举办上海临港海洋节、世界海事（海洋）大学校长论坛、Oi China上海国际海洋技术与工程设备展等，利用海洋公园普及海洋知识，营造海洋文化氛围，成为上海展示海洋文化的重要窗口。

（二）青岛蓝谷

青岛蓝谷位于青岛即墨高新区，于2011年由青岛市委、市政府提出建设，并在2012年获得国家五部委联合批复，进入国家战略层面。青岛蓝谷计划打造国际一流的“海洋科技研发中心、海洋成果孵化和交易中心、海洋新兴产业培训中心、蓝色教育文化和人才聚集中心、蓝色旅游和健康养生中心”。在海洋科技创新方面，青岛蓝谷致力于构建完善的海洋科技创新体系。截至2019年底，青岛蓝谷拥有中国海洋大学、青岛海洋科学与技术试

点国家实验室、中科院海洋研究所、国家深海基地管理中心等20余个“国字号”科研平台，以及以山东大学青岛校区等为代表的20余所高等院校，拥有“可燃冰”钻采船码头、“蛟龙号”深海载人潜水器等重大海洋科技基础设施，会集院士、国家“万人计划”专家、“泰山”系列人才等各类高端人才6000余名，承担着全国50%以上的国家级海洋科研项目，产出了“海燕”万米级水下滑翔机、“蛟龙号”等一批原创性、战略性、集成性成果。青岛蓝谷高度注重协同创新，联合36家青岛市涉海科研院所、龙头企业等成立青岛海洋科技创新创业联盟，提升科技成果转化和创业孵化能力；同时积极推动海洋设备共享平台开放，拟共享设备价值超过5亿元。在空间建设方面，开展了碧桂园海洋医药科技园等重点项目建设，积极引进斯坦福青岛研究院、OceanWe国际海洋创新工坊、国信蓝谷孵化园等一批众创服务项目，构建起从“众创空间”到“孵化器”再到“专业产业园区”的完整孵化链条。在金融服务方面，蓝谷科创中心与青岛高创科技资本运营有限公司等12家金融机构签订合作协议，设立蓝谷科技金融服务中心，将青岛蓝谷的科技投入与金融投资、民间投资进行链接和互动，建立和完善融资服务、信息服务和综合服务三大板块，蓝谷科技金融服务中心成为促进蓝谷科技金融结合的支撑平台。

（三）三亚崖州湾深海科技城

三亚崖州湾深海科技城（以下简称“深海科技城”）位于三亚市崖州湾东部临海地区，距离三亚市区约40公里，环境优美，地理及交通优势明显。为高标准推进崖州湾深海科技城建设，三亚创新体制机制，借鉴国内前沿理念和做法，实施“特别极简审批”策略，承接多项省、市下放审批事项，通过设立综合服务窗口，集中一窗受理，限时一章办结，真正实现“三减两加”（“减流程、减材料、减成本”“加服务、加监管”），搭建“一站式”服务中心，吸引大量知名企业、科研机构入驻。在产业发展方面，深海科技城致力于打造以深海装备、深海通信和深海材料为主，以海洋服务业为辅，多个海洋产业配套发展的“3+1+X”的深海科技产业体系，引进中科院深

海所、中科院南海所、中国地质调查局等多家“国字号”科研机构，中国船舶集团、招商工业等央企和上海交通大学、武汉理工大学、浙江大学、中国海洋大学等多所一流大学，围绕深海科技产业，打造由“四中心一平台”（深海科技产业促进中心、深海科技研发中心、深海科技应用中心、深海科技综合服务中心和深海创新公共平台）组成的产学研高度融合的科技产业生态体系。同时，深海科技城注重人的发展，按照“生态、生活、生产”明确开发时序，以重点基础设施项目为支点，打造一座和谐幸福之城。

（四）经验总结

通过梳理分析海洋科技创新领先地区的发展情况，总结可供借鉴的经验和启示如下。

1. 产城融合是促进人才和产业集聚发展的关键

根据对上述国内科技园区建设成功经验的分析，完善的配套、绿色的理念、宜居宜业宜游的环境是园区筑巢引凤的关键。临港基地、青岛蓝谷、深海科技城等无不将打造高品质的居住环境和配套作为科技城或园区建设的重点任务。青岛蓝谷在建设初期就确定了“青山环绕，碧水拂城”的生态理念，同时加强文化设施、教育设施、医疗设施、服务设施等配套设施建设，优越的环境和完善的配套对青岛蓝谷集聚人才起到了重要作用。深海科技城提出产城融合发展的要求，加快道路、信息等基础设施建设，加快完善学校、医院、文化、公园等配套设施，并结合当地滨海自然景观，打造特色生活休闲带，建设宜居宜业宜游之城。

2. 培育发展特色产业是实现经济高质量发展的重要突破口

各个城区致力于筹划特色鲜明的产业体系。如青岛蓝谷发挥海洋科技创新优势，大力发展智慧海洋、海洋生物、海洋科技服务。三亚位于南海之滨，充分依托临近南海战略区位优势大力发展以深海装备、深海通信和深海材料为代表的深海科技产业。上海临港基地充分依托地处临港新城、洋山国际航运中心核心区的发展优势，以海洋科技研发孵化和科技成果转化为核心，重点发展以海洋资源开发利用、海洋工程装备技术、海洋综合信息服务等为主导的海洋产业，打造具有国际影响力的海洋高新技术产业化基地。

3. 科技创新平台的搭建和集聚是科技创新能力建设的核心

科技创新平台的搭建和集聚是科技创新能力建设的核心。青岛蓝谷现已汇集了22家“国字号”科研平台、23家全国著名大学校区和研究院。三亚崖州湾深海科技城集聚起以龙头企业和科研院所为主体的深海科技创新资源。这些科技创新资源不仅是产业发展的核心引擎，还是培养海洋人才的摇篮。上海临港基地更是依托上海优质的大学科研资源，以海洋科技研发孵化和科技成果转化为核心，是我国首个“国家科技兴海产业示范基地”。

4. 科技创新服务体系的建立健全是科技成果转化和创新创业的助推器

科技创新服务体系的建立健全是助推科技成果转化和创新创业的关键。上海临港基地联合上海海事大学等单位建立转化服务平台，同时搭建企业孵化、知识产权、科技查新及金融服务等平台，重点打造线上科技成果展示、线下技术应用对接两大主要功能，助力海洋科技创新创业“试验田”建设，促进技术创新、推动成果转化。青岛蓝谷充分发挥资本对创新合作的助推作用，引进14家银行机构、23家风投机构，设立6只总规模达到120亿元的基金，同时对接引进青岛知识产权公共服务平台、清泰联信等各类科技服务机构，补齐科研机构多而服务机构少的短板，打造完善的海洋科技创新服务支撑体系。

5. 塑造特色文化是园区发展的重要内容

上海临港基地将发展海洋文化作为基地海洋事业发展的一项重要内容，充分依托中国航海博物馆、上海海昌海洋公园、冰雪之星等资源大力发展海洋文化，连续多年举办上海临港海洋节、世界海事（海洋）大学校长论坛、Oi China上海国际海洋技术与工程设备展等活动，营造海洋文化氛围，已经成为上海展示海洋文化的亮丽名片。青岛蓝谷深耕海洋文化，打造全国海洋科普教育基地，提升民众海权意识。

6. 开放合作是提高自身科技创新实力的重要手段

习近平总书记指出越是面临封锁打压，越不能自我封闭、自我隔绝，而是要实施更加开放包容、互惠共享的国际科技合作战略，在开放合作中提高

自身的科技创新能力。[①] 青岛蓝谷十分注重对外交流合作，在积极对接山东大学等国内20余所高校的同时，依托海洋试点国家实验室和山东大学青岛校区，积极与德国、美国、英国等的世界知名高校和研究机构开展合作办学，并于2018年合作共建斯坦福青岛研究院，在技术研发、人才培养、项目孵化及产业化等方面开展深度合作。上海临港基地与法国伊华兹高科技园等建立长期合作关系，在硅谷设立海外创新中心，加强在科技贸易上的合作。

三　宝安区推动海洋经济发展的路径

宝安区要发展海洋经济，应充分利用自身产业基础，以服务南海开发和深圳全球海洋中心城市建设为目标，重点发展小型化、高精尖、信息化、智能化的海洋高科技产业，充分发挥深圳金融、创新及国际化优势，承接粤港澳大湾区海洋先进装备制造业中上游的核心配套及高端装备研发环节，与周边区域形成产业链互补和错位发展。同时，坚持海城共生、绿色可持续的发展理念，充分发挥基地滨海资源和环境优势，全面落实海洋生态文明建设，营造陆海融合、人海和谐的国际海滨城市氛围。

（一）构建以标志性和引领性平台为核心的海洋科技创新体系

深度参与“广州—深圳—香港—澳门”科技创新走廊和国际科技产业创新中心建设，集中布局海洋教育、技术研发、成果转化、学术交流等重大平台项目，加快完善面向海洋产业发展的研发布局。以海洋电子、海洋装备、海洋生物为重点，积极引导国家级、应用型科技研发机构在宝安区设立分支机构，吸引国家级重点实验室、工程实验室、工程技术中心落户。争取香港大学、中国海洋大学以及广东海洋大学等高校在宝安区设立研究生院、博士后流动站、博士后工作站或博士后创新基地。制订区海洋人才引进与服

① 《习近平：越是面临封锁打压，越不能搞自我封闭、自我隔绝》，中国新闻网，2020年9月12日，https://www.chinanews.com/gn/2020/09-12/9289317.shtml。

务保障专项计划，以高标准、超常规的举措引进、培养和使用人才，不断增加海洋高层次人才、高技能人才和顶尖创新团队。

（二）打造高质量发展的特色现代海洋产业体系

聚焦海洋产业发展前沿，利用宝安区产业基础和优势，重点发展海洋高端装备制造、海洋电子信息两大核心产业，配套发展海洋现代服务业，创新布局深远海和极地开发、海洋新材料、新能源等海洋战略性前沿潜力产业，打造梯次分明、领域互补、结构合理的特色现代海洋产业体系。在海洋高端装备制造方面，重点发展海洋工程装备及核心配套系统、海洋监测观测探测装备、智能船舶及关键系统、水下机器人等，大力引进中国海工集团等国内外领军海洋企业设立总部或职能总部，打造蓝色经济总部基地。在海洋电子信息方面，大力发展装备及船舶电子设备、水下通信技术及设备、海洋感知设备、海洋大数据技术、海洋特色软件等，并充分发挥宝安区电子信息产业优势，在海洋通信导航设备、海洋监测观测探测等领域引进领军企业，促进产业链上下游企业集聚，打造完善的海洋电子信息产业链条。

（三）打造海洋科技产城融合发展高地

牢固树立“两山”理念，将生态文明建设融入海洋科技城宝安片区建设的各方面和全过程，建设海城交融、低碳绿色、具有国际品质的特色滨海城区。高度重视基地生态空间和自然资源的保护工作，依法依规加快推进海洋新兴产业基地围填海工程，为重要海洋项目落地提供充足的空间保障。充分利用能源高效利用、固体废弃物循环利用等技术手段，按照适度超前、节能减排等原则规划市政工程建设，建设绿色低碳滨海城区。依托基地湾区水域及岸线资源优势，规划布局海岸公园、城市公园、滨海绿道、公园绿道等形式多样、方便可达的城市开放空间，策划超级码头、蓝色智港等标志性公共功能中心，联袂国际会展中心打造面向世界的蓝色窗口。推动部署和建设全光网、5G 和无线局域网，加快构建全球领先的信息高速网络，加快海洋新基建建设步伐，加快建设海洋大数据中心，推进“智慧海洋”建设。

（四）提高海洋事业开放发展水平

充分利用国际、国内两个市场、两种资源，坚定不移实施开放发展战略，促进海洋技术、人才、资金、数据等要素高效流动，推动建设新发展格局下的开放共享型海洋经济。与欧洲加强合作，把对接德国海洋产业4.0作为宝安区对德合作的重点方向，加快推进中德产业示范园建设，引入欧盟蓝色领域高端服务环节，加强海洋制造业和生产性服务业对海洋经济的支撑作用。借助香港生产性服务业优势，推动宝安区海洋高端装备制造、现代港口物流、海洋电子信息等产业发展。推动宝安区电子信息产业与南沙等周边区域的船舶制造业、海工装备业的深度对接。探索发展飞海或飞岛经济，促进宝安区与周边地区发展要素流动和海洋产业转移。加强与西丽湖国际科教城、蛇口国际海洋城、前海深港现代服务业合作区等片区的联系，加速打造海城协调、产城融合的“大空港—前海”海洋科技创新走廊。

（五）加快海洋创新人才引进

深入挖潜涉海人才链条，搭建涉海人才信息库和人才信息供需对接平台，打造立足深圳、辐射全国的涉海人才市场网络体系。推进紧缺人才引进“1000工程”、“建站引博”计划、“名企高校行”和校企合作洽谈等引才工程，办好人才交流大会，建设宝安区海归岛和高端海洋人才储备池，提高创新资源持续供给能力。紧密衔接国家、省、市人才政策，完善区级人才政策，引进一批掌握前沿技术、引领产业发展的海外高层次人才在科技城创业，建设海外高层次人才创业基地。创新人才培养引进模式，依托重大科研项目、重点工程项目、新型研究机构、功能型平台等，加快建设若干能承担产业关键性、共性技术研发和引领企业自主创新任务的高层次人才队伍，形成“领军人才+创新团队”的高层次创新人才队伍。研究制定海洋人才发展目录，探索建立紧缺人才清单制度，通过“科技悬赏”方式精准对接全球海洋创新资源。

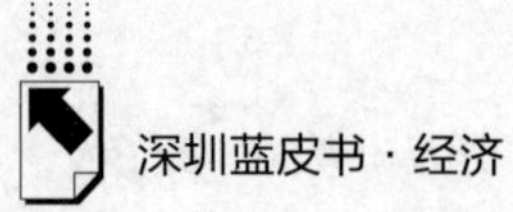

（六）塑造海洋特色文旅品牌

推动海洋文化的传承和发展，促进海洋文化与滨海旅游融合发展，营造陆海融合、人海和谐的国际海滨城市氛围，打造世界级滨海文化旅游目的地。谋划建设海洋展示中心等一批具有标志性的海洋科技文化载体，打造多维度的“海洋+”平台。充分发挥海洋教育对海洋文化发展的牵引作用，积极开展以认知深圳海洋为主题的市情教育活动，争取举办“深蓝讲坛”系列专题讲座等活动。联合香港、澳门，定期举办海洋文化论坛、海洋科技成果交流展示会等，共同打造海洋文化发展高地。谋划建设国际会议岛，举办高级别海洋会议和培训，打造毗邻机场、会展中心的临海“议事客厅”。布局建设游艇港，大力发展冲浪、帆船、动力艇等水上运动，促进滨海文化旅游健康发展。加强对海上田园、滨海文化公园等各类优质旅游资源的整合，促进滨海旅游向多主题、特色化、全域化发展。

参考文献

《深圳市人民政府关于印发深圳市海洋产业发展规划（2013—2020 年）的通知》，深圳市科技创新委员会网站，2013 年 11 月 29 日，http：//stic. sz. gov. cn/xxgk/kjgh/content/post_ 2908028. html。

中共中央、国务院：《粤港澳大湾区发展规划纲要》，人民出版社，2019。

中共中央、国务院：《中共中央国务院关于支持深圳建设中国特色社会主义先行示范区的意见》，人民出版社，2019。

杨明：《构建 21 世纪海上丝绸之路与广东未来发展战略——以海洋经济为例》，《新经济》2020 年第 11 期。

孙久文、高宇杰：《中国海洋经济发展研究》，《区域经济评论》2021 年第 1 期。

向晓梅、张超：《粤港澳大湾区海洋经济高质量协同发展路径研究》，《亚太经济》2020 年第 2 期。

B.22

"双循环"新发展格局下龙岗区产业发展规划路径研究

——以龙岗区国民经济和社会发展"十四五"规划纲要编制为例

牛旻昱*

摘　要：本报告以"双循环"新发展格局下龙岗区产业发展规划路径及工作举措为研究重点，并结合龙岗区国民经济和社会发展"十四五"规划纲要编制情况分析龙岗区需求侧改革主要路径。本报告认为龙岗区产业发展融入"双循环"新发展格局的核心是提升产业链、供应链的系统化、高端化、自主化水平。进入"十四五"时期，龙岗区针对主导产业部门产业链及供应链实际，分别提出不同的发展思路，着力打造产业链上下游联动发展、供应链稳定可控的产业集群。同时在投资、消费、进出口等需求领域制定一系列规划举措，为主导产业部门融入"双循环"新发展格局提供更好的市场环境。

关键词："双循环"新发展格局　产业链　供应链　需求侧改革　龙岗区

* 牛旻昱，经济学博士，深圳市龙岗区发展和改革局中级经济师，主要研究方向为区域主导产业选择、经济社会发展模式转型、产业政策影响效应等。

一　研究背景

“双循环”新发展格局是党中央对“十四五”时期我国经济社会发展环境做出的最重要的判断之一，也是“十四五”时期中央及各级地方政府出台经济社会发展政策的最重要考量。“双循环”新发展格局最早在2020年5月14日中央政治局常委会上被提出，习近平总书记在大会报告中指出：“充分发挥中国超大规模市场优势和内需潜力，构建国内国际双循环相互促进的新发展格局。”① 2020年党中央出台的《中共中央关于制定国民经济和社会发展第十四个五年规划和二〇三五年远景目标的建议》，把“双循环”新发展格局上升到“十四五”时期全国经济社会发展指导思想的战略高度，并对接下来全国如何融入新发展格局做出了系统性战略部署。

深圳要想建成中国特色社会主义先行示范区，在主动融入“双循环”新发展格局、率先建设更高水平开放型经济新体制方面需要为全国做出重要示范和表率。而龙岗区作为深圳实体经济的主阵地、产业转型的桥头堡、战略性新兴产业的重要承载区，需要在“双循环”新发展格局这一巨大变革中探索出一条可实施、可持续、可复制的产业创新发展之路，在“十四五”时期为全市打造“双循环”新发展格局下产业高质量转型发展的样板。2020年是龙岗区“十三五”规划的收官之年，也是“十四五”规划的启动之年，本报告从龙岗区“十四五”规划纲要编制着手，重点分析龙岗区“十四五”时期应对和融入“双循环”新发展格局的思路和策略，并对未来龙岗区产业发展图景进行展望。

二　龙岗区主导产业部门产业链、供应链现状研究

（一）对于“双循环”新发展格局的认识

“双循环”新发展格局是党和国家对未来国内、国际产业链和供应链

---

① 《继续扩大开放　形成双循环新发展格局》，人民网，2020年8月26日，http：//yuqing.people.com.cn/n1/2020/0826/c209043-31837647.html。

分工秩序发展做出的最新判断，主要包括两个部分：一是国内产业链和供应链秩序；二是国际产业链和供应链秩序。有些人认为中央提出“双循环”新发展格局是我国在美国对华政策转变、国际贸易保护主义势力抬头、新冠肺炎疫情突袭而至等非经济事件影响下的应对之举，实际上“双循环”新发展格局是全球价值链衍化的必然结果。从20世纪80年代开始，国际产业分工秩序逐步由产业间和产业内贸易向全球价值链演进，在信息技术革命的支持下不同国家可以直接参与全球价值链中的某一环节并获得竞争优势，但这一趋势在2010年之后出现停滞。究其原因，一是部分产业链的分工已经触顶（尤其是电子信息等技术密集型产业），继续细化价值链分工，收益会不增反减。二是越来越多的发展中国家有意愿也有能力在全球价值链分工中占有更大的份额、着力延伸自己的产业链条。三是越来越多的发达国家看到了制造环节的重要性，通过实施“制造回流”等战略回收产业链条。我国作为全球最大的生产要素市场及消费品市场，拥有门类齐全的工业体系、纵深辽阔的市场范围、丰富多样的人才储备，产业经济不可能长期处于国际价值链中的某一环节或某些环节，势必要向全产业链拓展延伸。因此建立“以国内大循环为主体、国内国际双循环相互促进的”产业链、供应链秩序是“十四五”时期中央及各级地方政府的必然选择。

（二）龙岗区主导产业部门产业链、供应链发展情况

龙岗区以电子信息产业立区，经过多年的发展和积累，目前形成以计算机、通信和其他电子设备制造业（以下简称“计通电产业”）为主及以电气机械和器材制造业为辅的工业产业体系，同时以商务服务业、软件服务业、信息技术服务业为代表的生产性服务业发展速度较快，制造业、服务业融合发展趋势越来越明显。近年来龙岗区主导产业部门的产业链及供应链发展情况总结如下。

1. 计算机、通信和其他电子设备制造业

计通电产业是龙岗区名副其实的“压舱石”产业部门。一是产值规模的压舱石。2019年龙岗区计通电产业总产值达9191.75亿元，占全区规上

工业总产值比重达78.9%。该产业总产值增速达15%，对全区工业总产值增速的贡献率达到124%。二是经济效益的压舱石。计通电产业是全区工业产业经济效益的晴雨表，2019年全区计通电产业对整个规上工业企业利润总额的贡献率达到105.1%，是所有工业部门中利润贡献率最高的产业。三是地方财力和国民收入的压舱石。计通电产业一直都是全区税收贡献率最高的产业部门，2018~2020年计通电产业利税总额、应缴税金及附加以及应付增值税三项指标占全区规上工业企业的比重都超过90%，应付职工薪酬总额占全区规上工业企业的比重超过80%。四是创新驱动的压舱石。计通电产业是目前全区工业部门中研发投入最为密集、研发产出最大的产业部门，华为公司等行业龙头企业对全区以及全市工业研发投入发挥了主要作用。据统计，“十三五”期间计通电产业对全区研发投入的贡献率一直在80%以上，2018年全区研究与试验发展（R&D）经费总额约为493.2亿元，其中超过90%份额的研发经费由计通电产业的龙头企业投入。可以说在科技创新领域龙岗区计通电产业基本实现了4个90%，即90%以上的研发机构、90%以上的研发人员、90%以上的研发资金、90%以上的重大科技项目发明专利都集中在计通电产业。

当前计通电产业的产业链可以分为三个部分。一是上游部分，包括电子元器件、半导体等制造部门。二是中游部分，主要是相关终端产品的制造部门，如通信终端设备、可穿戴设备、计算机等。三是下游部分，主要由大量的软件服务业、信息服务业部门构成，负责在相关产品的场景应用上提供支持。龙岗区计通电产业优势集中在产业链中游，主要包括通信系统设备制造业及通信终端设备制造业两个部门。特别是以5G基站为代表的通信系统设备制造业是龙岗区计通电产业的核心部门，华为公司是国际通信系统设备规模最大、创新投入最多、技术最前沿的龙头公司。

从计通电产业供应链看，龙岗区计通电产业虽然已经开始向全产业链布局但尚未形成规模，产业供应链的质量及稳定性都受到一定影响。一是在上游领域，虽然企业数量多但主要为中小企业，缺乏龙头企业带动，创新发展水平不高。例如，目前全区计通电产业中接近一半的企业从事电子元器件制

造，但产值规模占全行业产值的比重不足1%。二是在下游领域，信息服务、软件服务等生产性服务部门在龙岗区布局不足，全区尚未形成具有一定规模和影响力的电子信息下游应用产业集聚区。以5G技术为例，目前全市能够基于5G技术开发下游场景应用软件的企业大多分布在南山、福田等区，龙岗区现有企业数量及规模都难以与之相比。三是计通电全产业链的核心技术供应链高度依赖进口。中美贸易摩擦产生以来，我国深刻认识到通信终端设备制造业的芯片制造环节亟须突破外国技术封锁。事实上整个计通电产业链条的核心技术供应链长期以来都是掌握在西方发达国家手中。还是以5G基站为例，华为公司自主研发的5G基站技术在全球已经处于领先水平，但视频器件模块所需高端芯片、功率放大器及滤波器等的制造环节一直由欧美巨头垄断。

2. 电气机械和器材制造业

电气机械和器材制造业是龙岗区第二大产业部门，经过多年发展，行业内涌现出比亚迪精密、比亚迪锂电池、金龙羽等龙头企业，初步在宝龙科技城等片区形成产业集群。2019年龙岗区电气机械和器材制造业总产值达588.44亿元，占全区工业总产值的5.3%。从行业细分领域看，锂电池制造是电气机械和器材制造业最大的细分部门，2019年全区锂电池产值约达283亿元，占整个电气机械和器材制造业产值的48%，电缆制造、电子元器件等细分领域也比较有特色。

从产业链和供应链分工来看，龙岗区电气机械和器材制造业基本实现了全产业链覆盖，国内供应链基本能够满足该产业的发展需求，核心技术国产化程度较高。但该行业市场竞争较激烈，产品技术更新速度快，环保审批等政策对行业影响很大，这对全区相关企业发展提出较高要求。例如，2020年受疫情影响国内工业生产活动停摆，与电气机械和器材制造业相关的下游产品销售活动无法正常开展，使得区内企业的产品需求和产品订单大幅缩减。2020年第一季度，龙岗区规模以上电气机械和器材制造业实现产值70.99亿元，同比下降32.4%。截至2020年底，行业总产值达434.21亿元，同比下降13.6%，产业增长还未恢复到疫情前水平（见图1）。

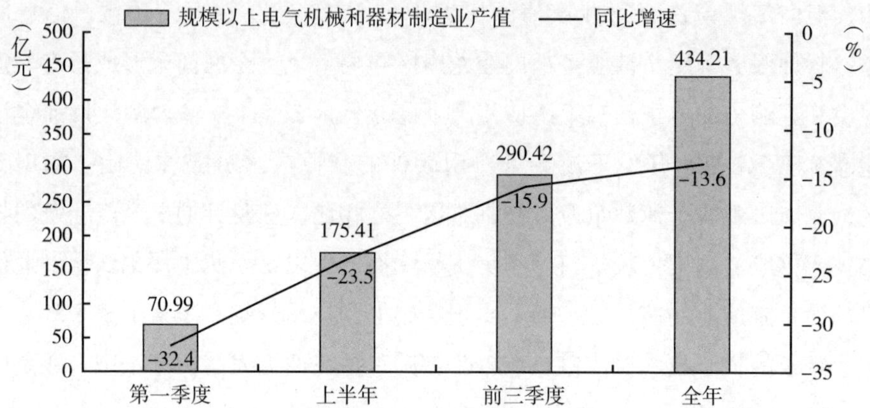

图1　2020年龙岗区规模以上电气机械和器材制造业产值变化情况

资料来源：2020年龙岗区统计月报。

3. 生物产业

虽然生物产业在龙岗区工业产业体系中所占比重一直不大，但该产业作为“十四五”时期龙岗区重点发展的战略性新兴产业之一，对推动全区工业经济发展具有重要意义。因此有必要对该产业发展现状及产业链、供应链情况进行分析。

按照国家统计局关于战略性新兴产业最新的分类标准，生物产业包括生物医药、生物医学工程、生物农业、生物质能以及其他生物业等部分。龙岗区生物产业目前主要集中在医疗器械领域。截至2020年，全区规上生物企业36家，其中32家企业属于医疗器械领域，只有4家企业属于生物制药领域。宝龙街道是全区生物企业的最主要集聚区域，经过多年规划发展，已经培育和引入了尚荣医疗（全区唯一主板市场上市）、益心达、贝斯达、美好创意、亚辉龙等重点企业，在片区逐步形成了具有一定影响力和竞争力的生物产业集群。

在疫情防控常态化时期，龙岗区生物产业发展态势良好，主要通过医疗设备和器械制造拉动。2020年1～7月全区医疗设备和器械产量达623925台，同比增长178%。从产品结构来看，医用口罩、防护服、呼吸机、医学影像设备以及核酸检测试剂是全区生物产业的拳头产品，且在国内、国际市

场具有一定影响力，对支持全市以及全国疫情防控发挥了重要作用。

从国际生物产业链及供应链分工来看，龙岗区生物产业也存在很多短板需要补齐。一是在产业链上需要加强生物制造企业竞争力，加快提升技术成果转化效率，补齐生物产业的短板。目前龙岗区生物制药企业数量不少但缺少龙头企业带动。在全市各区中龙岗区生物制药企业数排第1位，但生物制药企业产值、获批药品数及药物临床试验数分别排第8位、第5位和第6位（见表1）。二是高水平公共技术服务平台基础薄弱，生物产业创新环境需要优化。目前全区在公共实验室、临床研究平台（GCP）、病理药理毒理技术平台、合同研发与生产平台（CRO/CDMO）等方面都存在空白，产业创新发展水平离南山区等还有很大差距。

表1　深圳市各区生物制药企业情况

各区	生物制药企业数（家）	生物制药企业产值（亿元）	获批药品数（种）	药物临床试验数（种）
福田区	26	69.82	146	67
罗湖区	29	1.60	18	7
南山区	31	66.65	186	108
宝安区	32	8.99	28	7
龙岗区	33	8.06	59	8
盐田区	1	13.52	25	10
龙华区	9	66.57	193	33
坪山区	6	75.26	96	20
光明区	2	17.63	35	4

注：生物制药企业产值为2019年数据，生物制药企业数、获批药品数、药物临床试验数均为2020年数据。

资料来源：火石创造数据库。

（三）小结

总的来说，“双循环”新发展格局对龙岗区“十四五”时期产业发展提出了更高的要求，同时带来巨大的发展机遇。在宏观层面，激发全区有效消费需求的重要性大大增强，而居民有效消费的增加离不开全区城市基础设施建设和公共服务供给的支持。在中观层面，主导产业部门更需要进行产业链上下游垂直整合而不是横向集聚，有效促进产业链上下游联动发展是未来产业园区的重要任务，制造业、服务业融合发展是整个龙岗区产业经济未来发展的趋势。在微观层面，龙头企业单纯通过在产业链某一环节建立竞争优势的发展策略难以为继，产业链上下游资源的整合力度是龙头企业核心竞争力的重要内容。中小企业通过成本优势建立竞争优势也将越来越难，只有具备较高创新能力、管理水平及核心技术的中小企业才能走得更远。

三　“双循环”新发展格局下龙岗区产业发展规划路径及工作举措

（一）产业发展总体目标

“十四五”时期龙岗区在产业发展方面的总体规划思路和规划目标是：全面融入“以国内大循环为主体、国内国际双循环相互促进的新发展格局”，坚持“产业立区、创新强区”，继续壮大以先进制造业为主体的实体经济，加快实施“强链、延链、稳链、补链”发展战略，在电子信息、生物医药、智能制造等领域打造产业链条完整、上下游联动紧密、创新能力突出的现代化产业集群；加快发展商务服务、软件服务、信息服务等生产性服务业部门，大力推动制造业、服务业融合发展；到2025年着力将龙岗区建成深圳都市圈东部地区的生产要素配置中心、信息资源交流中心和高端商贸活动聚集中心，对全市实体经济在“双循环”新发展格局下实现高质量、可持续发展发挥重要的支撑作用。

（二）“十四五”时期主导产业发展方向及目标

1. 电子信息产业

在“双循环”新发展格局下，龙岗区电子信息产业的主要发展任务是大力加强产业链的完整性、先进性、自主可控性，着力建设世界级电子信息

产业承载区。一是加大对电子信息产业龙头企业的服务力度，支持龙头企业向行业上下游整合资源，形成以龙头企业为核心、以中坚企业为支撑、中小微企业互相促进的“巨头引领 + 链网协同 + 孵化创新”多层次产业组织形态。“双循环”新发展格局更加注重产业链的完整性和供应链的稳定性，需要龙头企业和国内的上下游企业建立更加紧密、高效的合作机制，共同打造稳定、先进、创新能力突出的产业生态体系。龙岗区电子信息产业向全产业链发展的任务需要在龙头企业的引领下实施。二是加快规划布局大数据中心、工业互联网平台、人工智能算力中心等新型基础设施，加强电子信息产业创新环境支撑。新型基础设施建设与龙岗区电子信息产业发展是相互依靠、相互促进的关系，5G 技术下游场景应用等需要完善的新型基础设施支撑，新型基础设施建设本身需要龙岗区电子信息产业提供支持。三是加强空间统筹，优化城市功能布局，打造坂雪岗世界级电子信息产业承载区。坂雪岗世界级电子信息产业承载区以坂雪岗科技城为核心，联动龙岗区的北部新城、吉华甘坑新镇、南湾云创小镇，龙华区的龙华、福城街道以及东莞的凤岗镇、塘厦镇等临深片区，是“十四五”时期龙岗区以及全市电子信息产业规划的最重要的产业集聚区，有望上升为国家级战略园区。通过规划建设承载区，可以进一步做大做强龙岗区电子信息产业，加强深圳市与大湾区城市群以及上海、杭州、武汉、重庆等地区电子信息产业的合作，建立更为高效顺畅的人才、技术和信息互动交流机制，打造试验方向先行先试典型，形成可复制、可推广的电子信息产业大循环发展模式。

2. 生物产业

前文提到龙岗区生物产业的存量优势在于医疗器械领域，生物制药领域缺乏布局。“十四五”时期龙岗区生物产业的发展策略是一方面稳定做强医疗器械产业链，加快推动 5G、人工智能、云计算、大数据等信息技术（IT）与生物技术（BT）融合发展，重点突破新型体外诊断、快速高分辨率磁共振成像等关键核心技术，显著提升医疗器械高端化、集聚化、自主可控化水平。另一方面补齐生物制药领域短板，大力发展以生物药为核心的生物制药产业，在新型疫苗、抗体药物、细胞治疗、基因治疗等生物药细分领域，依托宝龙生物药创新发展先导区等重大项目，精准布局一批重大项目、建设一批重点平台，积极争取生物医药创新政策在辖区先行先试。着力打造基础研究、药物筛选、临床试验、产业化生产等产业链条有机联动的生物医药产业链。

3. 高端装备制造业

高端装备制造业是生产高附加值、高技术的先进工业设备的主要产业部门，也是龙岗区传统制造业转型发展的重要方向。“十四五”时期龙岗区高端装备制造业要以新型基础设施建设为契机，加快推动行业技术改造升级和管理机制优化，积极融入到全区打造世界级电子信息产业承载区的产业链与供应链中，建立适应“双循环”新发展格局的产业转型机制。一是在产业发展重点方面，“十四五”时期龙岗区高端装备制造业重点发展电子信息生产装备制造、机器人与增材设备制造、卫星通信应用装备制造和轨道交通装备制造等领域，加快在宝龙、横岗、平湖、坪地等片区规划建设高端装备制造业集群区。二是在技术创新路径方面，加快推进5G、人工智能、互联网等先进技术在高端装备制造业中的应用，推动行业朝智能化、高级化、自主化方向转变。力争在高端数控机床、超高清视频、智能网联汽车、工业机器人、北斗导航等领域突破核心技术和关键零部件。三是在企业培育服务方面，全区将加快培育更多具有较强竞争力和影响力的“专、精、特、新”型企业，支持传统装备制造企业向智能制造解决方案供应商转型，建设面向特定行业、特定区域的智能制造服务平台。

四　“双循环”新发展格局下龙岗区需求侧改革规划思路及工作举措

前文提到的“十四五”时期龙岗区产业总体发展路径及不同主导产业部门发展策略都属于供给侧领域的规划思路，需要看到龙岗区产业经济要融入“双循环”新发展格局，也需要在消费、投资、进出口等需求侧领域精准施策，提高新发展格局下国民经济供给侧与需求侧的匹配程度。

（一）消费领域：高标准打造东部消费中心

一是大力培育消费新业态、新模式，加快开发基于5G的智能终端产品等新型信息消费品，支持发展场景式体验店等电商零售、跨境电商新业态。用好龙岗区跨境电商企业优势，在平湖等片区打造跨境消费特色区域。

二是加快培育建设新的消费集聚区。“十四五”时期龙岗区轨道交通建设进入快车道，轨道14号线、16号线等线路将实现通车。对此龙岗区将围绕城市中心区、轨道交通综合枢纽及地铁站各节点，培育若干消费新热点，谋划建设坂田中心、龙城—大运中心、五和、平湖等高端消费商圈，引进商贸服务大型企业，打造一批特色商业街区、商贸集聚区和文旅创意商业街区。

三是积极发展特色消费领域。如在夜间经济消费方面，可以依托龙岗中心城、龙岗河、大运深港国际科教城等区域打造一批消费网红打卡点和夜游高地。在体育消费方面，围绕大运中心和重大体育赛事、新兴时尚体育赛事，打造体育消费新引擎，培育龙岗区体育消费新动能。在文化旅游方面，以文旅融合为重点，构建“旅游+”发展模式，打造甘坑客家小镇、鹤湖新居、大田世居等文旅融合特色旅游目的地。

（二）投资领域：以新型基础设施建设为抓手增加全社会有效投资需求

新型基础设施建设是“十四五”时期龙岗区投资领域规划的重点和热点，也是支持电子信息产业、生物产业等战略性新兴产业发展的坚实基础。龙岗区提出“十四五”时期全区将全面加快工业互联网、大数据中心、新能源汽车充电桩等新型基础设施建设，筑造坚实的数字经济底层。一是超前部署信息基础设施，大力发展通信网络、算力、数字技术基础设施，建设未来网络系统优化创新实验室等，构建“云上龙岗”。二是全面升级融合基础设施，深度应用数字化、网络化、智能化技术，推进龙岗区工业互联网创新中心等项目建设，打造工业互联网特色示范区。三是统筹布局创新基础设施，积极争取国家实验室、广东省实验室、市级重大科技基础设施和基础研究机构落户龙岗区，推进提升香港中文大学（深圳）诺奖实验室、龙城实验室等各类科技基础设施建设。

（三）进出口领域：持续推动更大幅度、更高水平的区域合作和对外开放

同有效扩大投资和消费需求一样，进一步扩大对外贸易规模并提高对外贸易质量是支撑龙岗区主动融入“双循环”新发展格局的战略举措。“十四五”时期龙岗区将坚持高水平的区域合作和对外开放，充分利用国内和国际两个市场、两种资源，增强对全球要素产品的配置能力。一是加速推进服务贸易创新发展。大力发展跨境电商、研发、设计、检验检测、维修维护保养、展览展示等新兴服务贸易。加快推进旅游、运输、医疗、教育、文化、体育等产业国际化发展。二是加强与海关等监管部门合作，优化进出口监管体制机制，推进通关便利化，支持珠宝玉石、免税品等特色行业发展。三是积极开展同其他共建“一带一路”国家之间的沟通和合作，借力5G优势及国际大学园平台载体，推动技术、产业等领域的对外合作，支持企业加强与其他共建“一带一路”国家产能和产品的对接。

五　龙岗区产业发展规划路径总结

可以看到，“双循环”新发展格局给龙岗区乃至深圳市产业链、供应链带来的挑战是前所未有的，这种挑战对广大市场主体以及政府部门都提出了更高的要求。从龙岗区“十四五”规划纲要编制中可以看出，龙岗区在应对这些挑战的过程中坚持了以下几条原则。一是坚持市场主导，将市场机制作为配置新发展格局下各种生产要素的决定性机制，充分依靠广大企业家带动产业转型和升级。二是坚持创新驱动，将创新作为产业转型发展的原动力和最大的竞争力，着力实现“双循环”新发展格局下产业更高质量的发展。三是坚持服务型政府的理念，充分发挥政府在发展规划引导、基础设施建

设、公共服务供给以及企业人才服务等方面的优势，履行好政府应尽的职责，以提升民生保障水平作为工作的落脚点。四是坚持改革开放，“双循环”新发展格局不是削弱国际市场的重要性，更不是闭关锁国。只有更高水平的开放和竞争才能带来更高质量的发展，这是龙岗区在经济社会发展中总结的宝贵经验，也是深圳创建经济特区 40 年以来人们形成的共识。我们相信，“十四五”时期，深圳市和龙岗区一定能够抓住“双循环”新发展格局带来的机遇，为全国“十四五”时期推动经济社会高质量发展提供宝贵的深圳经验和龙岗经验。

参考文献

贾康：《注重内循环绝不排斥对外开放》，《环球时报》2020 年 8 月 4 日。

王昌林、杨长湧：《在构建双循环新发展格局中育新机开新局》，《经济日报》2020 年 8 月 5 日。

江小涓、孟丽君：《内循环为主、外循环赋能与更高水平双循环——国际经验与中国实践》，《管理世界》2020 年第 1 期。

《中共深圳市龙岗区委关于制定龙岗区国民经济和社会发展第十四个五年规划和二〇三五年远景目标的建议》，龙岗政府在线网站，2021 年 2 月 18 日，http：//www. lg. gov. cn/xxgk/zwgk/ghjh/fzgh/content/post_ 8555938. html。

B.23

盐田区打造全球海洋中心城市核心区策略研究

付静静*

摘　要：　在建设粤港澳大湾区和中国特色社会主义先行示范区“双区驱动”重大历史机遇下，深圳市提出了建设全球海洋中心城市的战略目标。盐田区既拥有天然区位优势、优质海岸线，以及港口知名企业群品牌效应、深港跨界合作开放、制度创新等优势，又存在主导海洋产业转型升级动力不足、海洋科技创新要素供给不足、全球海洋中心城市建设显示度不足等短板。结合全球海洋中心城市特征，本报告提出了打造国际航运枢纽核心承载区、海洋高科技产业创新示范区、全域全季海洋文旅休闲区、粤港澳大湾区海洋经济合作先行区四大战略定位，以及港城再造、创新引领、文旅复兴、开放合作、制度创新等五大发展策略，为盐田区打造全球海洋中心城市核心区提供强劲动力。

关键词：　全球海洋中心城市　海洋经济　海洋科技　航运枢纽

一　研究背景

2019 年 8 月，中共中央、国务院发布《关于支持深圳建设中国特色社

* 付静静，深圳市盐田区发展和改革局综合科职员，主要研究方向为综合性材料和规划计划编制。

会主义先行示范区的意见》，提出“支持深圳加快建设全球海洋中心城市”，为深圳建设全球海洋中心城市指明了方向。近年来，各区积极响应全球海洋中心城市建设，争取海洋优质资源，布局平台载体。南山区重点布局海洋科技会展、海洋文化和教育产业，打造蛇口国际海洋城；前海围绕“金融+总部+海事+科技+文化”布局，争取在制度、产业、资金、人才等要素上实现突破；宝安区高水平打造海洋新城、国际会展城、海上田园城和宝安综合港“三城一港”，海洋经济发展已具雏形；大鹏新区将打造全球海洋中心城市集中承载区，海洋博物馆、深圳海洋大学已于该区选址，正在争取国家科考船南方母港等重大项目落地；为更好落实“产业兴盐”战略，盐田区也在加快打造全球海洋中心城市核心区，全力推动形成产业发展新引擎。

二　盐田区发展海洋经济的优势及短板

盐田区是深圳东部重要枢纽，是深圳唯一与香港海陆相连的地区。区内全球航运物流枢纽港盐田港有近百条航线连通世界，中英街紧连香港，设有沙头角、盐田港、梅沙（停用）3个口岸和盐田综合保税区，盐排、盐坝等高速公路连通全市、辐射粤东地区，平盐铁路连接盐田港、京九线及广深线集散全国货物。据测算，2019年盐田海洋生产总值达319.7亿元，同比增长8%，盐田区依托良好的区位优势及丰富的滨海资源，正在积极推动海洋产业转型升级。

（一）盐田区发展海洋经济的优势

一是拥有发展世界级港口经济和都市海洋产业的区位优势。盐田港水域开阔，水深可达14～17.6米，拥有20个大型深水泊位，泊位利用长度达9078米，可实现同时停靠5艘全球最大的20万吨级船舶，是全球单体最大和效益最佳的集装箱码头。盐田港地处亚太主航道，是华南地区欧美航线的首选港，航线遍布全球，拥有北美、欧洲、南美、大洋洲等远洋航线，每周提供近百条航线抵达世界50余个国家和地区。盐田港背靠广阔的华南进出口贸易腹地，广东省35%以上、深莞惠60%~70%的进出口货物都必须经由盐田港运输，盐田港的冻肉、木材等进口商品货值位于全国单港前列。

二是拥有支撑全球海洋中心城市建设的优质海岸线和空间载体。盐田区山海旅游资源丰富，海岸线较长，被《中国国家地理》评为"中国最美的八大海岸"之一，拥有大小梅沙、东部华侨城、中英街等人文特色旅游资源，2019年成功入选首批广东省全域旅游示范区。全区通过城市更新和棚户区改造，可释放建筑空间1000万平方米，与辖区现有建筑体量接近，相当于再造一个"新盐田"。已建成翡翠岛广场、盐田科技大厦、大百汇生命健康产业园、现代产业服务中心、壹海国际中心等重点园区载体，旨在为打造海陆产业空间布局，形成特色鲜明、优势突出的海洋产业集群提供主阵地。

三是拥有港口航运、滨海旅游等企业集群及品牌价值。盐田区已建成全国最大的临港物流仓储基地，拥有海洋交通运输企业1185家，占全市的31.3%，形成了集仓储、运输、报关、通关、装卸、转运于一体的全链条港口物流运输体系。围绕沙头角深港国际旅游消费合作区建设，大力实施"旅游+"和"+旅游"战略，推进大梅沙海滨公园及海滨栈道修复重建、小梅沙片区和东部华侨城整体升级改造、小梅沙新海洋世界等项目加快建设。截至2020年末，盐田区生命健康领域创新载体共28家，占比为88%，生物医药国高企业10家，占全部国高企业的比重为26%。盐田区引进的高层次人才中，生命健康领域人才占比为80%。

四是拥有综合保税区及深港跨界合作开放、制度创新优势。盐田港通过国际航线与世界相通，沙头角口岸升级改造正在谋划，梅沙旅游专用口岸将恢复使用，盐田区作为深港合作的桥梁纽带作用进一步增强。盐田综合保税区积极落实"21条"，畅通通关渠道，促进保税研发、保税租赁、再制造等"保税+"高端业态集聚发展。盐田区也正加快研究离岸贸易中心建设，全面借鉴新加坡等地自由贸易区建设先进经验，探索择优"引入"香港自由贸易港核心政策，推动深港共建自由贸易组合港。

（二）主要短板

1. 主导海洋产业转型升级动力不足

海洋交通运输业方面，盐田港90%以上航线为欧美航线，受中美贸易摩擦及港口竞争加剧等因素影响，港口集装箱吞吐量增速放缓。盐田港及后方陆域缺乏展示交易、船舶交易等航运高端服务，航运服务产业链高度不完整。滨海旅游业方面，盐田区因交通受限，消费配套设施欠缺，核心旅游项目产品趋于老化，高端旅游产品开发建设滞后，过夜游客比例低，旅游产品对住宿等消费活动带动不足，且面临大鹏新区、惠州等周边地区的强势竞争压力，主要景区接待游客数出现不同程度的萎缩。

2. 海洋科技创新要素供给不足

全市51家海洋创新载体中，盐田区仅有深圳市海滨制药有限公司技术中心、深圳市海洋生物基因组学重点实验室2家，占比仅为3.9%，缺少集聚整合海洋科技资源的平台，企业、高校、研究机构、资本和政府等海洋科技相关资源处于零星分散状态，科技创新体系尚未有效形成。盐田区海洋新兴产业发展基础较为薄弱，对高端人才的吸引力不强，难以满足海洋科技和产业高质量发展的需求。

3. 全球海洋中心城市建设显示度不足

一是《关于勇当海洋强国尖兵加快建设全球海洋中心城市的实施方案（2020—2025年）》中，涉及南山（含前海）重点项目13项、大鹏重点项目7项、宝安重点项目5项，涉及盐田重点项目仅3项，包括建设小梅沙国际一流海洋公园、盐田墟镇渔港功能提升、建设盐田海洋体育“一中心三基地”，均属于海洋生态与文化领域，无海洋经济、科技领域重点项目。二是南山、宝安、前海、大鹏、深汕合作区等兄弟城区均在积极响应全球海洋中心城市建设，争取深圳涉海重大项目落户，相比之下盐田海洋经济发展基础较弱，航运高端服务、海洋生物、海洋电子信息等海洋战略性新兴产业发展不足。

三　全球海洋中心城市特征及启示

全球领先的海事之都指数方面，全球海洋中心城市评价体系来源于 The Leading Maritime Capital of the World。挪威海事展（Nor-Shipping）和奥斯陆海运（Oslo Maritime Network）联合发布了该评价体系，评价指标包括航运中心、海洋金融与法律、海洋科技、港口与物流、城市的吸引力和竞争力5个层次，并细分若干子项。在2019年报告中，综合排名中居前5位的城市为新加坡、汉堡、鹿特丹、香港、伦敦，我国有两个城市入选15强，香港列第4位，上海列第6位，深圳入选。国际航运中心发展指数方面，新华社中国经济信息社联合波罗的海交易所推出新华·波罗的海国际航运中心发展指数，发展指数包含3项一级指标、18项二级指标，主要从港口条件、航运服务和综合环境3个维度表征国际航运中心发展的内在规律，全面衡量并真实反映一定时期内国际航运中心的综合实力。结果显示，全球综合实力前10位的国际航运中心分别为新加坡、伦敦、上海、香港、迪拜、鹿特丹、汉堡、雅典、纽约、东京，深圳排第18位。可以看出前十大国际航运中心中有5个位于亚洲，亚洲国际航运中心保持强势上升趋势。

通过分析全球领先的海事之都指数及国际航运中心发展指数可知，全球海洋中心城市应当兼具硬实力和软实力，不仅仅是全球航运枢纽城市，更应对全球海洋和沿岸地区有实际影响力，其核心是应具备全球领先的海洋经济和航运服务，在海洋金融、教育、营商环境、服务等方面领先，吸引全球领先的高端海洋产业、企业和人才集聚，拥有全球认可的话语权。对盐田区的启示是：盐田未来应以海洋经济为先导，围绕世界级港口，发展港口经济，聚焦港口、航运服务、海洋金融等领域，推动盐田港口物流提档升级，提升港口经济发展的质量和速度，发展航运总部经济，研究推动建设一批航运服务业基础设施，吸引有国际竞争力的航运企业和机构落户，加强深港高端航运服务合作，吸引航运金融、航运保险、海事法律、

航运咨询等业态集聚，打造海洋高端服务产业集群，提升现代航运服务功能和对外辐射能力。

四　打造全球海洋中心城市核心区的战略定位

基于全球海洋中心城市特征，结合盐田区实际，现提出盐田区打造全球海洋中心城市核心区的四大战略定位。

国际航运枢纽核心承载区。强化盐田港在全球航运大船化趋势中枢纽港的战略地位，以建设自由贸易组合港为目标，创新发展航运金融、保险、信息等海洋高端服务业，打造智能化水平高、服务完善、竞争力强的智慧航运服务中心，完善国际航运中心产业体系，加强对高端航运服务业人才的教育和培养，助力深圳提升国际枢纽港的地位与功能。

海洋高科技产业创新示范区。立足盐田现实，着眼海洋未来，在海洋产业、政策、空间等多个层面大胆探索、先行先试，聚焦产业链核心环节，吸引海洋创新要素资源集聚，积极扶持和发展各类海洋新兴产业，打造海洋新兴产业高地，为深圳海洋产业向全球价值链高端迈进，构建高端引领、协同发展、特色突出、绿色低碳的开放型、创新型海洋产业体系贡献盐田力量。

全域全季海洋文旅休闲区。引入世界级滨海旅游运营主体，打造系列标杆海洋旅游项目，策划内涵丰富的海洋文化主题节事活动，构建历史与现代融合、科技与人文彰显、更具多元特色和丰富内涵的滨海文化空间载体，打造景区、城区、产业区“三区融合”的世界级滨海休闲生态旅游目的地。

粤港澳大湾区海洋经济合作先行区。以陆促海、以海带陆，充分挖掘与香港在航运服务、海洋金融、海洋旅游、海洋文化等领域的深层次合作需求，加快推动沙头角深港国际旅游消费合作区规划建设，加快梅沙码头口岸功能恢复，谋划开设粤港澳“一程多站”海上通航游线，争取将盐田打造成为粤港澳大湾区海洋经济合作先行区及深港互利合作、共同发展的区域范例。

五　五大发展策略

（一）港城再造，构建世界级港口航运服务枢纽

巩固世界级集装箱枢纽港地位。一是打造智慧港口示范工程。推进盐田港智慧港口人工智能实验室和5G智慧港区建设，完善港口集疏运体系。建设智能导助航、传感、时空信息数据交换等设施，开展航道、导助航、水文、船舶流量等数据的收集和分析，推动智慧航道建设，巩固盐田港“国际大港”地位。二是大力拓展国际中转业务。加快发展以国际班轮航线为依托的国际中转模式，推动多式联运试点。推动设立国际转运集拼监管中心，对集拼货物实行闭合式、信息化、集约化管理，做大做强国际中转业务。

强化高端航运服务业引领功能。一是集聚高端航运服务要素。借鉴伦敦国际航运中心建设经验，支持航运法律服务业发展，加强海事法律业态集聚。围绕船舶买卖政策、船舶运价、航运风险等方向积极整合盐田港航运交易信息，将云计算、大数据与航运交易进行创新性融合。设立国际航运保险仲裁快速理赔服务中心，为国际船舶提供便捷、高效的保险理赔和追偿服务。二是培育本土航运专业人才。探索建立海员权益保障中心、海员人才交流中心、国际海员评估中心。争取将深圳海员工会设立在盐田，推动建立政府、企业、海员三方机制。

战略谋划港区空间创新利用。一是推动西港区向综合城市功能转型。引入港口金融、物流等业态，把西港区打造成为“东部滨海地区综合性服务中心”“海洋科技创新的集聚地”“离岸商贸中心”的重要战略支撑平台。二是释放后方陆域产业空间。通过城市更新预计可提供500万平方米产业空间，打造后方陆域产业新平台。三是规划“一带四区”海洋产业空间布局。依托大鹏湾蓝色海洋经济带，沿滨海岸线布局海洋文化旅游、海洋交通运输、海洋科技产业核心优质项目，构建海洋经济发展新格局。

（二）创新引领，激活海洋战略性新兴产业平台

积极争取国家级海洋科技创新平台支持。争取国家海洋技术中心支持，在盐田建设国家海洋技术研究院，在海洋卫星遥感定标检验、海洋无线电管理、海洋观测监测监视及海洋可再生能源利用技术创新等领域，探索产业化示范。积极争取国家深海科考中心在盐田建设配套保障基地，建成面向深海科研、深海开发、深海安全保障的国家级多功能平台。

搭建海洋高科技产业创新孵化载体。加快搭建海洋产学研集聚平台和孵化推广中心，推动建设涉海重大科技新型基础设施，促进科技资源在盐田集聚、开放和共享。支持龙头企业与科研院所联合打造海工装备、智慧海洋、海洋新材料等共性技术平台，形成共建共享、互联协作的开放运营模式，构建海洋“基础研究 + 技术攻关 + 成果产业化 + 科技金融 + 科技人才”全过程创新生态链。

建设深圳海洋总部经济产业综合体。一是积极发展海洋航运总部经济。依托丰富的港口资源与航线资源，重点引进班轮公司、航运企业总部或地区性总部。积极与国际海洋组织如船级社等建立长期合作关系。二是打造海洋科技企业产业橱窗。依托翡翠岛及城市更新产业旗舰项目，为成长型科技中小企业提供集中式的综合办公空间，形成海洋中小企业总部基地。三是完善涉海企业金融创新环境。建设粤港澳海洋技术转移及成果转化中心，提供前期创业辅导、资金支持、技术管理、法律咨询等一条龙服务。四是探索海洋企业集聚政策试点。营造适合海洋企业的总部经济环境，在总部认定、财政扶持、融资服务等方面提供一系列完善的配套政策。大力支持企业开展品牌建设和标准制定，打通知识产权创造、运用、保护、管理、服务全链条。

谋划建设海洋产业高层次人才基地。建立海外海洋人才公开招聘和评价准入制度，制定外籍海洋人才职业紧缺清单，积极引进海洋高新技术、金融、航运等方面的高层次人才。推动创建大湾区深港博士后海洋实践基地，为企业持续输送优质科研人才。

（三）文旅复兴，重塑全域全季海洋文旅品牌高地

打造大湾区海洋文旅产业标杆。按照国际一流标准完成大梅沙海滨公园重建，加快推进大梅沙滨海文旅小镇、小梅沙世界级都市型滨海旅游度假区、东部华侨城改造等重大项目建设，积极争取将大、小梅沙纳入国家级旅游度假区范围，建设渔人码头（都市渔港）文化地标，建成粤港澳大湾区的新旅游地标。

探索邮轮游艇陆海联动新模式。一是建设翡翠岛游艇产业基地。在翡翠岛广场商业项目近岸规划建设游艇公共码头、亲水坡道和岸上配套设施，大力推动游艇设计、展示、交易、金融、保险、维修保养、培训等产业的发展。二是探索东部邮轮游艇旅游互联互通。规划建立沙头角码头，实现沙头角码头和盐田海鲜街渔港码头、梅沙码头、南澳码头互联互通，构建海上旅游通道。探索建设国际游艇旅游自由港，规划与自由港相匹配的游艇产业现代服务园区和预留产业配套用地，推动建立粤港澳大湾区游艇“一船多港”自由行模式。

建设大鹏湾都市海洋运动中心。升级大梅沙水上运动中心，建设功能完善、特色鲜明的海洋体育中心，建成深圳乃至全国范围内的海上运动中心基地。打造海洋体育赛事训练基地，积极申办海岸赛艇高端赛事。建设海洋体育运动产业基地，吸引海洋体育企业落户盐田，延伸海洋休闲运动产业链，引进国际海洋休闲运动展会。建设海洋体育休闲旅游基地，大力发展游艇、摩托艇、帆船、海钓、潜水等高端运动旅游，打造集旅游、健身、休闲和海上观光于一体的综合性海上运动中心。

策划海洋文化科普教育宣传活动。一是策划海洋生态科考研学。依托盐田的海洋资源特性，发展具有海洋特色的海洋生态研学旅游、博物馆研学旅游等。举办“世界海洋日”科普系列活动，策划组织海洋科普“嘉年华”。二是推动海洋历史文化教育。以中英街历史博物馆为重点积极推进红色研学旅游，将紫禁书院朝着文化体验活动基地的方向进行深化提升，将习学书院的相关活动内容进行海洋文化研学游客群体的适应性创新改造。三是搭建新

媒体海洋宣传平台。依托“壹深圳”等打造一批海洋主题新型主流媒体和传播载体，推动大学、作协、演艺机构、影视文化企业开发海洋文化精品。

培育国际海洋文化创意产业集群。一是策划大湾区海洋文化标志性会展节事活动。继续办好黄金海岸旅游节、梅沙国际珊瑚节，深入挖掘沙头角鱼灯舞、疍家人婚俗、盐田山歌等非物质文化遗产的丰富内涵。开展国际模型展、世界海洋博览会等大型节事活动，提升国际知名度和影响力。二是打造海洋文创产业集群。依托盐田国际创意港等载体，积极推进文化与滨海旅游、黄金珠宝、服装设计等产业融合发展。鼓励教育机构与企业共同打造海洋文化创意孵化器、加速器等产业载体。

（四）开放合作，争当粤港澳大湾区海洋合作先锋

面向“一带一路”推动港口开放合作。一是融入全球航运体系。大力拓展国际航线，鼓励支持航运物流企业探索海外市场开拓模式，增强对亚欧大陆国家的辐射和影响。二是拓展海外战略空间。支持盐田港与国内海洋电子信息、海洋高端装备制造、海洋渔业、海洋生物医药等海洋新兴产业合作。三是健全“走出去”支撑体系。建立共建海上丝绸之路国家或地区港口信息服务网络系统，拓宽港口相关信息采集渠道，提供共建海上丝绸之路国家或地区港口经营、政策、投资评估等信息。

构建陆海一体的深港海洋合作先行区。一是加强盐田深港高端航运服务合作。积极吸引有国际竞争力的航运企业落户，引入香港航运业务管理中心、单证管理中心、结算中心、航运中介等。二是共建大鹏湾海洋跨境旅游交通线。打通深圳东部各区、惠州、汕尾等粤东地区与香港、澳门的海上战略通道，争取开通盐田至大鹏、惠州海上捷运巴士等交通航线及“大鹏湾—大亚湾—巽寮湾”旅游专线。三是探索建设深港海洋高水平开放试验区。加快梅沙旅游客运码头、小梅沙游艇码头等的规划建设，协调创建深港东部海上合作平台，与香港、大鹏、惠州等共同开发海洋旅游、游轮线路及海上运动等高端旅游产品。

打造深港国际离岸科技研发合作平台。依托香港海洋经济基础领域创新

研究优势，引入海洋科技创新平台。支持深港企业在区内建设产学研成果转化平台，开展医疗新技术、新装备、新药品的研发应用。发展国际医疗旅游服务，形成诊疗、康养、度假全产业链条。打造深港海洋创新交流平台与展示中心，为海洋科技企业提供全方位赋能服务。吸引深港两地青年人才创新创业，打造深港海洋创新创业基地。

加强深港东部跨境基础设施体系建设。探索香港至莲塘口岸干道公路支线接通沙头角口岸，谋划将港铁线路延伸至沙头角口岸，推动地铁、公交、旅游消费空间等互联互通。加快中英街关口改造、第二通道建设。升级和新建景观节点，建设海上固定平台、水秀喷泉、水上舞台、渔人码头等滨海休闲活动空间，打造系统化、生态化特色滨海景观带。探索将海滨栈道延伸至香港区域，规划布局地下空间。

（五）制度创新，优化海洋经济发展政策环境

出台盐田支持海洋经济发展的若干措施。结合深圳建设全球海洋中心城市的战略使命和海洋经济发展现实条件，盐田率先出台支持海洋经济发展的专项政策措施，填补深圳市海洋领域专项政策空白。结合盐田产业实际和空间规划布局，聚焦海洋交通运输、海洋旅游、海洋生物、海洋新能源、深海科技、海洋信息等重点发展领域，给予政策支持。

完善招商营商环境。营造良好的营商环境，出台相应的惠企政策，建成服务企业信息系统，搭建海洋企业沟通交流平台，持续优化海洋企业服务。深入推进产业补链、强链、延链、稳链工作，围绕涉海龙头企业细化完善招商图谱，引进关键环节、核心企业、上下游配套，形成协同发展的“雁阵效应”。

优化财政金融举措。积极争取国家、省、市级海洋产业专项资金支持。吸引国开行等政策性银行在盐田设立海洋特色银行，组建海洋金融服务机构，向海洋经济领域内企业和项目提供海洋物流金融、海洋临港金融、海洋绿色金融服务。创新海洋金融支持模式，发行海洋企业集合债券。研究设立航运科技研发基金，培育海洋新兴产业基金，鼓励发展海洋公益基金，助力盐田区海洋产业发展。

参考文献

杨钒等:《海洋中心城市研究与建设进展》,《海洋经济》2020 年第 6 期。

王志文:《宁波舟山打造全球海洋中心城市探讨》,《浙江经济》2020 年第 7 期。

黄启翔、罗天铭:《全球海洋中心城市定位下的深圳港口发展策略》,2019 中国城市规划年会,重庆,2019 年。

胡振宇等:《深圳建设全球海洋中心城市的国际比较研究》,《深圳特区报》2020 年 6 月 2 日。

晓秦:《深圳加快建设全球海洋中心城市》,《宁波经济(财经视点)》2019 年第 11 期。

B.24

打造坪山生物医药产业地标，助推深圳先行示范区建设

方海洲　王 淼*

摘　要：生物医药产业既与一座城市的科技产业和未来竞争力密切相关，也与民生幸福健康息息相关。2020年，深圳市坪山区深入贯彻落实党中央、广东省委、深圳市委关于发展战略性新兴产业的有关部署，抢抓粤港澳大湾区建设以及深圳建设中国特色社会主义先行示范区双重机遇，依托坪山生物医药产业发展的坚实基础，坚持创新驱动发展，大力推动生物医药产业发展，不断优化区域营商环境，加快建设具有全球影响力的生物医药产业地标，助推深圳加快打造粤港澳大湾区生物医药产业发展核心引擎。

关键词：生物医药产业　先行示范区　产业地标　科技创新

近年来，坪山区聚焦生物医药产业发展，紧紧围绕习近平总书记关于产业发展的重要论述——“围绕产业链部署创新链、围绕创新链布局产业链”，[①] 结合市委、市政府赋予坪山的新的发展定位，充分利用深圳东部中

---

* 方海洲，经济学博士，深圳市坪山区产业投资服务有限公司副总经理，主要研究方向为产业组织理论与政策、区域产业结构与产业政策、产业经济转型升级等；王淼，新能源科学与工程硕士，深圳市坪山区产业投资服务有限公司职员，主要研究方向为区域产业结构、产业集群分析。

① 《围绕产业链部署创新链　围绕创新链布局产业链》，人民网，2020 年 4 月 27 日，http://scitech.people.com.cn/n1/2020/0427/c1007-31689495.html。

心、深圳高新区核心园区、深圳未来产业试验区等“三区融合”新优势，持续建设高质量可持续发展创新坪山，在推动经济高质量发展上迈出更大步伐。

在深圳经济特区成立40周年之际，粤港澳大湾区和中国特色社会主义先行示范区建设正在全面铺开、纵深推进，是全面建成小康社会的延伸和拓展，在此关键时期，坪山区委一届四次全会明确了抢抓“双区驱动”重大历史机遇，明确了“建设高质量可持续发展创新坪山”的目标任务，提出了生物医药产业要围绕“坚持在构建特色鲜明的现代产业体系上先行示范”的总要求，以“产业集聚、创新驱动、市场拓展、品牌打造、国际融合”为抓手，打造生物医药产业地标，建设高质量可持续发展创新坪山，助推深圳先行示范区建设。

一般来说，产业地标至少包括三个方面的内涵，首先是具有产业的区域标志性及鲜明的特色。深港合作是坪山生物医药产业发展的一个重要亮点，坪山毗邻香港，可以利用香港优质资源，推动产学研用深度融合，主动营造一个全新的区域性创新生态系统，汇聚区域各类创新元素，激发活力，进一步聚焦产业链、打造创新链、延伸人才链、完善教育链，为“四链”融合发展提供平台或者机遇，让创新发展成为该地区特色发展的缩影。

其次是具有一种行业标杆性，占领“制高点”，具有“话语权”。中央支持深圳综合授权改革试点，这对于坪山来说是百年难得的机会，应抢抓这个历史性的机遇，推动生物医药产业实现跨越式发展，尤其是在医疗器械使用、境外医师执业许可、国际新药应用等方面可以先行先试，抢占生物医药产业的创新“制高点”，使坪山成为深圳“病有良医”的最好载体，争取生物医药产业应用领域的“话语权”。

最后是具有产业某个细分领域内的发展潜力，具有较为明显的整合资源的能力，竞争能力超群。据不完全统计，坪山区内生物企业（不含医药流通企业）2020年研发投入实现首季开门红，投入绝对额达2.1亿元，占营业收入的比重达14.8%。

坪山区当前生物医药产业发展态势喜人。可以用以下三个特点加以概括。一是增长快。自行政区挂牌成立以来，生物医药产业厚积薄发，实现企业数量与产值“双爆发”，前者年均增长约40%，后者实现了30%的年均增长率。二是后劲足。生物医药产业周期长、投入大、项目夭折率高，必须有足够的项目储备才能支撑产业发展。2020年第一季度相关信息显示，生物医药产业药品（生物制品）储备项目按照成熟度进行分类，项目总数达254项，其中临床前研究的项目有131项；申报临床的项目有29项；临床一期的项目有16项；临床二期的项目有12项；临床三期的项目有7项；而已获得药品（生物制品）注册证的项目达59项。三是吸引力强。得益于坪山的区位优势，也得益于坪山在“双区建设”中始终坚守创新驱动的使命担当，当前坪山生物医药产业吸引力与日俱增，2020年战略性新兴产业抵挡住了新冠肺炎疫情的冲击，产值不减反增，尤其是生物医药产业产值同比增长迅猛，增长率高达24.9%；此外，坪山的创新生态也更加完善，超过600家生物医药企业落户坪山，进一步增强了坪山生物医药创新活力；10家科研院所、产业服务平台，以及近10家生物领域的创业服务机构聚集在坪山，进一步为坪山区生物医药产业发展再添助力。

一　打造生物医药产业地标离不开生物医药产业集聚导向这个关键基础

万丈高楼平地起，打造产业地标首先要形成产业集聚效应，初始体现虹吸态势，把支撑生物医药产业发展的各类要素高效整合，达到一定规模后进而发挥辐射带动作用。要使产业形成集聚，三个要素缺一不可，即园区平台、龙头企业、高端优秀人才。

首先，园区平台是产业集聚的支撑。深圳国家生物产业基地是国家首批重点产业基地，也是深圳市内唯一呈现产业集聚态势的园区。2021年2月10日，深圳市人民政府专门发文，重点支持深圳国家高新区坪

山园区建设世界一流高科技产业园区，打造粤港澳大湾区生物医药产业发展核心引擎，依托深圳国家生物产业基地建设坪山生物医药科技城，构建集创新研发、成果转化、生产制造于一体的生物医药产业生态体系。

其次，龙头企业引领带动是产业集聚的关键。经过多年的积累，目前坪山生物医药企业已是声名远扬，既有世界500强——赛诺菲巴斯德（疫苗）、国药致君，也有医药新秀——微芯生物、翰宇药业，还有医药耗材等细分领域的隐形冠军——理邦精密、新产业生物，虽然它们落户坪山的时间长短不一，但对于坪山乃至深圳甚至全国而言影响力是一样的。2020年2月28日，坪山再传佳音。由深圳坪山联手香港铠耀、香雪制药创建的公共卫生产业合作项目，在坪山、广州、香港以及美国休斯敦四地连线举行云签约仪式，宣布抗击流感和新型冠状病毒活疫苗等5个产业项目正式落户坪山，为坪山加快打造深圳生物医药产业集聚发展主园区再添新力。

最后，利用国际化、市场化人才政策吸引高端优秀人才是产业集聚的核心。据统计，截至2020年，在坪山从事与生物医药产业高度相关行业的人员数目高达1.4万人，从学历角度来看，具有本科及以上学历的占比47.8%，其中具有博士研究生学历的有247人（占全坪山区的30.6%，坪山区博士研究生共有807人）；属于高层次人才的361人，占全区的61.6%（全区高层次人才共586人）。坪山呈现多层次、多格局的人才集聚态势原因是多方面的，但如下两个因素是核心：一是按照国际化标准，坪山持续加大投入，引进蒙纳士科技转化研究院以及深圳湾实验室坪山生物医药研发转化中心，为高层次人才建立工作室，让高层次人才有施展才华的平台；二是按照市场化原则制定人才政策，出台“新型研发机构遴选和资助办法”“科技创新20条”等政策，对生物医药产业的临床批件、中试检测、医疗器械注册证申发等关键环节予以资助，加大初创型、成长型生物医药企业扶持力度，促进其加快成长，为高层次人才实现自身价值保驾护航。

二 打造生物医药产业地标离不开创新这个关键驱动力

习近平总书记出席深圳经济特区建立40周年庆祝大会时发表重要讲话，更加明确了创新驱动的重要性——“必须坚持创新是第一动力，在全球科技革命和产业变革中赢得主动权”。[①] 坪山坚持在全球坐标系下谋划推进创新坪山建设，加快构建全领域全链条创新生态体系，从创新基础条件、核心技术攻关、创新服务能力等方面为生物医药产业集聚提供了不竭的动力源泉。

首先，加强科技创新基础设施建设。聚焦生物医药产业重点方向和优势领域，规划建设一批创新载体，如公共技术服务平台、新型研发机构等。支持优先布局国家级重点平台，如国家技术创新中心、国家工程研究中心、国家重点实验室等，进一步增强科技创新源头供给能力。充分抓住深圳建设综合性国家科学中心契机，支持坪山国家高新区与中国科学院、中国工程院、中国医学科学院等国家科研机构加强合作，通过设立分支机构、联合共建等方式，建设市场化运行的高水平科学实验设施、创新基地。

其次，开展重大关键核心技术攻关。围绕重大新药创制、高端医疗器械制造等产业链重点环节，鼓励行业龙头企业发挥领航作用，联动高校、科研院所以及产业上下游企业，多方共建，打造创新共同体，开展颠覆性技术联合攻关，力争在重大“卡脖子”技术和产品上取得突破。支持坪山国家高新区内的相关单位开展多学科交叉前沿研究，推动重大创新成果加速落地转化并实现产品化、产业化，打造国家重大科技成果转化示范区。支持坪山国家高新区优先布局市级制造业创新中心，争取获批国家制造业创新中心。

最后，加强科技创新服务能力建设。加快发展科技服务机构，涵盖研究开发、技术转移、知识产权、创业孵化、科技咨询、检验检测认证等多方

---

① 《坚持创新是第一动力》，人民网，2020年10月29日，http：//theory. people. com. cn/n1/2020/1029/c40531－31910146. html。

面，加快培育科技咨询师、技术经纪人等专业人才，提升坪山国家高新区专业化科技服务能力。支持培育一批标准服务机构，支持有条件的机构加入国际技术标准组织，支持企业参与或主导制定国内国际标准，力争成为若干重点技术领域的国际标准引领者；促进区域科技资源更加开放、共享，积极鼓励各类主体强化开放式创新，聚焦优势领域，进一步建设专业化众创空间和科技企业孵化器；支持风险分担、创新科研项目申报、经费管理、成果分配等科研管理机制探索；支持科技成果中试工程化服务平台建设；等等。

三　打造生物医药产业地标离不开良好的营商环境这个关键保障

产业地标的活力是否旺盛、发展动能是否强劲，要看企业是否长久繁荣。而培育企业在很大程度上离不开良好的营商环境。随着坪山区营商环境的优化，多种利好政策、全产业链条扶持体系、全方位的企业服务都成为吸引生物医药企业落户的关键。

强化产业政策支持。坪山不仅连续出台了“科技创新20条”“产业发展十大行动计划”“实体经济振兴发展20条”等利好政策，更是重点围绕生物医药高投入、高产出、高风险的产业特点，为产业发展的多个方面提供资助，包括医疗器械注册证、国外产品准入、药品生产、临床批件、中试检测等，并在抗癌药品等领域出台税费减免等优惠政策，积极扶持初创型、成长型生物医药企业加快成长，实行“研发投入—临床研究—注册申报—上市销售”全流程支持。

健全生物医药企业资金扶持体系。坪山已经出台了《深圳市坪山区关于加快科技创新发展的若干措施》等，设立了红土基金、新兴产业基金、合创智能基金等共8只子基金，基金的总规模高达50亿元。未来，坪山区还将探索设立更多、更全面的产业项目基金，力争形成“从成果转化到企业孵化、从企业孵化到市场拓展、从市场拓展到上市融资”的全产业链的资金扶持体系。

拓展企业服务的深度与广度。坪山区始终把营造更优质、更贴心的创新创业环境作为服务宗旨，坚持不懈地为企业提供定制式、保姆式的全方位服务。比如，开展区领导挂点企业活动，对生物医药等重点企业实行跟踪服务。再比如，定期召开问题协调会，围绕企业提出的问题、诉求，建立清单台账，“一企一策”地提出解决措施，切实为辖区企业办实事、解难题。同时，举办深圳国际生物医药产业创新发展大会、深圳国际生物医药产业创新发展峰会、“深创赛”（生物医药行业）等交流会与行业赛事，贴心帮助企业把准最前沿的行业技术和产业发展动向，积极建立对接机制，助力项目团队与企业、资本的无缝对接。

四　打造生物医药产业地标离不开国际竞争这个关键动力

随着近年来的积累和发展，坪山区已经形成了生物医药产业先进制造业集群，生物医药产业的产值也呈现逆势增长的趋势。鼓励辖区内生物医药企业“走出去”、参与国际竞争是坪山建设“世界一流的坪山生物医药科技产业城”、打造全球生物医药创新中心和产业高地的必经之路，对推动深圳乃至粤港澳大湾区生物医药产业的高质量发展具有重要意义。

扩大产业影响力是坪山生物医药企业“走出去”的关键一招。在坪山，锦绣中路至锦绣东路长 3.6 公里，被称为坪山的“BT”（biotechnology）产业大道。在这条“BT”产业大道上聚集了包括世界 500 强企业赛诺菲巴斯德（疫苗）、新产业生物、微芯生物、瀚宇药业、理邦仪器等在内的 117 家生物医药公司。新冠肺炎疫情发生后，坪山生物医药企业以集团军作战的模式，硬核投入“战疫”各个战场。国内方面，坪山区第一时间承担深圳市生产防疫物资重任，3 天启动深圳公共卫生战略物资生产储备基地建设，5 家防疫物资生产企业紧急投入公共卫生战略物资生产，形成了日产医用口罩 50 万只、医用防护服和医用隔离服上千件的强大生产能力，为深圳、武汉乃至全国各地提供了坚实的战略物资保障。国外方面，坪山区协调组织辖区内 60 余家生物医药企业支持国际抗疫，坪山生物医药企业的产品也迅速走

向全球。2020 年，仅理邦仪器一家企业已累计出口上万台设备、超过 10 万张测试卡；新产业生物率先完成新型冠状病毒抗体检测试剂 CE 认证并实现出口，发往美国、意大利、德国、波兰、希腊等 30 余个国家。应该说，坪山区生物医药企业在“战疫”关键时刻，化危机为转机，以优异的表现进一步提升了坪山区在全国乃至全球的市场影响力和知名度。

国际化顶层布局是未来坪山生物医药产业走向世界的重要保障。只有站在更高层次上完善产业链，推动高端创新资源集聚，打造更多国际标准，才能形成“基础研究—技术开发—成果转化—金融支持”，以及融合发展的创新产业链条。一方面，加快打造与 ICH（人用药品注册技术要求国际协调会议）标准接轨的国际化产业园区。构建涵盖招商引资、产品研发、代工生产等方面的 ICH 标准化运营体系，为企业提供全过程、全方位的专业服务，加快设立国家药监局药品和医疗器械技术审评检查大湾区分中心评审服务站，推进深圳北京中医药大学研究院（坪山）、中科院上海药物研究所华南安评中心等落地建设，探索采取 VIC 模式（风险投资、知识产权、合同制研发服务机构三者结合的模式）孵化新药，推动实施“CRO + CDMO”的一站式研发生产服务，打造 ICH 条件下具有全球影响力的药物研发生产的生态圈。另一方面，加大成果转化力度。建立公共卫生关键性药物、器械研发和生产体系，推进一批公共卫生关键性药物、紧缺型药物的布局生产。此外，积极对接香港铠耀、希玛眼科等企业，打造与全球监管及审批规范接轨、面向世界的创新药物快速审评及转化生产的 CDMMO 平台（委托研究开发暨生产行销服务平台）。

参考文献

陆春云：《坚持创新引领　打造产业地标——江苏泰州中国医药城积极探索发展新路径》，《人民论坛》2017 年第 28 期。

刘铭：《长三角主要城市打造产业地标做法及对苏州启示》，《江南论坛》2020 年第 8 期。

B.25
深汕特别合作区制造业现状与发展分析*

施伟静　朱小龙　陈子斌**

摘　要：　本报告从税收视角及税收相关数据出发分析深汕特别合作区制造业的现状与发展并将其与深圳其他区域进行比较，发现现阶段合作区的制造业在企业数量、经济规模、经营效益、研发水平以及类型分布上与其他区域存在明显差距。通过税收大数据分析、实地调查和资料调阅等方式，对合作区制造业的现状与发展进行剖析，发现合作区在制造业发展方面存在诸多问题，并就问题产生的原因进行深入研究分析，提出合作区短期内需加快完善基础配套和公共配套、构建完整的产业体系、不断加强制造业软环境建设、增强资源要素集聚效应等建议，通过系统方法解决合作区制造业发展中存在的突出问题。

关键词：　税收　制造业　深汕特别合作区

纵观西方国家现代化历程，综观当今国际经济形势，制造业是产业结构中的核心，是富国强兵的利器，是定国安邦的基石，是各国国际经济地位的显著标签，更是一个国家、一个地区可持续发展的动力源泉。制造业对于寻

---

* 本报告分析的行业对象为国标分类中的制造业，行业代码为C；图表中数据均来自深汕特别合作区税务部门。

** 施伟静，深圳市深汕特别合作区税务局四级主办，主要研究方向为税收政策管理；朱小龙，深圳市深汕特别合作区税务局一级执法员，主要研究方向为税收政策宣传和纳税服务；陈子斌，深圳市深汕特别合作区税务局四级高级主办，主要研究方向为税收征管状况和数据分析。

求快速、可持续发展的深汕特别合作区（以下简称“合作区”）显得尤为重要，是探索深圳“飞地”——合作区经济发展和迅速改变经济社会发展面貌最实用、快捷的通道，是合作区建成粤港澳大湾区东部门户、粤东沿海经济带新中心、现代化国际性滨海智慧新城的必由之路。现就合作区制造业发展的现状、存在的问题及发展前景做分析和研究。

一　合作区制造业发展现状

（一）合作区制造业的基本经营现状及企业数量情况

从 2018 ~2019 年度企业所得税申报数据来看，合作区的制造业企业仅增加了 25 家，增长了 17.36%，在税收贡献上，纳税金额增加了 125.21 万元，企业所得税增长了 45.46%。制造业企业的相关数据见表 1，表中数据显示了合作区的制造业发展处于初期阶段，行业规模小。

表 1　2018 ~2019 年度合作区制造业企业情况

单位：家，万元

年度	企业数量	营业收入	营业成本	营业利润	利润总额	税收总额
2019	169	171081.51	152870.96	-9221.10	-5643.58	400.65
2018	144	127241.78	115005.45	-4518.82	-4772.16	275.44

注：此处税收仅指企业所得税，图 2、表 2 同。

合作区制造业企业的经营亏损状况越发严重，这主要是由新设制造业企业前期投入较大以及生产经营环境变化导致的。但企业的研发费用增长较快，增加了 1.65 倍，由此可看出辖区制造业企业研发投入增加，制造业的发展质量将会提高。

近几年合作区的制造业企业数量和质量有所上升，但与深圳其他区域制造业发展相比，合作区制造业发展基础薄弱，在企业数量、规模、分类及经营效益等方面都存在非常大的差距。从企业的数量（见图 1）来看，拥有制造业企业最多的宝安区是合作区的314倍，深圳市区内制造业企业最少的大鹏新区也是合作区的2倍多。

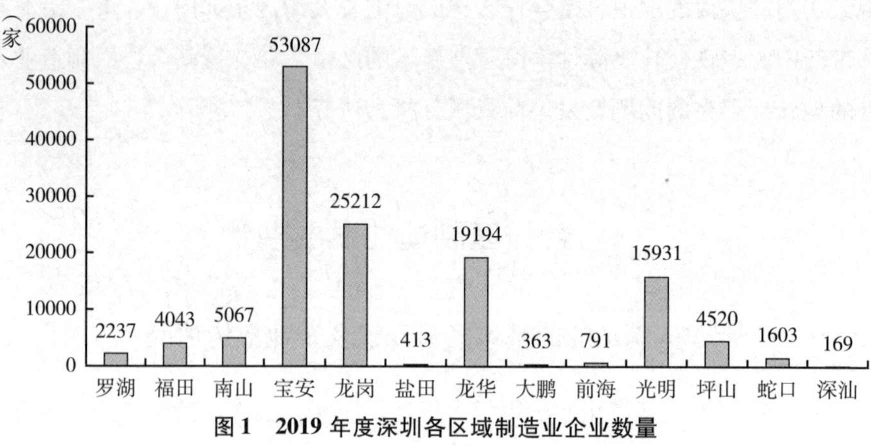

图1　2019年度深圳各区域制造业企业数量

从制造业企业的经营收入（含营业利润和税收）情况（见图2）来看，2019年度全市制造业企业营业收入最高的是企业最多的宝安区，为8139.82亿元，是合作区的476倍。同时，宝安区制造业企业是全市区域制造业企业缴纳企业所得税最多的，为45.45亿元，是合作区的1136.25倍。合作区的制造业企业营业收入也仅为大鹏新区的23.28%，税收贡献仅为大鹏新区的10%。

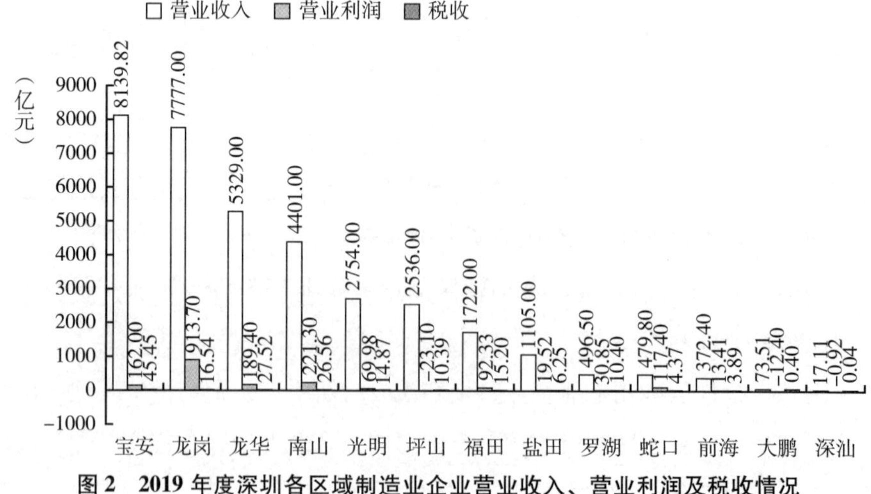

图2　2019年度深圳各区域制造业企业营业收入、营业利润及税收情况

在全市区域中，龙岗区的制造业企业的经营效益是最好的，其营业利润率为11.75%。龙岗区的制造业企业的研发费用加计扣除也是全市区域之最，其研发费用加计扣除占营业收入的11%，龙岗区的高新技术企业研发投入较高，为龙岗区的制造业企业带来了较好的经济回报。与龙岗区相比，合作区的研发费用加计扣除占营业收入的2%，在所有区域中是相对较低的一个。

合作区制造业企业营业收入只占全市制造业企业营业收入的0.05%，仅次于大鹏的0.21%、前海的1.06%、蛇口的1.36%和罗湖的1.41%，与制造业相对发达的原关外区域的差距较大。

（二）合作区制造业企业行业类型分布与税收贡献

2019年度办理企业所得税申报业务的169家制造业企业中，非金属矿物制品业30家，计算机、通信和其他电子设备制造业20家，电气机械和器材制造业18家，农副食品加工业17家，皮革、毛皮、羽毛及其制品业11家，其余73家（见表2）。从营业收入占比来看，农副食品加工业依然是合作区制造业的主要类型，税收贡献度也是最高的。随着近几年合作区城市环境、政务环境质量的提升和招商引资、招商选资力度的加大，合作区的制造业行业在原有的农副食品加工业等的基础上逐渐增加了非金属矿物制品业，计算机、通信和其他电子设备制造业，电气机械和器材制造业等，行业的种类更多。近几年，新进的制造业企业营业收入占比较大，企业税收贡献度较高，研发费用加计扣除较多，企业总体质量较好，但部分企业前期亏损较大，企业经营规模还有待继续扩大以覆盖固定成本。

表2　2019年度合作区制造业企业分行业情况

单位：家，万元

序号	行业名称	企业数量	营业收入	营业成本	营业利润	利润总额	税收总额
1	农副食品加工业	17	46611.95	42495.62	-710.38	196.12	136.43
2	非金属矿物制品业	30	35320.98	33766.11	-1357.52	-1355.23	87.55
3	计算机、通信和其他电子设备制造业	20	24825.85	19450.71	-10.78	187.63	24.98
4	其他制造业	8	21121.77	19544.17	-245.01	-242.66	102.36

续表

序号	行业名称	企业数量	营业收入	营业成本	营业利润	利润总额	税收总额
5	食品制造业	3	15669. 28	13929. 62	32. 73	52. 65	40. 50
6	电气机械和器材制造业	18	11371. 43	10203. 80	-1989. 49	-1874. 12	4. 17
7	金属制品业	4	4271. 65	4050. 70	48. 38	46. 91	0. 07
8	医药制造业	2	3848. 70	2272. 92	-2086. 43	-2054. 01	0. 00
9	化学原料和化学制品制造业	9	3553. 63	3241. 08	-164. 24	-163. 86	2. 67
10	未标识制造业子行业	47	2326. 15	1994. 60	-2685. 49	-2677. 57	1. 82
11	皮革、毛皮、羽毛及其制品业	11	2160. 12	1921. 63	-52. 87	2240. 56	0. 10

从总体税收贡献度来看，2018～2019 年度合作区制造业企业总体的税收贡献分别是 2270. 44 万元和 3015. 53 万元，虽然合作区制造业企业数量仅增长了 17. 36%，但税收收入增长了 32. 82%。从 2019 年度税收收入分税种来看，增值税为 1790. 64 万元，占比 59. 38%，企业所得税为 400. 65 万元，占比 13. 29%，此外，城镇土地使用税、城市维护建设税和个人所得税分别占 9. 16%、4. 49% 和 3. 57%（见图 3）。

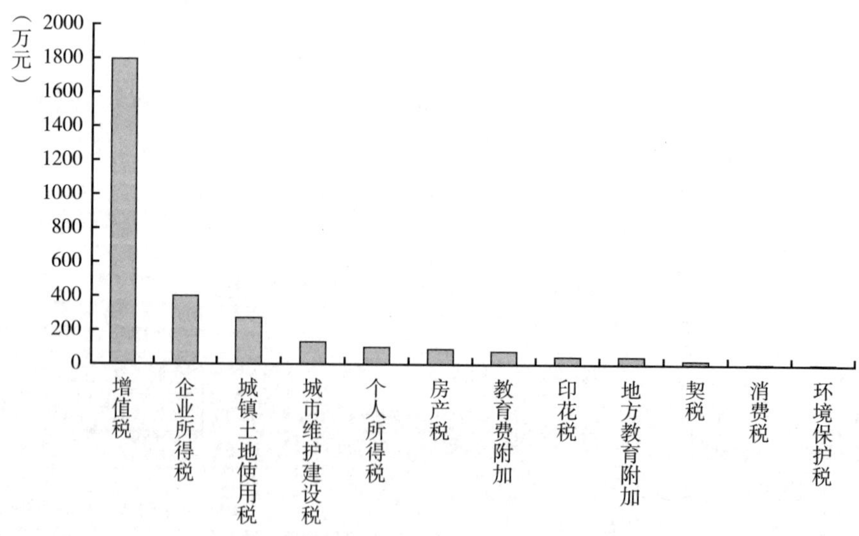

图 3　2019 年度制造业各税种的税额统计

（三）合作区制造业与深圳其他区域制造业比较

以宝安区为例，2019 年度宝安区的制造业几乎包含了 31 个制造业大类中的所有行业，且每个制造业大类的企业数量基本在 300 户以上，在 31 个大类中，盈利的有 26 个，亏损的只有 5 个，总营业收入达 8139. 82 亿元。在宝安区的制造业中，计算机、通信和其他电子设备制造业企业数量最多，为 14070 家，占比 26. 50%，其次是金属制品业、电气机械和器材制造业，数量分别为 4772 家、3296 家，行业营业收入总量与税收贡献度呈正相关关系。坪山区的制造业涵盖了 30 个制造业大类，且每个制造业大类的企业数量基本在 60 户以上，在 30 个大类中，盈利的有 14 个，亏损的有 16 个，总营业收入达 2536 亿元。反观合作区，2019 年度合作区制造业只涵盖了 25 个制造业大类，且每个制造业大类超过 10 家企业的只有 5 个，在 25 个大类中，盈利的只有 6 个，亏损的高达 19 个，总的营业收入也只有 17. 11 亿元，合作区的制造业行业范围不够广，且制造业企业数量较少，同行业制造业企业数量更少，很难形成集聚效应和规模效应，行业的亏损率也较高，企业效益有待进一步提升。

（四）合作区制造业与深圳其他区域制造业税收规模比较

以深圳东部地区的增值税（见表 3）为例，2019 年度合作区制造业企业增值税开发票金额为 8. 55 亿元，缴纳增值税 1790. 64 万元，企业平均开发票金额为 505. 92 万元；2019 年度龙岗区制造业企业增值税开发票金额为 4138. 11 亿元，缴纳增值税 148. 37 亿元，企业平均开发票金额为 1641. 33 万元；2019 年度盐田区制造业企业增值税开发票金额为 475. 91 亿元，缴纳增值税 3. 56 亿元，企业平均开发票金额为 1. 15 亿元。从这些数据可以看出，合作区制造业企业总体生产经营规模较小，企业存在较大的成长空间。

表3 2019年度深圳东部地区增值税情况

单位：家，万元

深圳东部地区	增值税开发票金额	增值税税额	企业数量	企业平均开发票金额	企业平均增值税税额
盐田	4759090.00	35639.72	413	11523.22	86.29
龙岗	41381137.11	1483723.59	25212	1641.33	58.85
大鹏	1757861.83	30349.54	363	4842.59	83.61
坪山	8739626.14	201295.28	4520	1933.55	44.53
深汕	85500.63	1790.64	169	505.92	10.60

表4反映了2019年度深圳各区域制造业营业收入、税收及其占比情况，其中光明区制造业的营业收入占比和税收占比都是最高的。从表4中可以发现一个特点，深圳原关外区域光明、坪山、龙岗、龙华、宝安制造业营业收入在全行业营业收入中的占比都相对较高，比例都在45%以上，原关内的前海、福田、罗湖、大鹏、蛇口、南山和盐田制造业营业收入占比则相对较低，在30%以下。合作区与全市其他区域相比，制造业营业收入只占全行业营业收入的5.71%，排名全市倒数第二，仅次于前海。合作区制造业营业收入占比仍然很低，制造业发展空间还很广阔，合作区管委会在制造业发展中大有可为。

表4 2019年度深圳各区域制造业营业收入、税收及其占比情况

单位：%，亿元

区域	全行业营业收入	制造业营业收入	全行业税收	制造业税收	营业收入占比	税收占比
光明	9562.34	6557.96	134.41	80.04	68.58	59.55
坪山	6815.17	4064.63	98.11	51.05	59.64	52.03
龙岗	27629.46	14027.30	592.02	269.73	50.77	45.56
龙华	20961.51	11076.14	383.79	169.89	52.84	44.27
宝安	35670.45	16712.99	601.99	232.58	46.85	38.64
盐田	5193.08	1428.97	77.24	14.27	27.52	18.47
南山	41449.42	10721.53	908.57	151.21	25.87	16.64
蛇口	11642.44	1536.12	250.79	21.85	13.19	8.71
大鹏	3191.78	365.43	57.53	4.53	11.45	7.87

续表

区域	全行业营业收入	制造业营业收入	全行业税收	制造业税收	营业收入占比	税收占比
罗湖	19798. 05	1203. 59	311. 43	16. 93	6. 08	5. 44
福田	46602. 64	4485. 75	1399. 35	60. 60	9. 63	4. 33
深汕	530. 48	30. 27	7. 18	0. 30	5. 71	4. 18
前海	40349. 61	1150. 89	434. 57	12. 05	2. 85	2. 77
合计	269396. 43	73361. 57	5256. 98	1085. 03	27. 23	20. 64

二　合作区制造业发展存在的问题及原因分析

（一）城市公共基础配套亟须改善

合作区内路网建设相对滞后，辖区基础骨干路网的建设速度较为缓慢，伴随路网建设，各种管道设施也因此受到影响，现在建道路中大部分集中在鹅埠片区，区内“五通一平”建设范围狭小。大部分地区路网和各类管网等配套都很不完善，淡水资源和电力在近几年内仍是制约合作区制造业发展的重要因素。合作区内的公共配套设施尚不能满足高端的先进制造业的发展需求。合作区制造业规模以上工业企业较少，辖区工业基础较为薄弱，合作区现有的企业状况很难吸引科技人才。合作区发展制造业的现有软硬件环境有待进一步改善。

（二）制造业软环境有待改善

1. 合作区现阶段的体制机制仍处于过渡期

现阶段部分体制机制仍然不够完善，合作区各部门的职能职责及业务与上一级（广东省、深圳市或汕尾市）的关系有待进一步理顺，对应的治理体系要深度融合。管理和治理经验需外部注入和内部不断积累，业务办理流程需持续简化、优化和规范化。

2. 合作区法制环境需持续优化

合作区正处于由以农业为主的乡镇跨越到面向一流城市管理要求的阶段。该阶段法制环境同样需有这样一个跨越式的发展，但现有的司法体系在较长的一段时间内仍将会制约合作区的发展。深圳市委、市人大、市政府各职能部门和合作区党工委、管委会需在更高的层次加强合作区的立法建设和特殊政策的制定，大力推动省人大出台“深汕特别合作区发展条例”，以扫除合作区发展的法制障碍，理顺合作区内部的各项管理规定。

3. 合作区的营商环境需全面持续改善

营商环境在管理一体化、流程简便化和服务规范化方面需持续改善。合作区需充分借鉴深圳市区及部分省份关于营商环境的优秀改革经验，制定合作区优化营商环境的短中期发展规划，制定分阶段实施方案，加强对考核指标落实情况的监督考核。

4. 加快改善合作区的商贸及文化环境

合作区需要聚集人气，需要吸引一流的人才，没有优越的商贸及文化环境很难留住优秀人才，合作区中大型的商贸、娱乐、休闲和高标准文化场馆建设存在明显短板，文化环境和商贸环境存在点状分布、层次较低和发展速度较慢等问题，合作区需做好规划，在城市建设和产业发展的过程中，在保证重点突出和合理适度的情况下，通过优化商贸及文化环境，逐步增强城市的吸引力。建议借鉴深圳大芬村、珠海情侣路、珠三角旧城改造和雄安新区发展规划等建设经验，加强合作区商贸及文化环境建设。

5. 持续挖掘制造业良性发展的本土优势

2020 年度合作区的土地出让均价、商品房销售均价和房屋租金相较于 2017 年度都出现大幅度的增长。其中，2017 年度合作区土地出让均价为 280 元每平方米，2020 年度为 750 元每平方米，涨幅约为 168%；一手房销售均价，2017 年度约为 4500 元每平方米，2020 年度为 12000 元每平方米，涨幅约为 167%；同时 2020 年度合作区的房屋租金与 2017 年度相比也出现了较大涨幅。房地产价格过高或过快增长都不利于合作区制造业的发展，要保证合作区制造业企业不断发展壮大，合作区需让利于制造业企业，坚决杜

绝土地财政，抑制本地区土地和房地产价格的过快增长，确保制造业企业有一个良好的发展环境。此外，应通过政府手段降低辖区企业的招工成本和用工成本，持续扩大政府贷款贴息的范围，为信誉优良、急需资金支持的制造业企业提供信用担保，确保企业容易获取低成本的贷款资金。

（三）产业配套设施不健全

1. 合作区工业基础薄弱，地方配套能力不足

合作区在划转深圳管理之前，当地的产业主要为农副食品加工业，火力热力发电、小型加工制造业、餐饮住宿业等行业规模都相对较小，极容易受市场因素变化的影响，抵御外部风险的能力较差，企业大部分技术较为落后，无自主知识产权。此外，合作区缺少主导产业，企业数量少，没有形成产业链和产业集群。

2. 合作区产业布局不合理，未形成产业集群

合作区内产业园区主要分布在鹅埠片区，产业园区中的行业类型布局不够合理，没有产业链上下游关联企业的集聚，没有产生行业的龙头企业及产业集聚效应。

3. 金融服务滞后，企业缺乏融资渠道

随着体制机制调整，目前承担合作区金融服务的主要还是汕尾的银行，深圳各主要银行机构尚未在合作区开展核心业务，如深圳工商银行和农业银行只是在合作区开展一些基础性业务，缺少多样化的深度融资业务。合作区需进一步创建和壮大产业引导基金，引进、孵化制造业企业。

（四）制造业发展规划有待完善

从以上制造业区域比较分析中可以看出，合作区的制造业企业存在制造业企业少、产业较为低端、先进制造业企业和未来产业布局较少等问题。合作区首先要根据辖区制造业发展现状和辖区制造业发展定位，制定优化制造业发展的综合性配套规划，通过多角度助推辖区制造业的发展，同时按《深圳市战略性新兴产业发展专项资金扶持政策》的发展重点、工作机制和

主攻方向，研究制定合作区的配套政策，以融入深圳发展体系。其次要加强辖区经济社会管理，要加大辖区违法抢修抢建房屋的治理力度，避免出现深圳部分区域小产权房一段时期遍地开花的弊端，以免给城市长期可持续循环发展带来阻力。最后要在合作区规划布局职业技术高等院校、技工学校、人力资源培训机构和制造业研发服务中心，助推制造业企业发展。

三 支撑合作区制造业发展的路径分析及意见建议

（一）加快完善基础配套和公共配套

要致富先修路，现已成为国人心中发展致富的哲言。完善的公共交通设施是加快经济发展的必要基础，但在现今的发展阶段只靠良好的公共交通设施就能发展致富的历史已经一去不复返了，从更大的范围来看，良好的基础配套和公共配套才是区域发展的必要条件，只有具备完善合理的“五通”设施，快速便捷的物流网络，能够满足人们对幼有善育、学有优教、病有良医、老有颐养、住有宜居等美好生活追求的公共配套设施，才能更好地助推辖区经济的发展。建议合作区根据“规划引领、基础先行、平台带动、产城融合”的发展思路，深入抓好辖区总体规划、各个区域和各个板块的规划，加快辖区的基础配套和公共配套的布局和建设，超前规划、提前建设合作区的基础配套设施，分区域、分阶段建设符合合作区发展定位的公共配套设施。借用广东省“筑巢引凤”的发展经验，建设好一流的基础配套设施和公共配套设施，吸引先进企业和优秀人才的进驻。

（二）构建完整的产业体系

1. 构建独角兽企业产业集群

合作区可以在原有产业规划的基础上，根据本辖区制造业的发展现状，逐步优化调整合作区制造业产业的发展方向、重点产业类型和产业链，补齐产业集群发展的短板，在5年内形成2～3个重点产业集群，为初创型和具有良好发展前景的制造业企业提供更大的资金、土地、人力资源和政府政策支持，重点吸引独角兽企业或准独角兽企业进驻。

2. 应用产业链的集聚协同效应

合作区需重点引进高科技企业、先进制造业企业和战略性新兴产业，建议在3年内引进若干家制造业行业龙头企业。合作区要按照产业分类、企业规模、同类企业数量，以及产业链上下游企业的分布规律，不断配足配齐龙头企业所在产业链各环节的企业，建立起该行业完善的产业链条，增强产业链的集聚协同效应。

3. 完善产业的配套设施

合作区要为制造业企业的发展，出台配套完善的管理办法和支持政策，配套完善的金融、物流、招工、中介服务和矛盾纠纷解决平台。加大政府的信贷支持力度，合作区要建立地方融资平台，为制造业企业提供必要的信用担保、贷款贴息、政府奖励措施。此外，应鼓励地方性大型国有企业开设地方性金融贷款及服务企业，提供适合本地制造业企业发展的金融服务产品。

（三）不断加强制造业软环境建设

一流的法制环境、营商环境、商贸及文化环境和宽松包容的政务环境是吸引制造业企业扎根发展的良好生态基础，需在如下四个方面加强软环境建设。

1. 在法制环境完善方面

建议广东省委、省政府更多关注广东区域经济发展不平衡的现状，根据《中共中央　国务院关于支持深圳建设中国特色社会主义先行示范区的意见》对合作区“创新完善、探索推广深汕特别合作区管理体制机制”的有关要求，为合作区体制机制调整和改革创新提供必要的法律支撑，建议尽快出台“深汕特别合作区发展条例”。

2. 在营商环境优化方面

建议合作区政府依据深圳市营商环境发展计划和实施方案，结合合作区实际出台逐步优化营商环境的计划和实施方案，制定量化考核指标，开展行政部门对外服务社会测评，扎实抓好营商环境优化考核考评。制定合作区吸引优秀人才的政策规定，确保优秀人才想进入、发展好、留得住。

3. 在商贸及文化环境优化方面

建议在鹅埠片区逐步配足配齐各类商贸企业，加快大型综合商务中心建设，加强重点商贸主体的集聚；在鲘门、小漠和赤石片区，随着产业发展和人员逐渐集聚，适度规划引进商贸主体，研究后续商贸中心的建设等。在优化商贸及文化环境时要明确定位、抓好综合设计、稳步推进落实。

4. 在政务环境建设方面

加快与深圳的一体化建设，确保制度政策与深圳区域的一致性，同时加快理顺合作区各部门与深圳直属部门的业务衔接，优化、简化内部办理流程，提升业务办理的便利性。争取深圳市各项制度创新在合作区试点，强化辖区的制度创新。加大政府部门的信息化建设力度，制订“智慧城市”实施计划，逐步建成智慧政务、智慧城市管理、智慧社区和海绵城市。加快合作区各部门人才培养，增加合作区公务员的职数配置，尽快理顺合作区四镇及人员的转隶工作。

（四）增强资源要素集聚效应

合作区要促使资金、人才和土地等资源要素有机结合并产生集聚效应。要多渠道引进建设资金，争取设立新的银行、保险、证券等金融企业。合作区要聚集人气，引进人才和人流。要加大人员引进平台的建设力度，建议引进部分大型的劳动力密集型企业和建设高等教育机构、寄宿制高中或高中城；引入2~3家大型的旅游和综合商贸企业，充分利用小漠、鲘门优越的夏日沿海度假风光和赤石绿色生态环境，建设能够大量聚集游客的大型休闲度假乐园和高端养老度假产业，以此推动制造业的发展。合作区应加快制造业产业用地的整备和规划，在“东南西北中”五大组团产业空间布局中加快规划用地的落实，满足制造业企业用地需求。

Abstract

Annual Report on the Development of Shenzhen Economy (*2021*) is composed by five parts: general report, macro economy reports, industry reports, construction of the " Two Areas " and urban development reports. The report provides a systematic review about the well-performed trend in Shenzhen when the city was coordinating the pandemic prevention and containment, social and economic development and economic growth. In addition, suggestions have been proposed for the expectation of Shenzhen's high-quality development in 2021.

2020 marked the 40th anniversary of the establishment of the Shenzhen Special Economic Zone. Faced with the complex and austere internal and external situation, especially under the heavy toll taken by the COVID - 19, Shenzhen continued to follow the guidance of Xi Jinping Thought on Socialism with Chinese Characteristics for a New Era, deeply implemented the spirits from the key speeches and instructions of President Xi during his attendance in the 40th anniversary celebration of the establishment of the Shenzhen Special Economic Zone and his visits in Shenzhen and Guangdong. Shenzhen has followed the general principle of seeking progress while keeping performance stable, coordinated the pandemic prevention and containment as well as social and economic development. Shenzhen has solidly conducted the work to ensure stablity on the six fronts and security in the six areas. As a result, the economic performance bounced back to a good trend. Development resilience has apparently grown stronger with the stably increased development quality.

In 2021, Shenzhen's economic development will still be confronted with austere and complex external situations. Shenzhen must consolidate its confidence, seek progress and overcome difficulties and barriers, continue to stabilize the economic growth through investment facilitation, intensify innovation as the first driver of its economic development, stepping forward at the forefront of the high-quality economic development.

Keywords: Regional Economy; Economic Projection; High-quality Development; Construction of the "Two Areas"; Shenzhen

Contents

Ⅰ General Report

Abstract: In the year 2020, Shenzhen persisted in promoting the prevention and control of the pandemic, and the economic and social development. As a result, Shenzhen's economic growth improved with season, presenting strong resilience; the quality of development progressed, with its main economic indicators ranking among the top cities in China. In 2021, the external environment for Shenzhen's economic development will remain to be grim and complex. It is important for us to be more assertive, forging ahead actively and overcoming all difficulties. We should persist in promoting steady growth of investment, making innovation the major driver for economic development, and taking the lead in promoting high-quality economic development.

Keywords: Economic Indicators; Economic Structure; High Quality Development; Shenzhen

Ⅱ Macro Economy Reports

Abstract: This paper sorts out the situation of fixed asset investment last year, especially real estate investment and infrastructure investment and industrial investment. Considering the investment environment and the progress of major project, This paper provides suggestions for investment regulation in 2021. We believes that the supply factor of investment will face challenges and difficulties, but the potential investment demand is still strong considering the influence of the "dual zone drive" strategy in 2021. this paper propose The regulation of investment should expand precise and effective investment actively, focus on increasing efforts to make up for shortcomings in key areas, accelerate investment in big projects, strengthen supplement of land and funds, and guide social resources to increase investment in high-tech manufacturing, promote the reform of investment and financing systems and mechanisms, advance the stable development of investment and strive to optimize the investment structure and high-quality development, and provide important support for enhancing the long-term competitiveness of this city.

Keywords: Fixed-asset Investment; Manufacturing Investment; Investment Structure; Shenzhen

Abstract: Tax revenue is a weather vane for economic development. This report analyzes some main features of the tax revenue of Shenzhen in 2020 from the perspectives of its total volume, its structure and its industries by using the big data. The report also takes a close look at the tax revenue data collected for a long term throughout the period of the Thirteenth Five Year Plan and examines the changes in the trend and the structure of Shenzhen tax revenue during the five years by the quantitative method. The advantages of the quality development of Shenzhen are well reflected in the report through the analysis of the new trends and features from the perspective of tax revenue. On such a basis, it is conducive to the predictions of the economy in 2021 and, particularly, to spotting the problems in economy and bringing forth some targeted advice.

Keywords: Tax Revenue; Tax System; Shenzhen

Abstract: This report reviews the main characteristics and dynamics of the price fluctuation in consumption and production. It makes comparisons of the prices in Shenzhen with those in Guangdong, other major cities as well as those on a national level. It also examines the main aspects such as input factors and internal components. On such a basis, taking into consideration the changing situation of COVID −19 pandemic and the new development mode, the report provides an outlook of the price trends in 2021. The report believes that Shenzhen's production and consumer prices are expected to rise in 2021.

Keywords: CPI; PPI; Shenzhen

Ⅲ Industry Reports

B.5 Analysis of the Development of Financial Industry in Shenzhen

Liu Guohong / 057

Abstract: In 2020, the development of Shenzhen's financial industry saw an uptick despite the downward pressure. The growth of the financial industry accounted for more than 15% of the city's GDP for the first time. The balance of domestic and foreign currency deposits in financial institutions (including foreign ones) exceeded 10 trillion for the first time. Shenzhen has set itself a goal to become the "four centers" which are global financial innovation center, global innovation capital formation center, global financial technology center, global sustainable financial center. At present, the domestic and international environments are undergoing profound changes. The risks which would bring impact cannot be ignored in the future while the concentration of financial resources and the increasing financial demand will bring opportunities for Shenzhen becoming the financial center. Shenzhen must keep determined to build a financial innovation center, empower the development of inclusive, green and sustainable finance with financial technology, support local financial institutions and financial capital to serve the country and the world, accelerate the progress of improving the quality of local listed companies and lead a quality development of the economy and the society.

Keywords: Financial Innovation; Financial Technology; Listed Companies

B.6 Analysis of Shenzhen's Real Estate Market in 2020 and Policy Projection for 2021

Wang Feng / 066

Abstract: 2020 was an extraordinary year for the real estate market in

Shenzhen. The market experienced great volatility; housing prices in some hot spots rose too fast; and real estate was put into stricter control. This report analyzes the operation of Shenzhen's real estate market in 2020, summarizes the real estate market regulation policies, and puts forward suggestions for improving the real estate market regulation policies. The report believes that in 2021, Shenzhen must carry out the spirit of the Fifth Plenary Session of the 19th Central Committee of the Communist Party of China and the Central Economic Work Conference, adhere to the principle that apartments are for people to live in, not for speculation, and continue the long-term real estate mechanism, and improve regulation policies, increase the supply of residential land, continue to promote the reform of the housing system, regulate and plan the development of the long-term rental housing market, and solve the prominent problems in large cities. It is expected that in 2021, with the continuous improvement of real estate regulation policies and the further implementation of long-term mechanisms, the mode of stable operation and healthy development of the Shenzhen real estate market will be consolidated.

Keywords: Real Estate Market; Residential Land; Rental Housing

Abstract: In 2020, Shenzhen's industrial scale continued to rank among the top in China with a steady rebound in growth rate and in both domestic and overseas sales. The industrial enterprise performance continued to improve; new infrastructure made breakthroughs; and the overall positive momentum of the high-quality development continued. In 2021, Shenzhen's industry faces the pressure of China-US trade frictions, of the risks in the industrial chain and the supply chain, and of high-level development. In the context of the improvement of overall economic environment, the "double dynamics" strategy and the "dual zone" strategy, and more opportunities thanks to the manufacturing development policy, Shenzhen must focus on enhancing the independent controllability of the industrial supply chain, fostering new growths, implementing open coordination, strengthening factor guarantees, and optimizing corporate services, so as to take the high-quality development to the next level.

Keywords: Industry of Shenzhen; Economic Operation; High-quality Development

B.8 Analysis of Shenzhen's Artificial Intelligence Industry Fighting Against COVID -19 Pandemic *Zhou Guangwei* / 088

Abstract: AI industry in Shenzhen has been fighting against COVID -19 epidemic by taking full advantages. The existing researches show that the complete chain fighting against COVID -19 is composed by research and elimination of virus, virus transmission control, disease monitoring, patient treatment, epidemic investigation and warning. The AI enterprises in Shenzhen are closely around the chain, speed up the layout of the intelligent chain, and then create a number of characteristic typical innovative application cases in each link and scene of the chain, which effectively helps fight against COVID -19 epidemic work of the whole city and even in the word. Facts have proved that the foundation of science and technology industry in Shenzhen has become a hard core force for the success of fighting against COVID -19, and the application of fighting against COVID -19 scene has become a major opportunity for industrial development, which is a good experience for the integrated development between fighting against COVID -19 chain and intelligent chain.

Keywords: Artificial Intelligence; Scientific and Technological Industry; Shenzhen

Abstract: The proposal of high-quality development provides new requirements for the transformation and upgrading of China's manufacturing enterprises, and the current high-quality development level of manufacturing enterprises needs to be evaluated urgently. Based on the connotation of high-quality development of manufacturing enterprises, this paper constructs a high-quality development evaluation index system of manufacturing enterprises from four dimensions, including economic, innovative, social and ecological, and uses the data of 93 listed enterprises in Shenzhen in 2019 to conduct empirical analysis and evaluation. The results show that regions with higher industrial agglomeration, better resource endowment and excellent business environment have a high level of high-quality development. This paper suggests: First, optimizing the competitive advantages of enterprises in their segments and emerging industries, to promote high-quality small and medium-sized enterprises to grow on a large scale; second, optimizing the layout of manufacturing enterprise departments, to promote broader industrial cooperation in Shenzhen metropolitan circle and even the pan-Pearl River Delta region; third, optimizing the business environment of manufacturing enterprises, to support enterprises to make greater efforts in innovation activities.

Keywords: Manufacturing enterprises; High-Quality Development; Shenzhen

Abstract: The Yangtze River Delta is one of the most dynamic, open, and innovative regions in China. It is a pioneering area for smart city construction and a base with the advanced manufacturing, and it is taking the lead in the field of the industrial Internet. In mid-July, in order to understand the market opportunities and learn from the Yangtze River Delta's experience in the development of industrial interconnection, the author went to Shanghai, Hangzhou, Ningbo and other cities for research. Taking into account the situation in Shenzhen, the author proposed the establishment of the China Industrial Interconnection Application (Shenzhen) Research Institute and the building of an industrial Internet town, an industrial Internet demonstration park, and industry-level industrial Internet platforms.

Keywords: Industrial Internet; Yangtze Delta; Shenzhen

Abstract: The Biology and medicine industry in Shenzhen has advantages in industrial policy, industrial agglomeration and industrial innovation, but it is faced with the problems of small industrial scale, weak regional cooperation, imperfect scientific and technological service chain, low level of new drug research and development, insufficient supporting services, etc.. It is urgent to build an industrial innovation experimental area with international influence, construct a new pattern of industry cooperative innovation and dislocation development, build a professional service platform covering the whole industry chain, and create a favorable business environment.

Keywords: Biology and Medicine Industry; Comprehensive Authorization Reform; Supporting Platform; Region Cooperation

Abstract: Shenzhen is one of the largest and most advanced electronic information industry bases in China. It is the center of distribution, application and design of the integrated circuit products in China. In 2020, Shenzhen's integrated circuit industry continued its momentum of development. The output value of the integrated circuit design industry ranked the first in major cities across the country for nine consecutive years. Innovative companies and technological highlights continue to emerge. The application areas have also been intensively cultivated and expanded. The core key areas are in the bottleneck. This article briefly illustrate the development situation of Shenzhen's integrated circuit industry, summarizes and analyzes the current challenges in it, and brings forth some development suggestions based on the characteristics of Shenzhen's relevant industry.

Keywords: Integrated Circui; Electronic Information Industry; Shenzhen

Ⅳ Construction of "Two Areas"

Abstract: This paper focuses on the key points, highlight the key points, combine macro and micro, international and domestic, personal observation and authoritative analysis. Through analysis and research, the author believes that in the future, the world will face profound changes in science and technology industry, economic and trade pattern, and power balance. China will enter a new stage of development and build a new pattern of development. Shenzhen is faced with major opportunities such as "dual zone drive" and comprehensive reform pilot, and has to face the challenges of supply chain security threats, resource constraints tightening and regional competition intensifying. It is suggested to strengthen the innovation ability, improve the quality of supply, optimize the allocation of resources, expand the two markets, and strengthen the logistics guarantee. We should make great efforts to make up for the weaknesses, strengthen the weak points and plug up the loopholes, and strive to build the highland of global innovation, the center of intelligent manufacturing, the hub of modern logistics, the fulcrum of double circulation and the gathering place of high-quality resources.

Keywords: Construction of "Two Arears"; Pilot Demonstration Area; Shenzhen

Abstract: This article takes the A-share listed companies in the Guangdong-Hong Kong-Macao Greater Bay Area as a sample, analyzes the main characteristics of R & D investment in nine cities in the Guangdong-Hong Kong-Macao Greater Bay Area from the perspective of regions and industries, and illustrates in detail the regional and industrial distribution, scale and intensity of R& D investments by listed companies in the nine cities in the Bay Area in 2019. They and their trends are analyzed in a comparable way. The efficiency of R& D investment is also evaluated, and on this basis, relevant countermeasures and suggestions are put forward.

Keywords: Guangdong-Hong Kong-Macao Greater Bay Area; R& D Investment; Output Elasticity

Abstract: Innovative urban areas are an important hub of the regional innovation system and a key space carrier for the implementation of the innovation-driven national strategy. It is helpful to analyze and sort out the innovative development model of urban areas in combination with innovative resource allocation, innovative service environment, and innovative policy mechanisms. To gain a deeper understanding of the urban area's innovation power mechanism, and provide support for the formulation of innovation strategies and planning decisions. This paper combines the relevant theories, practical experience of innovation space and innovative urban areas. 11 advanced urban areas with a relatively high level of comprehensive development and outstanding innovation capabilities from the Beijing-Tianjin-Hebei, Yangtze River Delta, Pearl River Delta are selected. In terms of innovation output and other aspects, the characteristics of agglomeration of innovation elements were compared from a multi-dimensional perspective, and four types of innovative urban development models were concluded: integration-driven, market-driven, platform-driven, and service-driven.

Keywords: Innovative Elements; Advanced Urban Areas; Innovative Development Models; Innovative Power Mechanism

Abstract: After 40 years of reform and opening up, the Guangdong-Hong Kong-Macao Greater Bay Area has become the most active region for my country's innovation economy. Technology, capital, and talents are easily integrated in the Greater Bay Area, making it an ideal area for the development of financial technology industries. Financial technology represents an important opportunity for realizing differentiated competition in the Guangdong-Hong Kong-Macao Greater Bay Area and becoming a world-class bay area. Compared with the world's top bay areas, there is still a certain gap in the development of financial technology. However, financial technology in the Guangdong-Hong Kong-Macao Greater Bay Area already has a certain foundation, and the next step requires support from various aspects such as law, talent cultivation, and innovation mechanisms, including improving the top-level design, exploring the establishment of a regulatory sandbox mechanism in the Greater Bay Area, and improving the foundation of financial technology as well as facilities, establishing a talent flow and sharing mechanism.

Keywords: Guangdong-Hong Kong-Macao Greater Bay Area; Financial Technology Industry; Digital Economy

B.17 Shenzhen's Practice and Exploration in the Innovation-driven High Quality Development *Chen Wangyuan* / 197

Abstract: General Secretary Xi Jinping attended the 40th anniversary celebration of the establishment of the Shenzhen Special Economic Zone and emphasized that "innovation must be the first driving force and win the initiative in the global technological revolution and industrial transformation". Relying on innovation-driven connotative growth, Shenzhen has taken the lead in setting out a high-quality development path in Shenzhen, and has rapidly emerged as an international and innovative city full of charm, power, vitality, and innovation, creating a miracle in the history of world development. Through a comprehensive summary of Shenzhen's practice and exploration of innovation-driven development, this paper puts forward suggested countermeasures to adapt to the new development stage, implement new development concepts, and integrate into the new development pattern, further highlighting the powerful leading role of innovation and providing the national model for high-quality development. with strong and motivated support.

Keywords: Innovation-driven; High-quality Development; Shenzhen

Abstract: This article investigates the transmissive effects of credit supply and term structure on innovation efficiency of listed firms of Guangdong and Kong Hong area using panel data. The list firms in Kong Hong obtain greater credit supply from financial institutions than that in Guangdong, innovation efficiency of listed firms in Kong Hong is larger than that in Guangdong. Credit supply and its term structure from financial institutions can effectively promote the innovation efficiency of listed firms in Kong Hong and Guangdong, the impact of long-term credit supply on innovation efficiency of listed firms is obviously better than that of short-term, and the effect of credit supply on innovation efficiency of listed firms in Kong Hong is obviously weaker than that in Guangdong. Moreover, research and development intensity and firm age in Guangdong have positive impacts on innovation efficiency of listed firms, firm size and age in Kong Hong have positive impacts on innovation efficiency of listed firms.

Keywords: Credit Supply; Short-term Credit; Long-term Credit; GMM Panel Data Method

Abstract: Ota District, Tokyo is a typical metropolitan of the manufacturing upgrades, which has given enlightenment to the upgrading of China's manufacturing industry. Based on an in-depth analysis of the development foundation and internal and external environment, this paper summarizes six manufacturing upgrade experiences: adhere to technological innovation to drive manufacturing upgrades, build high-tech SME clusters and cooperation networks, focus on high-tech craftsmanship and flexible supply model in industrial space, create the enterprise centralization and industry-city integration model, adhere to the opening of overseas markets, and give enlightenment to the upgrading of China's manufacturing industry.

Keywords: Ota District in Tokyo; Tokyo Metropolitan Area; Manufacturing Upgrade

Ⅴ Urban Development Reports

Abstract: Enterprises of the Great Bay Area Centre are business cards of world-class cities. Futian District, as the central area of the core city in the Guangdong-Hong Kong-Macao Greater Bay Area, has unique advantages in developing the economy of the Great Bay Area Centre, which can yied significant combined effects. During the "14th Five-Year Plan" period, Futian District will further highlight the strategic position of the economy the Great Bay Area Centre, focus on optimizing the spatial layout its economy, improve the support service system, promote its international development, accelerating the establishment of the "The Great Bay Area Centre", and lead high-quality development .

Keywords: Centre Economy; Combined Effect; High-quality Development

Abstract: Developing Marine industry has become an important strategic choice for China. The 19th National People's Congress clearly calls for accelerating the building of a maritime power, and proposes to foster new growth points of the Marine economy through scientific and technological innovation. As China's closest economically developed city to the South China Sea and an important "The Belt and Road" hub, how Shenzhen builds a global Marine center city has been highly valued by the state. As an important bearing area of the global Marine center, it is necessary for Bao'an to further clarify the development measures of Marine economic development. Therefore, this paper from the actual situation of Bao'an District development, in the full reference of advanced regional development experience on the basis of the important path of Bao'an District to promote the development of Marine economy.

Keywords: Global Marine Center; Marine Economy; Bao'an

Abstract: This paper focuses on the path of industrial development plan and work measures of Longgang District under the New Development Pattern of the "Dual Circulation Economy", and analyzes the main path of industrial development and demand-side reforms of Longgang District based on the compilation of the "14th Five-Year Plan" for the national economic and social development. This paper takes the view that the core of Longgang District's industrial development integrated into the new dual-cycle development pattern is to improve the level of systematization, high-end, and autonomy of the industrial and supply chain. During the "14th Five-Year Plan", based on the industrial and supply chain reality of the three leading industries, there have been different development ideas, striving to create an industrial cluster with the linkage development of the upstream and downstream of the industrial chain and the stable and controllable supply chain. At the same time, a series of planning measures have been formulated in investment, consumption, import and export, etc., leading industrial sectors to integrate into the new dual-cycle development pattern to provide a market environment.

Keywords: New Development Pattern of the "Dual Circulation Economy"; Industrial Chain; Supply Chain; Demand-Side Reform; Longgang District

B.23 Analysis of the Strategy of Yantian District to Build the Core Area of Global Marine City *Fu Jingjing* / 260

Abstract: Under the great historical opportunity of "Two Areas Driving" that building Guangdong-Hong Kong-Macao Greater Bay Area and the first experimental demonstration area of Socialism with Chinese characteristics, Shenzhen put forward the strategic goal of building a global marine center city. Based on the full analysis of the advantages and disadvantages of Yantian District developing marine economy, combined with the characteristics of the global marine center city, this paper puts forward four strategic objectives and five strategies for Yantian District developing marine economy, so as to provide a strong driving force for Yantian District to build the core area of the global marine center city.

Keywords: Global Ocean Center City; Marine Economy; Marine Science and Technology; Shipping Hub

B.24 Build up a Landmark of Biomedical Industry in Pingshan and Boost the Construction of the Pilot Demonstration Area in Shenzhen

Fang Haizhou, *Wang Miao* / 272

Abstract: Pingshan District, Shenzhen, thoroughly implementedand General Secretary Jin Ping's important speeches and instruction spirit which was pointed out during his attendance at the 40th anniversary celebration of the establishment of Shenzhen Special Economic Zone in Guangdong and Shenzhen. Take General Secretary Xi Jinping's important statement on accelerating the construction of a modern industrial system as a pilot demonstration area for building socialism with Chinese characteristics, closely focus on the construction of "dual zones", firmly establish innovative development concepts, practice high-quality development requirements, and rely on Pingshan's solid foundation for bio-pharmaceutical industry development, take full advantage of various favorable conditions, accelerate the construction of a biomedical industry landmark with global influence, create a high-quality sustainable development innovation Pingshan, and boost the construction of the pilot demonstration Area in Shenzhen.

Keywords: Biomedical Industry; Pilot Demonstration Area; Industrial landmark; Technological Innovation

B.25 Analysis of the Current State and Development of the Manufacturing Industry in Shenzhen Shantou Special Cooperation Zone

Shi Weijing, *Zhu Xiaolong and Chen Zibin* / 280

Abstract: This paper analyzes the current development state of the manufacturing industry in the Shenzhen-Shantou Special Cooperation Zone from the perspective of taxation and tax-related data and compares it with other areas in

Shenzhen. There are obvious gaps in the number, operating scale, operating efficiency, and type distribution among manufacturing enterprises in the cooperation zone compared with other areas in Shenzhen, the development foundation of the manufacturing industry being weak. After analyzing the problems and causes of the gap, the development path of the manufacturing industry in the cooperation zone and suggestions are put forward.

Keywords: Taxation; Manufacturing Industry; Shenzhen-Shantou Special Cooperation Zone

皮书

智库报告的主要形式
同一主题智库报告的聚合

皮书定义

皮书是对中国与世界发展状况和热点问题进行年度监测，以专业的角度、专家的视野和实证研究方法，针对某一领域或区域现状与发展态势展开分析和预测，具备前沿性、原创性、实证性、连续性、时效性等特点的公开出版物，由一系列权威研究报告组成。

皮书作者

皮书系列报告作者以国内外一流研究机构、知名高校等重点智库的研究人员为主，多为相关领域一流专家学者，他们的观点代表了当下学界对中国与世界的现实和未来最高水平的解读与分析。截至 2021 年，皮书研创机构有近千家，报告作者累计超过 7 万人。

皮书荣誉

皮书系列已成为社会科学文献出版社的著名图书品牌和中国社会科学院的知名学术品牌。2016 年皮书系列正式列入“十三五”国家重点出版规划项目；2013~2021 年，重点皮书列入中国社会科学院承担的国家哲学社会科学创新工程项目。

中国社会发展数据库（下设 12 个子库）

整合国内外中国社会发展研究成果，汇聚独家统计数据、深度分析报告，涉及社会、人口、政治、教育、法律等 12 个领域，为了解中国社会发展动态、跟踪社会核心热点、分析社会发展趋势提供一站式资源搜索和数据服务。

中国经济发展数据库（下设 12 个子库）

围绕国内外中国经济发展主题研究报告、学术资讯、基础数据等资料构建，内容涵盖宏观经济、农业经济、工业经济、产业经济等 12 个重点经济领域，为实时掌控经济运行态势、把握经济发展规律、洞察经济形势、进行经济决策提供参考和依据。

中国行业发展数据库（下设 17 个子库）

以中国国民经济行业分类为依据，覆盖金融业、旅游、医疗卫生、交通运输、能源矿产等 100 多个行业，跟踪分析国民经济相关行业市场运行状况和政策导向，汇集行业发展前沿资讯，为投资、从业及各种经济决策提供理论基础和实践指导。

中国区域发展数据库（下设 6 个子库）

对中国特定区域内的经济、社会、文化等领域现状与发展情况进行深度分析和预测，研究层级至县及县以下行政区，涉及省份、区域经济体、城市、农村等不同维度，为地方经济社会宏观态势研究、发展经验研究、案例分析提供数据服务。

中国文化传媒数据库（下设 18 个子库）

汇聚文化传媒领域专家观点、热点资讯，梳理国内外中国文化发展相关学术研究成果、一手统计数据，涵盖文化产业、新闻传播、电影娱乐、文学艺术、群众文化等 18 个重点研究领域。为文化传媒研究提供相关数据、研究报告和综合分析服务。

世界经济与国际关系数据库（下设 6 个子库）

立足“皮书系列”世界经济、国际关系相关学术资源，整合世界经济、国际政治、世界文化与科技、全球性问题、国际组织与国际法、区域研究 6 大领域研究成果，为世界经济与国际关系研究提供全方位数据分析，为决策和形势研判提供参考。

法律声明